冯苓植◎著

三分野史，七分正史，十分历史。

全景展现大元王朝历史画面。比学术写史更简单，比草根写史更耐看。

大话元王朝

下

【读史随笔】

内蒙古出版集团
远方出版社

图书在版编目(CIP)数据

大话元王朝. 下 / 冯苓植著. – 呼和浩特 : 远方出版社, 2010.4
ISBN 978–7–80723–499–9

Ⅰ. ①大… Ⅱ. ①冯… Ⅲ. ①中国 – 古代史 – 元代 – 通俗读物
Ⅳ. ①K247.09

中国版本图书馆CIP数据核字(2010)第049335号

大话元王朝 【读史随笔】（下）

著　　者	冯苓植
史学顾问	赵文嫱
蒙俗顾问	托　雅　巴拉吉
责任编辑	张　宇　敖登格日乐
图片编辑	晓　乔　韩　芳
出版发行	内蒙古出版集团　远方出版社
社　　址	呼和浩特市乌兰察布东路666号 （电话 0471-4919981　邮编 010010）
经　　销	新华书店
印　　刷	北京尚唐印刷包装有限公司
开　　本	720×1000　　1/16
印　　张	30
字　　数	350千字
版　　次	2010年7月第1版
印　　次	2010年7月第1次印刷
书　　号	ISBN 978-7-80723-499-9
定　　价	58.00元(上、下)

目录

目录

第一辑

【本辑提要】蒙哥大汗的意外猝死钓鱼城，突然终结了一代英雄的征服梦。但大元王朝仍显得是那么遥远，因为汗位的空悬必然会引发新一轮汗权之争。但更可悲的是，蒙哥大汗生前并未钦定汗位继承人，似早已隐伏下“兄弟阋墙”与“手足相残”之必然。而此时的阿里不哥不但身为“监国”且又享有“幼子守灶”权，同时还广受守旧的宗亲贵胄的拥戴。再反观忽必烈，他不仅未占上述任何优势，反而远离草原母地仍金戈铁马地战斗在长江边，并且绝不容失败，只要稍有疏忽便会成为皇族的“替罪羔羊”。北返难归，求胜难速，两眼茫茫，路在何方？而此时的阿里不哥却急欲抢登汗位，竟置民族大义与手足亲情而不顾，反倒为他暗布罗网……

【忽必烈驻马长江之艰难抉择】

1259年七月，“也客蒙古兀鲁思”之第四任大汗蒙哥猝死于四川钓鱼山城。

史称，他是犯了“万乘之尊，不宜轻动”之大忌，乃“张千金之弩，为鼷鼠而发”。究其原因，皆因“不改陈规、不思变通、逞匹夫之勇”所造成。总之，古代向来是以成败论英雄的，以致蒙哥大汗第二次西征中的战功也似乎连带被后人遗忘了。但有一点却是肯定的：由于他的猝亡，暂时延缓了腐败不堪的南宋政权覆灭时间。

而忽必烈的处境却更进退两难……

须知，在此之前他的“仁治后方”就曾引起颇多的怀疑，有人竟推测这是忽必烈“蓄意拖延时间，以观川蜀用兵进展”。其实，这均是阿里不哥等唯恐他再次“坐大”背后之恶意中伤。试想，忽必烈刚刚受命统帅东路大军，难道不加整顿调配就能立即再次去冲锋陷阵吗？况且，襄樊历来易守难攻，塔察儿已经失败过一次难道还要再重蹈覆辙吗？再加上战略重心已选定长江对岸之鄂州（今湖北武汉），难道重新进行军事部署不需要时间吗？更何况，其时正处于炎热酷暑之季，难道非要逼喜寒恶暑的蒙古铁骑冒烈日之晒烤而去逞一时之快吗？问题多了、多了！比如还有重振军威、安定民心、筹措粮秣（史称，仅为此就从“济南调运盐数百万斤，散于军队所经州郡，换取粮食”）等等，而解决哪一个问题不需时间？有史可考，即使在蒙哥大汗猝死前，由于阿里不哥的从中之“告鸟状”，忽必烈已身陷于左右为难的局面了。

眼望长江滚滚东流水，似也只能仰天长叹……

还必须提到的是，早在庶弟末哥报讯之前，由于钓鱼城历时近半年久攻不下，西线已传来蒙哥大汗“染疾”甚至“不测”等种种流言蜚语。为此，忽必烈也曾急忙与连襟霸突鲁商议，并曾说：“我们率领了多得像蚂蚁和蝗虫般的大军来到这里，怎么能因为谣传便无所作为地回去呢？”（见拉施德《史集》）霸突鲁“心领神会”，遂决定“全军继续南下”。忽必烈自己坐阵“殿后”，又派遣蒙古八鲁拉思部亲信为先锋，“捕杀了南宋军的哨兵，以防他们把蒙哥大汗猝死的流言传播出去”。可见长江边上已不仅仅是战事，也有着更深层次的“心理博弈”。

没有胜利便没有发言权，随之便是捷报频传——

1259年八月，忽必烈率大军渡过淮河。二十日，攻入大散关，南宋戍军纷纷溃退。二十一日，进抵黄陂。

1259年八月中，千户董文炳、刘思敬率部攻克南宋光山县。县城欲效钓鱼城，“已移所于台山寨上”。刘思敬登城被流矢所伤，而忽必烈却派廉希宪前来助董文炳着重于“劝说”，光山县终降。

1259年八月中旬，汉世候张柔也奉命正在攻南宋五关之首——虎头关。其子张宏彦与宋军激战于沙窝，败之，攻陷虎头关。

1259年八月中，另一路汉世候严忠济、严忠嗣兄弟渡淮以后，率军出挂车岭，与宋军激战三昼夜，杀获甚丰，进抵蕲州（今湖北蕲春）。

1259年八月底，忽必烈麾下的东路大军，已经全部突破南宋的淮西防线，直逼长江北岸。

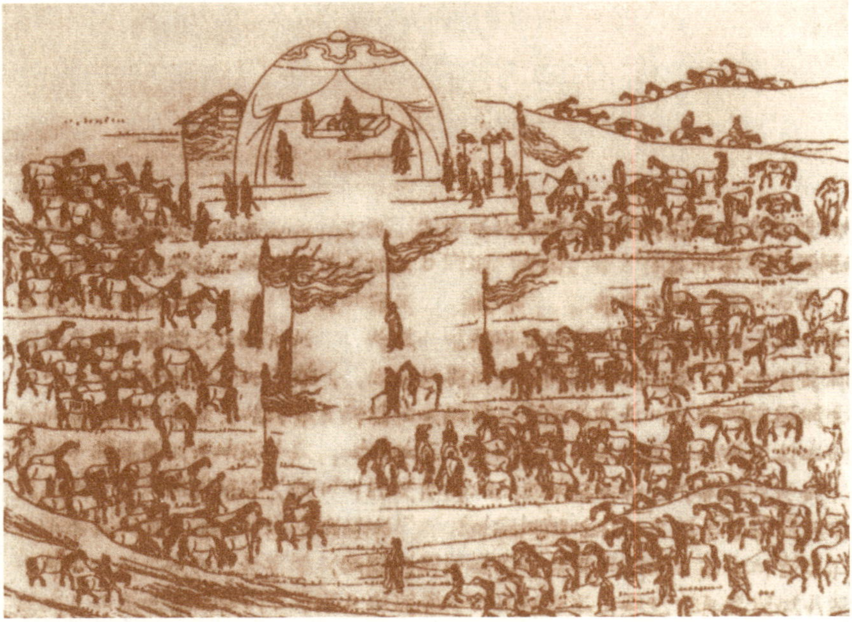

忽必烈的大帐幕

1259年九月一日，正当忽必烈准备渡江攻鄂（今湖北武汉）时，庶弟末哥派人传来了明确无误之蒙哥大汗猝亡的消息，并请他“火速北归以定国家大计”！前面提过，末哥之母又是忽必烈之乳母，二人关系非同一般。他的报讯已证实大汗猝亡确凿无疑，故“装聋作哑”似再无余地了。

噩耗果然迅速传开，军心顿时大乱……

综合中外相关史料可以看出，从九月一日到九月二日这两天，可称为忽必烈作出人生抉择最艰难的两日。文臣武将纷纷进入帅帐争相进谏，甚至当着忽必烈之面争得面红耳赤。有的主张从皇庶弟末哥之议，应“火速北归以定国家大计”；有的则主张决不能“自投罗网”，当“先图中原再作他日谋”！却不料，在文臣武将的激辩声中，忽必烈却顿失往日的从容大度，竟罕见地拂袖而去。突然走出帅帐，远远站立于江岸之上，再一次久久凝视着滚滚长江的东逝水。

无人再敢轻易去打扰，只剩下个英雄孤寂的背影……

也不知又过了多少时候，还多亏赵璧从漠南开平王城传驿报前来。有外史称，此次赵璧疾驰数昼夜却仅带来察必王妃只言片语。众皆以为此番轻易打扰必遭训斥，但谁料忽必烈展阅后竟意外地纵声大笑，再不犹疑，旋即重归帅帐。事后群儒也曾问过赵璧是何锦囊妙计？赵璧回答：“王妃仅曰，当用蒙古心思之……”有些儒僚似又大惑不解。须知，在他们心目中的这位王妃自十七岁嫁到藩邸后，不仅助宗王“纳儒习儒”，而且自己这近二十年来也深得“儒学要义”，日渐成为在中原推行“汉法治汉”的领军人物。此次受命坐镇后方开平王城，北络汗廷、南控燕京、直连前沿，其才智似早已超越华夏历朝历代的“贤后”。难怪王鹗、许衡、窦默等前朝状元、一代大儒、理学名家在忽必烈远征大理时，均能在金莲川团结在她的周围视之为“主心骨”。而奇怪的是，她今日为何竟只字不提历朝典故，反而一反常态仅示意宗王“当用蒙古心思之”！

莫非神鹿的化身又在展示其神奇之处？……

果然，忽必烈在重回帅帐之后，除一脸凝重之外，两目尽显难掩之悲愤之情，再不遮不掩，当即通令东路大军全体将士为蒙哥大汗志哀。战马悲嘶、旌旗低垂，成千上万的蒙古铁骑竟陷入了一片惘然和悲痛之中。但当有蒙将也有人又在建议“立即北归”时，忽必烈却厉声回之曰：“吾奉命南来，岂可无功遽还？”声音回荡于千军万马之间，意思是说：大汗虽去，汗命犹在！作为圣祖子孙，岂能够就这样蒙受屈辱无功而返呢？（详见《元史》之《世祖本纪》）但是进是退，何去何从？似仍在他心灵深处激烈地相互冲撞着。据外史载，这时多亏有霸突鲁赶来与他促膝长谈。而现在也唯有这位带有连襟关系的木华黎之孙才敢于“冒犯”他，果然一见面就开门见山直指察必来函说：“王妃所见，愧煞吾辈蒙古男儿！当以蒙古心决断之，在此噩耗传来之际确有振聋发聩之功。我‘也客蒙古兀鲁思’自圣祖以来唯崇英雄，而前贵由大汗也确因有过失败最终导致窝阔台家系汗位不保。再看此次大汗空国而出灭宋，东西两路均由大汗兄弟亲帅，剩下南路还是由家臣勋将统领。如今大汗于西路猝亡，南路军尚在苦战未卜吉凶，如宗王再无功而返急欲北上，请试想我草原母地将如何看待宗王与拖雷家系？恕末将直言，到时恐怕不仅是一两小儿作乱，而是引发诸王争霸导致圣祖基业之分崩离析！王妃所言切中要害，当以蒙古心决断之！不与小儿争一时长短，当以胜利论长久英雄！”

忽必烈果不愧史称：度量弘广，海纳百川……

次日，即尽将随征诸王与众将召集于帅台之前，罕见地展示了他慷慨激昂的另一面。首先，竟出人意料地历数起蒙哥大汗的种种丰功伟绩。称其为攻无不克的伟大征服者，战无不胜的圣祖皇嫡孙，圣明无比的蒙古大汗，卓越超群的中原君主！随之，更进而道出蒙哥大汗率军是如何过关斩将，如何攻城拔寨，如何用兵如神，如何所向披靡，如何荡平川蜀……使听者莫不为自己的大汗引以为荣，莫不以自己身为蒙古骁将而深感骄傲。而在此时，这位东路军最高统帅却话锋蓦地一转，突然声泪俱下地沉痛宣布：“然而，天不假年！深受万众敬仰之无敌大汗，却为续写圣祖伟大征服事业之辉煌，英勇无畏，积劳成疾，最终竟巍然挺立病逝于烈马雕鞍之上，然英魂不散，临死尚吓死敌将数员，谁料‘南家思’竟无耻敢称之为胜，此真巧对我大汗之亵渎，对我大蒙古之侮辱！是可忍孰不可忍，本王将不日帅师跨江南征雪耻，凡有血性之蒙古男儿当应奋勇当先争报此仇！”颇具蛊惑性！瞬间便又出奇不意地将蒙哥大汗“奉若神明”，不仅威镇住了东道蒙古诸王，而且也凝聚了众蒙将骁勇的野性战斗力。

汉臣儒士们受冷落了，竟远远被排除在外……

在长江北岸的一座军帐里，群儒们纷纷前来探视累趴下了的驿使赵璧。询问焦点均为：王妃除了那半句话，到底还说了些什么？为何能促使忽必烈宗王一夜间竟有如此巨大转变？但也有一部分谋臣早看出其中端倪，似甘愿受此冷落“乐观其成”。曾与忽必烈同甘共苦的郝经便是颇具代表性的一个。别看他与赵璧同为晋人，但发展方向却大为不同。忽必烈似早已培养赵璧向能臣干将发展，而郝经却似乎渐渐取代姚枢成为了帅帐的首席谋臣。闻群儒发问，郝经已摇扇代赵璧答曰：“吾主是何等天纵聪慧，有贤妃半句话足矣，况且又有勋贵霸突鲁将军作彻夜长谈，则更显我生超凡之远见卓识。果然，今日才有了此骇世惊人之举！不计前嫌，甘受屈辱，竟出人意外地仍高扬大汗旗号，尽颂大汗伟绩！将大汗重新奉若神灵，其意蕴深远更显吾主之胆略与魄力，若再能渡江接回南路之兀合良台老帅，迎来皇庶弟所率之师，则天下大事即已初步可定矣！汗廷之事当由蒙人决断，吾等应静候王令姑且‘袖手旁观’！慧哉，王妃！壮哉，大王！”群儒皆若有所悟，遂均待“吾主”再施雄才大略。

志哀仅两日，忽必烈就把复仇的烈焰引向了长江北岸……

1259年九月三日，这位皇太弟便高扬着蒙哥大汗的旗号，亲自登上了北岸的至高点香炉山。依瞰大江，遥望南岸。虽早探知南宋方面“陈兵十万，列舟两千”。但现再登高一望，果见得对方“筑堡于岸，水陆戒备，以大船扼江渡，扬战帆确有横截江面之势”。长江自古便被称之为“天堑”，江面开阔，风急浪大，无兵防守尚且难越，何况大船锁江戒备森严！如若忽必烈只空喊复仇口号尽逞一时匹夫之勇，那必然等于驱成千上万蒙古铁骑去“浪滔尽千古风流人物”。好在忽必烈乃马背民族又一代杰出的统帅，在这八个多月的备战时间里早做好了跨江围鄂的充分准备。不仅调来了“深谙水战”的汉世侯张荣、水军万户解诚和部将朱国宝，而且早已命董文炳与董文忠兄弟操练和组成了水师精锐。无论在战略还是战术上早均已做到心中有数，马背民族就是要大展水战的功夫！

夜色茫茫，滔滔江水尽隐没于一片黑暗之中……

此时，忽必烈方走下香炉山峰顶，回到帅帐之中果断地宣布了自己的决定：次日凌晨开始渡江！当夜，尚命蒙将木鲁花赤、汉臣张文谦专门负责“组织准备船只桨楫”。并事先部署将士们趁夜色奇袭“夺取南宋两艘大船”。指挥若定，尽显统帅风采。

却谁料！天有不测风云……

1259年九月四日，乃忽必烈下令渡江之日。但时至黎明，不仅风雨交加，而且天色晦暗，真可谓“烟雨锁大江”，唯可闻“风呼浪啸、江水拍岸”。史称“诸将均以为不可为渡，忽必烈却不予理睬”。唯董文炳主动请战曰：“长江天险，宋所恃以为国，势心死守，不夺之气不可，臣请尝之！”忽必烈脸色阴转晴，史书又有详尽描述：“忽必烈以为然，亲自拨于敢死之士近百，大型战舰一艘，尚亲手为勇士们挑选甲胄！”众文臣武将一旁静观莫不动容，士气遂为之大振。随之，忽必烈又现身江边，“严令诸将帅扬旗击鼓，分三路一起进发”！恰在此时，天气放晴。史又称“蒙古大军竞相争渡，董家兄弟率敢死之士冲在最前，艨艟鼓棹急趋，疾呼奋进，二百艘战船直抵南岸！”由此可见，忽必烈显然是作了周密的安排有备而来。这么大的阵式，这么众多战船组成的庞大舰队，足可见他是一位既胸怀雄才大略又思维慎密的军事天才。

还不仅于此，尚有史实与蒙哥大汗形成鲜明对比……

1259年九月四日，就在董文炳兄弟率先登上长江南岸的同时，忽必烈却留在北岸为转移敌方的注意力，还同时在指挥着另一场歼敌的规模宏大的水战。史称“深谙水战”的汉世侯张荣“严遵忽必烈之号令”，以小船突袭南宋北岸守军，“缴获大船二十艘，俘虏水军二百名，并斩杀宋军将领吕文信”。而水军万户解诚奉忽必烈之命，也尽率精锐于“大江中流”和南宋水师决战。更是“前后十七战，夺敌舰千艘，毙敌甚众”。而此时之忽必烈正驻马香炉山顶峰，俯看江面，挥斥方遒，见南宋水师溃败，遂指点蒙古铁骑纷纷渡江。百年江防，一日而破，金戈铁马如钢铁洪流般涌向江南。

正面突破长江，这在蒙古战争史上尚属首次……

1259年九月四日下午，远眺长江南岸，渡江前锋张宏（另一张姓名将，可见忽必烈为水战用汉将汉兵之多矣！）于南岸高地“树起‘北斗旗’为信号”，以示“抢滩”成功。而董文炳也派其弟董文用疾划小船返北岸报讯，史称“忽必烈闻之，急策马下山询问胜况”。并踏镫立于马上，竖起马鞭直指苍穹曰：“天也！”意涵颇深，似不仅仅是指“老天保佑”或“天意如此”，似尚有马背民族对原始宗教“长生天”之崇拜。但不管怎样，一股神秘的力量刹时又激起万千铁骑狂热的欢呼。随之，忽必烈更尽显统帅风采，当即挥鞭指令众将士曰：“今夕毋解甲，明日将围城！”也就是说今夜将士们不得脱掉铠甲，以备明日围攻鄂州。同时，又传令汉世侯张柔及严忠济、严忠嗣兄弟立即率众过江“间道赶赴鄂州，参加围城之战”！

一日之内突破长江天堑，古今少有……

钓鱼城古战场遗址—蒙哥大汗丧命于此

而这似乎只展现了忽必烈天才军事家之一面，尚且有另一面展现他杰出政治领袖的超凡风度。据史载，他并没有随蒙古大军一起渡江去逞现征服者叱咤风云的气势，而是仍驻扎于长江北岸的浒黄州，一连颁布了数道严肃军纪的命令：军士有擅入民家者，以军法从事；凡是俘获人口者，全部释放……郝经在《青山矶市》中诗曰：“渡江不杀降，百姓皆安堵。”可以为证。对被俘获的儒士，忽必烈又接受廉希宪之建言，予以“官钱购遣还家”的特殊优待，“所放还的江南儒士竟多达五百余人”。而上述一切均非凭“现代化思维”之杜撰，均有史可考，有史可查。

武略、文韬，已尽显其一代英主之追求……

当然，浩浩渺渺的大江还是要亲自渡过的，因为只要再拿下鄂州就等于重新改写了历史。随之，他便又纳群儒之建言，先派出王冲道、李宗杰、訾郊等三人赴鄂州城下“谕降”，遭拒，又在数日内调兵遣将，彻底完成了对鄂州城的包围。并于城东北头陀峰上建立起五丈高楼，号“压云亭”。直插云天，巍乎高哉。登临亭上，纵目以观察城中敌情。好大的气魄！故郝经曾作《压云亭》之诗，以志其状——

重岭绕郭峻，高亭下临鄂；
艨艟断江流，甲骑蹩城脚；
拒命始进攻，铁匝长围合；
顾已无头陀，径欲椎黄鹤！

但毕竟离漠北汗廷越来越远，离“也客蒙古兀鲁思”的权力中枢也越来越远。而且还阻隔着一条蒙古铁骑从未逾越过的滔滔大江，谁知在故乡的茫茫大草原又会发生些什么？

却谁料忽必烈竟越来越“忘乎所以”，不但围困了南岸军事要塞鄂州，而且还计划进而攻入南宋的腹地搅他个“周天寒彻”！

难道说，他只顾逞“匹夫之勇”而忘了汗位的重要性吗？

须知，为此草原母地已不存在亲情……

【阿里不哥执掌汗廷之图谋不轨】

为了恢复历史的原貌，似乎还得回头说起。有史可考，当蒙哥大汗的死讯最初传回草原时，汗都哈尔和林倾刻间便陷入了一片混乱之中。人心惶惶，谣言四起，甚至还对拖雷家系汗位的正统性产生了怀疑。

也难怪！马背民族只承认成功的英雄……

往事悠悠！蒙哥大汗重振游牧帝国的种种丰功伟绩似俱都被遗忘了，一时间人们似乎只看到了猝死钓鱼城给汗国所带来的屈辱。况且汗位由窝阔台家系更替而来尚不到十年，随之一些心怀叵测的贵胄也开始煽阴风点鬼火了。流言越来越多，竟有人敢于把蒙哥大汗称为“蒙古战争史上第一个败亡之君”！

可以说，当时的万安宫已陷入一片风雨飘摇之中……

好在大哈敦忽都台资质虽然平庸，但在万分悲痛中尚能明辩大理。她深知单凭自己那几个年轻的儿子是难以力挽危局的，若想保住拖雷家系的汗位还需倚重大汗的几个兄弟。但忽必烈和旭烈兀均远在他乡，身边只留有幼弟阿里不哥。再加上她又特别迷信“幼子守灶”权，随之便急召来幼弟阿里不哥公然宣称：蒙哥子孙从此放弃汗位继承权，俱都效忠于当今“监国”。唯求差遣皇长子阿速台前往火速迎回大汗柩柩，以使他早日魂归大草原。

似显几分精明，又显几分糊涂……

就这样，阿里不哥也可称得上“临危受命”了，竟不费吹灰之力便糊里糊涂地成了“汗位继承人”。但这位少汗却怎么也高兴不起来，须知就连平日围绕在他身旁那帮悍臣悍将也开始疏远他了。也难怪！除忠于蒙哥大汗的勋将仍坚守成都，浑都海仍驻扎六盘山外，大多诸王贵胄均率自己的部众作鸟兽散了。当然骏马要比柩柩快，不久便纷纷返回了草原母地似欲“寻衅闹事”了。而阿里不哥也不敢抗争，竟也认为长兄生前所统帅的三路大军确实是“乏善可陈”：东路军塔察儿败了只好派个兄弟“废王”去抵挡，南路军的统帅兀良合台原本就是他的家臣勋将也至今未能杀出重围，而长兄自己所亲率的西路军又受阻于钓鱼城最终又饮恨而亡……难怪人家都在责骂：拖雷家族不配称圣祖成吉思汗的子孙！为了维护马背民族至高无上的荣誉，大汗之宝座似又该到轮替的时候了！据史称，为此就连野心勃勃的阿里不哥也曾“惶惶然不可终日”。

多亏有一位看他自幼长大的汉臣及时进谏……

此人即伟大母亲唆鲁禾帖尼为幼子请来的“讲读”——真定名儒李璮。他首先对阿里不哥指出，作鸟兽散的诸王贵胄首先就违反了“札撒”，少汗可充分利用“监国”之职怒斥他们“背主弃逃，导致大汗身亡”！不用担心，这些狂吠诸王贵胄均随征两年早已精疲力尽，除了以恐吓卸罪无力反叛了。阿里不哥听后深以为“然”，李璮遂又向其献上三策：控“怯薛”（即大中军），重南征，缓称汗！最终经过谆谆告诫，这才使得这位“监国”彻底稳住了神儿！由于那些奸佞悍臣尚处于远离汗廷旁观“风云变幻”的阶段，故在师傅李璮的教诲下，阿里不哥在心领神会后竟干得还颇为“有声有色”。不但不惜动用皇室钜金先后收买了四大“怯薛台”（即大中军之四大将领），而且还以“监国”之名将忽必烈之南征归究为自己的“战略部署”。尤为重要的是，他甚至竟能强压住从小那“恃宠自傲”，“骄横拔扈”的暴烈性格，而迟迟没有“称汗”。果然，在忽必烈高擎蒙哥大汗为国献身的旗帜，亲率蒙古铁骑史无前例地突破长江天堑之后，使他远在汗廷无形之中竟成了最大的“受

清朝时所刻的钓鱼城三个字

七百多年前在峭壁上所凿的用于打仗的小洞

惠者”！

消息传来，风向顿变谣言自灭……

是呀！蒙哥大汗那可是为圣祖伟业英勇献身的，而拖雷家系的诸子也依然在为马背民族的荣誉奋力征战着。不仅是忽必烈率千万铁骑首次跨越长江直插“南家思”心脏，而且庶子末哥统率部分西路军仍在拼杀，就连家臣兀良合台老帅统领的南路军也在向北力争会师……当然，尤为突显的还是皇太弟：是他，以德报怨依然高擎着蒙哥大汗圣明的旗帜；是他，顾全大局独撑着为拖雷家系力保汗位；是他，千方百计重又激活了东、西、南三路大军的战斗力；是他，以身作则重又维护马背民族夺回了永不言败的荣誉！难能可贵的“度量弘广”，就连敌对的窝阔台家系（汗位原来是他们的）中的一些新生代王子，也对忽必烈不禁顿生敬佩之情。

但这一切竟又使阿里不哥再次陷入惶恐不安之中……

这倒不是因为李璮疏于开导，而是因为那些善观风云的奸佞悍臣重新又回到了他的身边。他们那献媚的歌功颂德，他们那无时无刻不在的提示和恐吓，最终使阿里不哥不仅恢复了往日的“恃宠自傲”，“骄横跋扈”，而且一提到忽必烈便又可使他“惶惶然不可终日”。而这些人要的也正是激发出这个：仇恨！因为这些悍臣不但是顽固的守旧派，同时大多也是和忽必烈结怨甚深之人。比如布只尔在任燕京大断事官时，就因滥杀无辜受过忽必烈的严斥以至罢官；阿兰答儿那莫名仇视就更不用说了，况且他早已和刘太平一起在“钩考”中几乎把忽必烈置于死地；至于脱里赤、孛罗欢、脱因等等也均因政见不合或权益受损，早在蒙哥大汗生前便成了贬废忽必烈的御用打手……难怪史书将这批人称之为“仇忽必烈派”，但他们在草原汗廷都身为重臣，实力均不容小觑。有他们的力挺，当然阿里不哥“监国”的宝座也就坐得更加“虎虎生威”了。而且他们大多长于权谋善于察颜观色。据史载，他们面对阿里不哥说的最多的一句话便是：“难道少汗也要等着和臣下一起，像羊一样被咬断脖子吗？”致使原本虽骄横跋扈但生性仍算坦荡的阿里不哥，竟日渐也在学心狠手毒和暗施阴谋诡计。

只不该！对准的目标竟会是自己的亲兄长……

阿里不哥深知，在长兄蒙哥于钓鱼城猝死之后，威胁他登上汗位之人就只剩下忽必烈一个人了。须知，老三旭烈兀是最早退出嫡亲四兄弟竞争的，他早已在远天远地征战开辟出自己的伊利汗国，性格孤傲，绝不会再来参与这场有伤亲情的权位之争了。而面对只顾激战于长江南岸无暇他顾的忽必烈，自己似乎也只有占据“监国”的优势抢先登上汗位此一途了。为此，阿里不哥日思夜想的便是尽早抢占汗位，竟无时无刻不在把嫡亲兄长当作假想敌。但越是急不可待似乎就越不可能，因为尚须迎回蒙哥大汗的遗体落葬起辇谷，尚须等待买通东西道诸王召开那登基必不可少的“忽里台”贵胄大会。但这一切肯定需要时间，而时间却只能使忽必烈成为马背民族所推崇的“征服英雄”归来……不能再往下想了，更不能再无所作为只顾等待！多亏有阿兰答儿、布只尔、脱里赤等悍臣及时提醒：“除掉心腹大患即等于早日登上汗位！”致使阿里不哥终于彻底抛却亲情开始行动了。师傅李瑄也曾从中劝过：“少汗以灶主身份得天时，凭监国权位得地利，唯欠人和，当以仁取之！”但阿里不哥一听这个“仁”字就烦，反而认为这绝对有碍于自己早日除去“心腹大患”。随后竟将李瑄逐出了核心议事圈子，改由阴险狡诈诡计多端的脱里赤担任首席谋臣。

权欲！又一次使同胞兄弟势不两立水火难容……

但这一次阿里不哥在阿兰答儿、脱里赤、布只尔等奸佞之徒的“调教”下，竟然也能心怀狡诈“日渐成熟”起来。因为他也明白，如果立即就动用武力除掉“心腹大患”，自己绝非是统帅胜利之师兄长忽必烈的对手。而此时的“仇忽必烈派”也确实全心全意投靠了他，因为他们也深知如果忽必烈凯旋而归自己绝对没有好下场。似也唯有倾全力辅佐阿里不哥，这才是他们唯一的出路。故这些善弄权谋的老手竟也累劝阿里不哥“稍安勿躁”，为除却“心腹大患”的第一步当应是“隐而不发，攫取汗权”。进而充分利用“监国”居高临下的政治资源，继续将忽必烈的跨江南征宣扬为少汗的“战略部署”。随之便是派出使者大肆以重金收买东西道诸王贵胄，并同时以“监国”的名义宣布了一系列所谓的“新政”。似和李瑄所提“以仁取之”有异曲同工之妙，但其内容却是“彻底恢复祖制，扩大封国自主权，绝不蹈袭他国所为”等等陈年杂货。宽纵滥赏，复古归旧，根本无视马背民族和游牧帝国的命运和前途。但效果却奇佳！不仅换来了一封封“效忠信”，竟使得“监国”地位日益突显。不是大汗，胜似大汗！致使阿里不哥欣喜之余这才发现，原来不动用武力也可使忽必烈先变成“孤家寡人”。稍有异动，即属反叛。从此，阿里不哥竟对这帮“仇忽派”不但越加倚重，而且自己也日渐飘飘然起来，又现往日一贯骄横跋扈的风格。

偏偏这时忽必烈也在长江南岸又遇到了麻烦……

有史可查，在胜利突破长江天堑之后，忽必烈即在鄂州城东北头陀峰山顶，搭建起五丈高楼，起名：压云亭，自己常登高俯视“城内敌情”。居高临下指挥千军万马，颇显草原统帅的指挥雄风。但南宋除奸相贾似道之流祸国诸臣外，却也不乏有民族气节的忠义之将。继钓鱼城的王坚后，鄂州城守将张胜也可算得一个。软硬不吃顽强抵抗到底，诈降骗退手段用尽。终于得以时日，又将由重庆驰援而来的吕文德部迎进城里（即被史天泽打退的那千艘战船）。更何况贾似道虽为古今贪腐集大成者，又身为首辅权倾朝野，但在这关键时刻也怕败国露馅，遂也赶紧与高达等宋将从汉阳各地策应支援。一时间又成胶着状态，似眼前又要出现一座钓鱼城。而忽必烈却又颇具马背民族的特点，是一个永不言败之人。日夜运筹帏幄苦思破敌之计，似乎早把汗廷的种种风云变幻置之于脑后了。

这更给阿里不哥留下了足够的时间和空间……

等到围困鄂州“久攻不下”的消息传回汗廷后，这位监国和他身旁那些宠信的悍臣们竟“欣喜若狂”。根本无视民族的大义与尊严，便又抓紧时机研究起下一步“应对之策”。脱里赤、阿兰答儿、刘太平、布只尔等均认为，现草原母地，汗廷内外，均已成为少汗天下。名虽仍为“监国”，实已行施大汗全权。唯一所惧者，乃忽必烈所率之精锐之师。汗廷上下尚无任何悍帅或骁将可敌之，故依然是少汗之“心腹大患”。今被阻于江南鄂州，此乃天赐良机。少汗既已“攫权”成功，便当应趁此主动“出击”。而首席谋臣脱里赤更具体建言道："少汗当应继续'隐而不发'，火速分东西两路派出心腹重臣机密行动：一路直插漠南与燕京诸地，断其后路，毁其老巢；一路西下秦陇川蜀诸地收编大汗余部，再控晋豫，斩断其腰！今少汗所缺者乃汉地矢忠之武力，而此时也正好借机携巨资于中原扩充人马收买各路汉世侯及杂牌军。趁忽必烈只顾作那灭宋的英雄梦，我即以迅雷不及掩耳之势悄然行之！等他大梦醒来，早已进退不得，似也只能跪地向少汗俯首称臣！"群悍闻之，俱惊讶脱里赤何来此"雄才大略"？而少汗听后，也奇怪脱里赤何来此"远见卓识"？说也可怜！原来是李璮憋了一肚子妙计却被幼主日渐生厌，没处发泄似也只好向同朝旧臣详述以示矢忠。谁料竟被脱里赤听来献上以作晋升之阶，而阿里不哥为避絮烦竟把李璮也打发南下幽燕"扩兵"去了。儒者之可悲可哀，此乃又是一例。

然更悲的是，忽必烈仍不思"退路"……

压云亭下，围困鄂州的"攻坚战"依旧处于胶着状态，而这位皇太弟却仍在高扬着复仇的旗号照打不误。南宋之精锐兵力越聚越多，他竟然越打越来劲儿。是胸有成竹有意而为之？还是无意间又在重蹈长兄在钓鱼城之复辙？竟然对郝经、赵璧、廉希宪诸亲信儒僚的提醒和警示均"置若罔闻"，反倒有闲

蒙古汗国时的车帐

心对汉世侯李璮派来的使者给予高规格的接待。此人曾被塔察儿大王以“旷世奇才”推荐过，这次乃奉命前来送粮劳军以示效忠皇太弟的。这是一个特别复杂的历史人物，故必先插叙几句以兹介绍。王文统：金代大定府（今内蒙古宁城西）人。生年不详，金末曾举经义进士，史称“喜读权术谋略之书，好以奇言惑人，曾将历代奇谋诡计之策摘编成书”。乱世之中也曾四方“择主”，最后投靠于李璮门下。妻之以女，遂成为心腹幕僚。而李璮也依靠其异策奇谋游走于宋蒙之间，实力日渐坐大。对其为人史籍多贬，然若以现代目光看来，王文统也可算得一位颇有想法，颇有追求，也是一位颇有施政能力的干练人才。此次奉命而来，他好像又在“择主”。而忽必烈除塔察儿推荐外，也早从藩臣刘秉忠、廉希宪、商挺、张文谦等口中得知此人为“才智之士”。后只因姚枢、许衡等以“儒学不纯、心术不正”等谏之，方未召至幕府。今日不请自来，如果说是为通过他了解南宋情况尚且可以理解，但忽必烈却一连三夜与他促膝长谈就似乎显得太过分了。

果然，似乎灾难已经悄然逼近了……

首先是阿里不哥发难的。自从排挤走李璮之后，他就变得更肆无忌惮不择手段。根本不顾胞兄仍在江南为拖雷家系的荣誉打拼，已开始密派悍臣对其实施“断腰掏心”之战术。任命脱里赤、阿兰答儿为“行尚书省官事”分赴燕京与漠南，目的在于“掏心”。任命刘太平、霍鲁怀为“行尚书省官事”分赴川陕与六盘山，目的在于“断腰”。共同的任务是：扩充兵源、掌控税赋，断其退路，逼其就范！

而此时忽必烈正酣战于江南，受阻于鄂州城下，根本无暇还手。

滚滚东逝长江水，似正在滔尽他的希望。

阿兰答儿已悄然逼近金莲川。

开平王城静悄悄……

狩猎

第二辑

【本辑提要】忽必烈在鄂州城下的强攻受阻，似更激起了他强烈的草原英雄主义。为了马背民族的荣誉与尊严，似早已将草原汗廷所策划的种种阴谋置于脑后，几乎使大元王朝渐行渐远，就连那本来已经临近的脚步声也似就要消失了。而在此关键时刻，又有一位杰出的蒙古族女政治家挺身而出了——这就是王妃察必。她不但代丈夫坐镇着开平、掌控着幽燕，于漠南观察着漠北汗廷的风云变幻，而且还善于激发丈夫的雄才大略，及时发出了那名垂史册的“柔声呼唤”。最终使得忽必烈在迫使南宋“称臣纳贡”后，广纳群儒之谏急速北返，突然现身于燕京。南北对峙的局面由此开始，兄弟争位之比拼也从此拉开了大幕。

大元王朝来临的脚步声又突然响起……

【察必与忽必烈之南北遥相呼应】

是该说到这位“神鹿化身”的时候了……

察必，当是中国历史上一位杰出的蒙古族女政治家。波斯史学家拉施德曾在《史集》中这样形容她：“容貌秀丽，禀赋娴雅，深得忽必烈喜爱。”而当代史学家李治安更进而评价她说：“聪明敏捷，晓达事机，在忽必烈即汗位前后，还能左右匡正，给予忽必烈有力的支持和辅佐。”难怪近人所编《历代后妃传》更称她：“具有经天纬地之才，佐夫终成帝业。”由此不难看出，她之留在漠南绝非仅仅是因为“战争让女人走开”，而是经忽必烈委以重任坐镇开平王城的。

对妻子才能的倚重和信赖，由此可见一斑……

也难怪！忽必烈在远征云南时，就是她坐镇金莲川出色地处理了漠南的军政事务。而在蒙哥大汗死后初期引发的一片混乱之中，又是她派人里迎外合将忽必烈的另两位王妃和质子芒哥喇接回了开平。绝非杜撰，以上均详见于史。但毕竟夫妻情深，忽必烈出征时还是为她留下了王府尚书姚枢、和尚刘秉忠、大儒许衡和窦默等重臣作为辅佐。要知道，这实在太难为一个女人了！因为她必须坐镇于此，北观汗廷变幻，西察京兆动向，东控燕京局势，南观战争进展。东南西北四面八方均得兼顾，即使是一个精明强干学富五车的男人也难以应付啊！

但她却极具主见，而且遇事从容镇定……

以德服人，突显人格魅力，难怪金莲川幕府之无论文臣或武将均愿为她效命。据史载，以至后来竟有了“后党”之诬说。而在这次处理因蒙哥大汗之死引起的突发事件过程中，她更极具远见和政治智慧。“当以蒙古心思之”就是她命亲信重臣赵璧火速传往长江前线的。随后，当阿里不哥由蠢蠢欲动到决定暗施狠手时，她也早有所觉察并且相当从容镇定。在大儒许衡和窦默一片惶恐劝谏声中，她竟然含笑以对“拒不干政”。

显然，她对忽必烈的雄才大略还是心有灵犀的……

果然，忽必烈与王文统的彻夜长谈绝非“即兴之作”。由于汉世侯李璮常游走于蒙宋之间攫取实力，通过此次长谈既可尽窥南宋内幕又可寻找其“软肋”。在忽必烈的心目中，围困鄂州只不过是为了吸引南宋尽多的精锐兵力，从而寻找其“软肋”插入其心脏腹地发动奇袭。以迎接老帅兀良合台所率的南路军，并接应庶弟末哥所统率的残留的西路军。似也只有三路大军会师再打出个“成功”来，再凯旋而归方能获得更大的发言权。若现在即半途而废急于北返，那等于自投罗网，也只能向阿里不哥俯首称臣。更何况尚有察必坐镇开平为自己应对汗廷的风云变幻，暂时还应当是后顾无忧。

随之，便是果断地一声令下——

1259年十月，在下令张柔率领诸多汉世侯大张旗鼓加紧围攻鄂州同时，忽必烈已暗派挚友霸突鲁率一支蒙古大军杀向岳州，以接应北上的南路军统帅兀良合台。又派出巨无霸郑鼎率领另一支蒙古大军直插江西诸地骚扰南宋后方。还大肆声张，三军会合将直捣南宋的都城——临安！效果奇佳，致使得被腐败蛀蚀的南宋王朝一时间腹背受敌、内外交困、首尾难顾、风雨飘摇。宋廷一度极为惊恐，有人甚至提议迁都逃亡（见《宋元战争史》164页）。而此时忽必烈却仍坐镇于鄂州城外的帅帐里，而且还不时登上那座头陀峰顶的压云楼。目的只有一个：吸引被围困宋军的注意力！

喜讯传来，开平王城的察必却隐隐感到不安了……

她是深知忽必烈的，并且早已判断出他是绝不会就此“善罢甘休”的。追求“完胜”是他这样圣祖子孙的天性，为此，她已主动着手应对来自汗廷的种种不测之举了。比如幽燕中枢燕京虽早已被忽必烈的亲信重臣孟速思与赛赤典·赡思丁所掌控，但她还是派出王府尚书姚枢前去协助“虚以应对，聊表顺从”。对京兆等地也分派重臣前往如此行事，唯一的目的便是，暂不激化矛盾，给忽必烈留下足够的空间和时间。但当这样的消息传来后，却使她再也坐不住了。原来，在忽必烈里外开花的重重打击下，南宋奸相贾似道这一祸国殃民的花花公子终于再难支撑，原形毕露了。竟暗中派出使者向蒙古大军“乞和”，甘愿向忽必烈“称臣纳贡”。这是个多么好的凯旋北返的时机啊？但据说忽必烈却非要坚持先拿下鄂州再议。察必深知自己对此再不能“无动于衷”，来自汗廷制造的背后危机已容不得忽必烈再进而展现自己的雄才大略了。

鹿岩画

察必皇后

再不能让他有第二次失误了……

正因为夫妻感情至深，察必也就更了解忽必烈性格中的某些“弱点”。而这些“弱点”又是那样令人可敬可爱，尽皆反映了蒙古民族那种豪放、坦荡、宽厚、忠诚、黑是黑、白是白的性格特点。

但也正由于这种特点，使他产生了第一次重大的失误。据《元史》之《郝经传》记载，当蒙哥大汗的遗体置于两驴之间驮架上即将北返时，郝经曾建议截棂以迎归军中的帅帐祭奠。如果照此而行，当不会有今日之阿里不哥与群悍们挟汗玺之如此嚣张。而忽必烈竟挥泪而言道："我与大汗一母同胞，怎忍再用其遗体去作文章？尊祖俗，当任其早日魂归草原。"遂罢此议……而现在？他显然是深受马背民族传统的英雄主义所鼓舞，他又要为圣祖"一统中华"的遗愿一举攻克鄂州以奠基础。但显然时机并不成熟，而这一切又有姚枢赴燕京后送回的密报可充分加以证明。姚枢以自己亲历列举种种事实详加分析，最后竟似蘸血而书道："凶险可见，危机四伏，我主若不火速北返，必将抱恨终身！"

是不能眼看着忽必烈再有第二次失误了……

随之，就连察必也再难从容镇定了，赶忙急召近臣和尚刘秉忠相商。而刘秉忠详看姚枢密报后，竟然自告奋勇愿跨江前往鄂州"助姚公一臂之力"。但这位王妃似乎觉得这仍然不够，便又罕见地亲自动起了笔。也难怪！既不能一味地只顾劝谏和进言，又不能有损于忽必烈的威望和尊严，为此她采用的是一种只有夫妻间才能相互看懂的"密语"。有史可考，在古代蒙古民族间的确存在这种独特的文化现象，局外人极难破译。写毕，便又召来亲信家将脱欢与爱莫干，命他们护送和尚刘秉忠尽快地跨江前往鄂州城下，并亲手将此信交于忽必烈宗王！

是的！强悍的草原英雄主义仍在心中发酵……

当应指出，忽必烈已经知道了守鄂主将张胜已战死城内，而且南宋奸相贾似道也确实已派密使暗来屈膝求和。而作为圣祖的杰出子孙，忽必烈身上那股奔腾的热血似乎总不允许他就此罢休。他一生追求完胜，偏执的完胜，虽然一生均未作到。为此，他现在更关注的却在于：兀良合台老帅所统领的南路军是否和自己派去接应的部队会了师？庶弟末哥所率部众折返东进何时来到长江边？一种近乎偏执的荣誉感使他认为：只有这东、西、南三路大军齐聚于他的麾下攻克鄂州，这才算得上真正的凯旋而归。攻下一座军事重镇，当然要比一纸协议更能产生强烈的震撼力！

而更重要的还在于，他显然轻视了阿里不哥……

在忽必烈看来，这位一母所生的幼弟除了桀骜不驯骄横跋扈外，似乎就是再坏也坏不到哪里。一不懂军事，二没有政治头脑，除了“灶主”那特殊身份之外一无所长。为此当他听说阿里不哥种种野心勃勃之举时，也均认为其幼稚可笑没有给予足够重视。只是当有人提到“李璮”的名字时，他才突然警觉起来。他深知这位真定名儒还是颇具远见卓识的，如果阿里不哥能一改骄横善用此人，说不定日后也能形成气候。只不该随之又有人告知他李璮的可悲下场：现已被发配随布只尔等南下扩军。忽必烈闻之放心大笑曰：“非吾不讲手足之情，乃其自断臂膀也！”

点燃一颗蒙古心容易，冷却一颗蒙古心难……

其实，忽必烈之持续攻鄂，也早已引发了以郝经和廉希宪为首的众多儒臣幕僚之焦虑和不安了。如侍臣董文用就曾“一日三谏，力主班师，以为神器（即汗位）不可久旷，待登上大汗之位后，遣一支偏师，即可了结江南事”。（见《元朝名臣事略》卷十四《内翰董忠穆公》）而忽必烈不纳，竟反而命蒙将骁骑集中兵力突破鄂州城。迫使郝经也只能再疾书《班师议》，而廉希宪也只能去求助于刚刚返回的大将霸突鲁。

机不可失，时不再来……

在这关键时刻，多亏脱欢和爱莫干已及时将和尚刘秉忠跨江送进了帅帐。而忽必烈一见和尚竟也能如此“惊慌失色”，故一把拿过姚枢那封“密报”便急切地阅读起来。再加上刘秉忠也在“别有用心”地制造紧张氛围，故忽必烈也越读越“神色大异”。原来，姚枢密报中尽言李璮虽被逐，然脱里赤已尽得其策！“掏心”、“断腰”、“釜底抽薪”，无所不用其极。阿里不哥现御玺在手，更加行事嚣张，燕京漠南均岌岌可危，尤以秦陇川蜀情况更为严重，“换置将帅、分赐金帛”已使留驻诸军纷纷归顺矣！仅以六盘山为例，浑都海将军已帅四万余骁骑倒戈于阿里不哥……应该说，忽必烈是早已估计到了这一点，只不过就是没想到事态会发展得如此迅速，如此严重！再经和尚“添油加醋”地从旁解释，连呼差点让人家端了老窝！最终恰似一盆冷水浇头，致使忽必烈那颗激荡的蒙古心刹时便冷静下来。

知夫莫如妻！或许这正是察必有意而为之……

这一天，忽必烈再没有登上高耸的压云楼观战，而是斥退左右一个人单独在帅帐里反复阅读着察必那封密信。前面说到过，当时的马背民族有个颇为特殊的习惯：令信使传递文书讯息时，往往使用有韵的微言隐语来表达心情或说明问题。言简意深，非有特殊关系的人之间，很难理解其内涵。忽必烈轻轻地打开这封密信了，刹那间便觉得一股熟悉的温馨气息弥漫了整个帅帐。沁人心脾，顿时只感到察必已踏过滚滚的长江波涛来到了自己身旁。秀眉紧锁，明眸含泪，面带忧戚、神伤哀怨，似在无言地向他发出了责问。忽必烈猛然意识到自己似乎是太固执了，比如自己就曾多次说过：“率领了多得像蚂蚁和蝗虫般的大军来到这里，怎么能无功而返呢？”（见《史集》）而为了这“功“几乎让人家端了老窝，几乎让老婆孩子成了人家的战俘和人质！忽必烈本来不想再看那封密函了，但最终还是被那股特殊的温馨气息所吸引展开了。谁料竟没有一丝哀怨、责难、委屈和不满，有的只是理解、尊重、妻子的柔情、适而可止的建言。她说——

大鱼的头被砍断了，在小鱼中除了你和阿里不哥以外，还剩下谁呢？你回来好不好？

没有一句哗众取宠之语，倒好像一个平常妻子在丈夫耳畔轻柔的提示。但就是察必丝毫不带政治或军事色彩的私语密信，却使得风云突变起到了扭转乾坤的作用。故史称她“鄂渚班师，洞识时机之会”，即指此而言。一个杰出的蒙古族女政治家，竟采用了这种最朴素的平常妇女手段。难怪忽必烈的高傲自尊心毫未损伤，却顿时作出了颇具历史意义的战略决断！

而此时又有一事突显了察必的先见之明……

这一天，阿里不哥竟一改桀骜不驯，反而谦恭地亲自派使者特来前线谒见忽必烈，并且还一进帅帐就跪禀曰：“我们是被派来给安和转达问候的！”忽必烈立即直问：“阿里不哥把他所调出的侍卫和军士派到哪里去呢？”来使吞吞吐吐回答：“我们这些奴仆们一点也不知道，显然这是谣传！”忽必烈见其鬼鬼祟祟、神情慌张，当即觉察到来使此行尚有窥察甚至拉拢自己部众之心。随之便命人严密监控，立即召集亲信臣僚计议。（见拉施德《史集》卷二）

忽必烈更庆幸自己能有如此的贤妃……

但察必此时却正经历着一次凶险。表面看来开平王城静悄悄的，实际上早有人暗间窥视着，图谋不轨。阿里不哥见自己的亲信脱里赤在燕京竟然被“接纳”了，随着便又暗派阿兰答儿“乘驿传”悄然赴漠南“扩兵抽丁”。为早日于草原自立为大汗，显然是要在兄长背后捅刀子了。而阿兰答儿却隐密得又是如此彻底，竟鬼鬼祟祟潜行至距开平王城仅有不到一百里的大草原。只要跨马挥鞭即刻便可冲进城内，形势显得是如此诡诈和凶险。但察必得悉后竟相当“从容镇定”，她只派出使者前往责问：“发兵大事，圣祖成吉思汗曾嫡孙真金在此，何故不令知之？”一字不提自己坐镇开平，却突然打出了“圣祖曾嫡孙”的旗号。这招果然厉害，要知道按“札撒”这是要掉脑袋的！果然，阿兰答儿一时语塞。再看茫茫的丛莽之间，王府宿营卫也突然张弓拔刀纷纷闪现。阿兰答儿一看大惊失色，似也只好托词慌忙告退了（详见《元史》卷一百一十四《后妃传一》）。

有史将此事记于发“密信”之前，有史则记于后。但似乎这并不重要，关键还在于是察必唤醒了忽必烈的危机感。地北天南、遥相呼应，大元王朝的脚步声仿佛由沉寂又突然变得清晰起来。

你回来好不好？察必似仍在柔声发出呼唤。

忽必烈也终于稳坐于帅帐倾听群臣之议。

滚滚长江一时间似也变得风平浪静……

一改压云亭上唯求完胜的霸气，再现昔日“度量弘广”之风。致使帅帐里气氛相当热烈，儒臣幕僚们均纷纷进言献策。

第一个发言的乃帅帐首席谋臣郝经，他以其《班师议》中所列内容从三方面进行了分析。其一，南宋方面：百足之虫，死而不僵。虽鄂州受困，但从海上腹地均尚有各路大军可以调集。如闻我大汗业已猝死，而内争又迫在眼前。必将誓死顽抗，甚至配合阿里不哥以夹击于我。而我则很可能腹背受敌，孤军就有“欲归不能之忧”!所幸南宋“方惧大敌”，现在尚“无暇谋我”。故眼前真正的危险不在宋方，而在“国内空虚”之内部!

众皆以为然，忽必烈颔首让他往下继续说……

郝经随之便谈到第二个方面，即内部形势：他认为在背后“塔察国王(即塔察儿)与李行省(李璮)肱髀相依”已形潜在危胁。而西道诸王也在“窥觎关陇”，阻隔了殿下与旭烈兀大王的联系。更重要的是“病民诸奸(系指汉地的诸多汉世侯)各持两端，观望所立。莫不觊觎神器(大位)，染指垂涎。”如果其中有一狡诈者，万一趁机起兵，先人而作乱，我则更“腹背受敌，大势去矣”！

蒙古军队出征图

众皆察颜观色，却只见忽必烈听得更加专注耐心……

郝经似受到了莫大鼓励，继续分析最重要的一方面：即汗都之动作!郝经更直言相告曰：“阿里不哥已行赦令，任脱里赤为断事官，行尚书省事，据燕都、按图籍、号令诸侯，行皇帝事矣!”又称：殿下虽然“素有人望，且握重兵，独不见金海陵王故事乎?”讲到兴起，郝经竟不看忽必烈的眼色，便干脆把海陵王的悲剧绘声绘色复述了一次。声泪俱下，致使群儒莫不为海陵王扼腕叹息。原来，金海陵王与弟争位本逞强势，也是不听劝阻急欲渡江再创伟业，最终受弟与南宋夹击兵败而亡。而郝经还敢进而言道：如不接受教训，何其相似乃尔?

似在犯上，但再看忽必烈却显然被强烈震撼了……

而郝经更一鼓作气大胆指出，今日之事颇似海陵王与金世宗之争位!如果阿里不哥自称“受遗诏，更正位号，下诏中原，行赦江上”，殿下欲要回去还可行乎？为此，应效古之圣王，该进则进，该退则退!凡事当应“以祖宗为念，以社稷为念，以天下生灵为念!奋发乾纲，不为需下，断然班师，亟定大计，销祸于未然!”最后，郝经更慷慨激昂总结道，若殿下再以轻骑北返，直趋燕都，阿里不哥等必定以为殿下从天而降，尔等“奸谋僭志”也必然随之冰释瓦解!(详见元·《陵川集》卷三十二原文)

只见忽必烈竟听得入神，两目炯炯闪光……

廉希宪见之也当即挺身而出，从正面劝谏曰：“殿下圣祖嫡孙，先皇母弟，前征云南，克期抚定，及今南伐，率先渡江，天道可知!且殿下收召才杰，悉从人望，子惠庶民，率土归心!今先皇奄弃万国，神器无主，愿速还京，正大位以安天下！”而众儒群僚也纷纷响应，均跪伏于地齐呼曰：“愿殿下火速返燕京，早继大位以安天下!”(见《元史》之《廉希宪传》)

但忽必烈并未当即表态，反令群僚姑且退下……

应当说，对于当时的事态，这位雄才大略的宗王还是尚且有一定的认识，但远不如郝经分析得那么深刻，亦不如廉希宪指出得那么明确。一句话：立即北返，角逐汗位!郝经为他分析出残酷的现实，廉希宪为他指出了必达之目的!为此，忽必烈竟不由得又拿出了那份散发着温馨气息的密函，顿觉得那别具魅力的声音又在耳旁轻柔地回荡着：

你回来好不好?……你回来好不好?……

似有一种水滴石穿的力量，一声声温情的呼唤正在消融那偏执的草原英雄主义。好像老天也在给他帮忙!这时不但老帅兀良合台率部已被接应部队迎归，而且那南宋花花公子丞相贾似道也为屈膝求和步步退让：唯求划江为界，甘愿称臣纳贡。只要撤军，愿每年向蒙古纳银二十万两，绢二十万匹。现正由赵璧任专使与贾似道密使宋京谈判，或进或退主动权皆在自己掌控之中。

但作为圣祖的子孙，似总感到留有稍许缺憾……

而就在此时，就闻得挚友霸突鲁大将军帐外求见。忽必烈得知慌忙起身亲自迎了出来，并执其手欲进帐作促膝长谈。然霸突鲁却未奉命当即而入，竟挽其手遥指压云台让其观看。忽必烈放眼向耸立入云的高台望去，便只见得往日自己指挥千军万马的压云台之上趺坐着一位僧人。双掌合什，宛如铜铸，任鄂州城下杀声四起，就是秃头闪光我自岿然不动。忽必烈失口惊呼了：“刘秉忠……”霸突鲁答曰：“是他!闻其言之，乃奉王妃之命为殿下‘叩六丁之灵’，已作法两天两夜也!”没错儿!此乃察必早设计好的决定性的一招。须知，忽必烈当时虽已皈依藏传佛教，但仍坚信占卜之术。

蓝天白云间，刘秉忠仍纹丝不动地端坐着……

回到帅帐之内，忽必烈内心尚存的遗憾早消失得无影无踪了，只顾倾听着霸突鲁将军的尽抒己见。当然，这位勋贵原不打算插手皇族内争，但禁不住廉希宪与郝经等的“晓以利害”，还是挺身而出了。老帅兀良合台也是如此，也请他代转“效忠殿下”的决心。果然，霸突鲁完全同意郝经《班师议》之说，而且尚自告奋勇愿率军压后以使“殿下火速机密北返早定大位”!而忽必烈见两位勋贵均已成为自己坚强的后盾，故也施展雄才大略开始安排北撤计划。

声东击西!真可谓点水不漏……

其一，传唤阿里不哥派来的使者，命人护送尔等速返汗廷报捷。沿途遍传南宋已“称臣纳贡”之胜利消息，以壮军威使阿里不哥暂不敢轻举妄动!

其二，为了暂时稳定军心和迷惑南宋军队，对外声言：东攻临安!此消息同时透露给汗廷来使，作用如前。

其三，命赵璧不卑不亢而又速战速决地加紧与贾似道密使宋京谈判。果然赵璧不辱使命达成了协议，使得蒙古军队当日即体面地撤回了北岸。两万江南降众，也遵忽必烈命令带回了江北。(见《元史》卷四《世祖纪一》)

其四，与霸突鲁、兀良合台以至汉世侯张柔等，慎密研究了撤至江北的军事部署。其时忽必烈已将汉世侯李璮的使者王文统留在自己的帐前为臣，见其果然具有卓越的组织和理财才能，遂留其协调并保证后勤供给。

其五，已着手令廉希宪先行北上，探明并掌控幽燕局势；令赵良弼以查看食邑为名了解秦陇川蜀变幻，并令郝经、赵璧、耶律铸、张文谦、刘秉忠等诸儒，脱欢、爱莫干等宿将轻骑随从，采郝经“置辎重，以轻骑归，渡淮乘驿，直造都”之策，择日即神出鬼没北返。(均见《元史》之《世祖本纪》)

而历经三天三夜后，和尚也从压云台上下来了……

虽已灰头土脸、弱不禁风，但还是引起忽必烈的高度关注，忙亲自搀扶问曰：“叩六丁之灵有何结果?”谁料和尚颤颤巍巍答道：“龙飞之时已至，可速回辕!”(见《佛祖历代通载》第三十五)说毕竟饿晕过去了，似有些大煞风景!但据史载，忽必烈却严遵佛示，于1259年十一月二十八日，从牛头山启程北归。

但智者千虑，必有一失……

归程是机密的，也是十万火急的。但在途经怀孟州(今河南沁阳)附近时，忽必烈还是派张文谦快马去向驻扎于此的商挺询问情况。商挺却对张文谦说：“殿下班师，师屯江北，脱有一介驰诈发之，军中留何符契?”张文谦听罢，急忙追赶忽必烈转达商挺之言。忽必烈闻之大悟，罕见地骂道：“无一人为吾言此，非商孟卿，几败大计!”随之，立即遣使赴江北军中订立调兵契约。不久，阿里不哥的使者果然到江北军中行诈，遂被军将依事先之约定杀掉!(见

大汗亲征

《元朝名臣事略》卷十一《参政商文定公》)

除此之外，北返途中尚有一桩奇遇……

一乃路过燕南，得悉被阿里不哥贬于中原扩兵之李璮，现正被另一征兵官脱忽思阴差阳错地械系于狱中。说法颇多，有的说是他倚老卖老，动不动就拿“少汗乃吾弟子”吓人，惹恼了同行的蒙将；有的说是布只尔就在此地，乃他与脱里赤相商唯恐其多嘴坏事而杀人灭口。众儒闻之皆曰：“该!助纣为虐者下场也!”而忽必烈却言道：“否!各为其主，李璮何罪有之?”遂率众直趋械人监牢喝令放人。一阵慌乱，就连布只尔也闻讯连忙赶来。忽必烈见之大笑曰：“也算有缘，你我又于此相会也!布只尔大人，本王应诏赴汗廷朝觐少汗，可赏脸相伴而行乎?”布只尔充满幻想且又不敢不从，遂下令释放李璮只看皇太弟眼色行事。只可悲李璮蓬头垢面出得大牢，竟跪地向北长揖哭拜曰：“少汗啊!非老臣不忠，乃皇太弟非要救吾于械狱之中!老臣当效曹营中之徐庶，从此不再设一谋!”令人哭笑不得，但忽必烈竟无一丝责怪。于危急时刻插手此类意外之事，似有些不顾全局小题大作。其实不然，李璮乃闻名幽燕的真定大儒，此举不但深得燕南民心，而且举手间又使忽必烈由一位杰出的军事统帅转化为一位礼贤下士的仁儒贤王。

眼前就是燕京，廉希宪已早于城内作好安排前来迎接了。

忽必烈驻马命令宿将脱欢火速回马江北，现在可告知霸突鲁与兀良合台了：立即如约率兵北上!

然后，竟命文武随从就地歇宿一晚。

他要重复昔日的故事。

悄然入城……

第三辑

【本辑提要】忽必烈果不愧一代雄主，他不但具有卓越的军事才能迫使南宋“称臣纳贡”，而且具有高度的政治智慧以应对燕京的种种突发事件。既能当机立断地瓦解对手“掏心”、“断腰”之图谋，又能巧于周旋地暂不捅破这层“窗户纸”。虽阿里不哥占尽了草原汗廷天时与地利等诸多优势，但忽必烈的突然现身燕京还是使他有些手足失措。先是派人送猎鹰以示抚慰，后更进而设计欲诱使忽必烈赴汗都“束手就擒”。忽必烈似被逼加速了行动，终于在1260年三月于开平“中统建元”先行登上汗位。颁发“中统诏书”，誓言“鼎新改故”，遂使大元王朝“不期而至”。但阿里不哥焉能善罢甘休，四月也在哈尔和林称汗。兄弟阋墙、两汗对峙，随之便是同室操戈的战争！

首战对决于秦陇，再战对决于草原……

【兄弟对峙，心照不宣均为谋汗位】

金朝故都燕京又迎来了一个安谧的黎明……

而于故宫大内，阿里不哥派来的宠臣脱里赤，现仍在消魂帐里拥美而呼呼大睡。踌躇满志，在睡态中尽显无遗。

也难怪!他现在是汗廷最当红的政治明星……

自从尽得李璮的“真传”以来，真可谓红得发紫，热得烫手。深受“监国”信任，职位一升再升。现在已不仅是在燕京“行尚书省官事”掌控中原各地，而在汗廷也被耀升为“扎鲁忽赤”。这在蒙廷之中可是一个至高无上的官职，可以说是位列朝班之首。而来到燕京之后，更是奇迹般的未遇到一丝反抗。什么忠耿正直之臣赛典赤·赡思丁，什么干吏能臣孟速思，这不都经不住少汗的高官厚禄财宝封赏而乖乖地归顺了么？扩军、抽兵、控税、调动人马，几乎均不用自己亲自动手，似乎“掏心”战术就这样轻而易举地彻底完成了。而他还为久久得不到同侍一主的阿兰答儿之消息暗自窃喜，真盼望开平那位能干的王妃能帮自己把这个潜在对手给淘汰掉了。燕京真好！燕京的美女更好！

燕京的莺歌燕舞尤为出色！

只可惜!竟有人敢这么早就打扰他的好梦……

脱里赤大怒，本想就要动手杀人!但一听来人禀报：皇太弟有请!顿时便惊坐而起，几乎被吓破了胆子。什么?忽必烈竟神出鬼没地归来了?这简直是从天而降，这简直就如晴天霹雳!但转念一想，好在燕京文臣武将俱已被自己收买，又何惧之?遂忙更衣穿靴率数名宿卫，匆匆跟随来者奔赴燕京行台衙门。谁料未进门贴身宿卫便被一位身穿甲胄的色目将军拦下，此人即碧眼短髭之廉希宪。脱里赤无奈只好单身而入，远远便见忽必烈宽衣松带消闲而坐。神爽气定，飘逸自如，正与陪坐于两旁的赡思丁与孟速思侃侃而谈。而脱里赤也深知，现今大位未定，对这位皇太弟稍有不敬很可能就要触犯“札撒”。故能屈能伸也只好先行叩拜大礼曰:“臣脱里赤不知皇太弟驾到，未曾远迎，还盼恕罪!”谁料忽必烈闻之竟哈哈大笑应之道：“快请起，快请起!同朝为臣，何罪有之?来人呀!看座奉茶!”脱里赤一听“同朝为臣”这才敢起身落座，见并未撕破脸皮方稍稍定了心。但没想到忽必烈突然便开口发问：“敢问大人！依照‘札撒’，为大汗守丧期间，不得擅自调动兵马！而本王此次北返期间，见大人主持所调大批兵马纷纷北上幽燕，严重扰民，横行不法，怨声载道，毁誉于皇室汗廷!不知大人当作何解释?”脱里赤措手不及只能慌称曰：“此、此乃大汗遗命!”更没料到忽必烈竟拍案而起道：“荒唐！可有遗旨？可有御批?分明是想嫁祸于死去的大汗！而现今监国远在漠北，本王在此代皇室宣示：命你立即下令遣散违犯‘札撒’所征集之士兵！”（见《元史》卷四《世祖纪一》）

所幸忽必烈尚未捅破最后那层窗户纸……

脱里赤下来后忙私下问计于赡思丁与孟速思，谁料二人均“难得糊涂”地对应道:“非吾等不忠于监国！乃现今大位未定，皇太弟当仍为皇室尊长！然而其尚未对大人荣任燕京大断事官提出异议，又足见其对少汗图谋似尚茫然不觉!大人还不如遵其令先行遣散征集兵丁，以免眼前之祸，再与少汗商定对应之策!”脱里赤又问：“知其为何突然归来乎?”二人又答：“未敢妄问!只闻其随从私下议论道：大王虽已迫使南家思纳贡称臣，但犹心有不甘。数万铁骑仍驻屯江岸就是一例，似随时准备发动奇袭直捣临安。此次悄然归来似只为后顾无忧，或数日后又会悄然南返江岸。故见大人便问扩兵事，皆因幽燕乃其腹地！”脱里赤听后竟回应曰:“莫非也欲效旭烈兀大王另辟封国？当然腹地粮秣辎重兵源不容他人染指了！你我当好生伺候，但愿皇太弟能早日放心南归！”随之，便连夜遣亲信北去汗廷面见阿里不哥，并建议其“现在最好由您派遣万户长和急使们一起带着海青(猎鹰)、猎兽(猛犬)来此说明，以怯除忽必烈之疑虑!”(详见拉施德《史集》)而据史载，忽必烈也在此前遣使向阿里不哥提出了“责问和严求”。阿里不哥见图谋就要败露，又知忽必烈已迫使南宋“纳贡称臣”正逞强势，至于跨江另辟封国，却又颇为怀疑。但不管怎样，自己尚未登上大汗宝座，似也只能姑且委屈一时，如脱里赤所奏以争取时间。遂真派遣一位万户长及使者带来了五只名鹰海冬青(据说数百名奴隶未必能换回一只海冬青)，敬献于忽必烈驾前，还代少汗致以了诚挚的问候。并“遵照阿里不哥的旨令，对忽必烈说了许多悦耳动听的话，使他感到安全和放心”。但更重要的一点是，“他们还慎重地向忽必烈禀告：阿里不哥已经停止征发兵士!”见幼弟退让，忽必烈也以柔软身姿相对曰：“既然你们已经解释了这些无谓的谣言，那就一切太平无事了!”(详见《世界征服者史》)

作战图

仍似互作让步，还是谁也不肯捅破那层窗户纸……

作为燕京最高的行政官员，脱里赤却似乎越来越感到不自在了。其中最重要的原因之一，那便是在“一切太平无事”之后，忽必烈似也被燕京的繁华深深吸引了。不仅未迅速南下直捣临安，反而在汉世侯史天泽于京华的府邸住下更安之若素了。除察必王妃之外，那两位趁乱南归的王妃均如饥似渴地前来伺候，门前一时间车水马龙好不热闹。脱里赤到此时才发现，自己多日来的苦心经营算是白费了，皇太弟的突然“从天而降”早已使这一切化为泡影。就连少汗白花花的银子和大大小小的官帽也像打了水漂，赛赤典·赡思丁和孟速思等诸位要员也突然隐而不见了。到后来更发现，原来自己所抽的苛税重赋竟全是账簿文章，就连自己亲信所强征回的兵丁也早纳入了人家早布好的网罗。听说少汗另一亲信布只尔已被孟速思部下掌控，分明是“杀鸡儆猴”让自己看的。明显地上了当，却又有苦难言！脱里赤想到这里不由得心惊胆战，但这层窗户纸没捅破前自己又无法抽身。走，怕少汗斥之为此阵脱逃；留，又唯恐随时飞来横祸。苍天啊!一面是皇室尊长潇洒燕京，一面是少汗监国大位未定，这可让自己在这儿怎么当这个“行尚书省官”啊!

典型的“夹板气”，多会儿才能熬到头……

也是！燕京与哈尔和林隔空对峙，双方均在相互摸底以增加自己胜算的筹码。先看阿里不哥一方：虽已尽占游牧帝国的政治资源，但有得就必有失。比如说，迎回了蒙哥大汗的棂柩是占尽了登位优势，不仅可得御玺以号令天下，而且尚可借此掌控大皇后与诸皇子以证实自己荣登汗位的合法性与正统性。但显然棂柩的回到草原，也给他带来诸多不必要的麻烦。须知，经过忽必烈的重塑，蒙哥大汗早又成为马背民族心目中的英雄，不经隆重的祖传仪式安葬就抢先称汗势必适得其反……再看忽必烈一方：虽已迫使南宋“纳贡称臣”而突显圣祖嫡孙雄风，但却因远离草原难得汗廷任何政治资源，尚须深谋远虑防患于未然，绝不能在时机成熟之前提到“汗位”二字。况且还需防“螳螂捕蝉、黄雀在后”事件的发生……总之，兄弟二人均需要充裕的时间，均需要运筹帏幄从长计议。故双方均心照不宣，谁也不愿首先把这层窗户纸捅破。兄弟俩只顾相互巧以应对，当然脱里赤似也只能受这份“夹板气”了。

实在是度日如年，真让人再难熬下去了……

恰恰相反，好在这时似乎少汗那送来的极品“海冬青”发挥作用了，便见得忽必烈竟然带着两位南归的王妃纵情狩猎于幽燕山林之间。不但放松了对他这位少汗心腹的监管和警惕，而且还“乐不思蜀”到竟不返回自己的开平王城。甚至就连察必王妃似乎也被遗忘了，而使她渐渐淡出了人们的视线……这是一种什么动向？脱里赤终于找到了不召自归的借口：情况有异，急需亲秉，随之便带着亲随“不辞而别”匆匆北返了。但他绝没想到，刚等他前脚一走，后脚那“游戏”便戛然而止了。原来，这一切均是忽必烈有意而为之。虽说脱里赤算不上什么高明的对手，但他毕竟是幼弟任命的燕京大断事官。犹如一条毛毛虫爬在心窝子上，一时又动他不得。

现在好了！这小子竟自动脱落了……

忽必烈闻之哈哈大笑一番后，便急召姚枢、郝经、廉希宪等诸亲信儒臣相议。采姚枢建言：“由圣祖嫡重孙真金坐镇燕京，孟速思与赛赤典·赡思丁辅之！”出手不凡，这的确堪称又是一张“王牌”。真金：忽必烈长子，时年方十七岁。据史载，此前忽必烈曾有二子先后夭亡，为祈其长命百岁，自幼即由汉族乳母抚养，并起汉名“真金”。稍长又先后师从姚枢与窦默等习儒，现已学有所成初露锋芒。由他坐镇幽燕号令诸侯，当属蒙汉皆服之最佳人选。至此，忽必烈完全放心，在燕京布署好相应的军事力量后便急返开平王城了。

重中之重！便是尽快与自己的另一半“合而为一”……

而在此时，渴望见到丈夫的察必王妃也情同此心。当应指出，让她“沉寂一时”，或许正是忽必烈有意而为的。由自己突然现身燕京牢牢吸引住了汗廷的注意力，而使察必淡出政坛视野暗中去施展才华。果然，这位足智多谋的王妃也心领神会，不久即按忽必烈的部署悄然投入了这场“隔空对决”。绝非杜撰，她的孙子元成宗铁穆耳就在追念她的谥文中这样说过：“鄂渚班师，洞识时机之会；上都践祚，居多辅佐之谋。”上都，即指开平。践祚，系指登上汗位。居多辅佐之谋，便是指她在这场政治对决中无可否定的卓越贡献。再详查《元史》似更可以发现，她的“辅佐之谋”也绝不仅仅是停留在口头上的出谋划策，而更多却似在于她的当机立断与行事敏捷。有史可考，起码下列三事与她有关：

其一，耶律铸的回归——

耶律铸：契丹大儒耶律楚材之次子、蒙哥大汗生前的御用“必阇赤”（即书记官）。在扶椁回到汗都哈尔和林后，因对阿里不哥所作所为之不满欲投忽必烈。史称“由藩邸留守燕真与阿合马接应，始得潜抵上都”。耶律铸的到来，不仅使汗廷图谋尽皆暴露，而且也使阿里不哥再难矫大汗遗命发号施令。而当时忽必烈尚在江南鏖战，其间不难看出察必的作用。

其二，庶弟末哥的率众到来——

末哥与忽必烈的特殊关系，前面已多次提过。而他所率的残留西路军在送大汗椁柩进入草原后，即准备转向忽必烈靠拢。是曾受到层层阻困，后多亏开平派出王府将领率兵接应方得如愿以偿。末哥的到来更加意义重大，不仅打破了皇族铁板一块拥戴阿里不哥的神话，而且随着其他庶弟的“闻风而至”也形成了皇室中的“拥忽派”。而其间即使忽必烈在江南有所指令，但具体实施与指挥者显然仍是察必。

其三，早已遣使游说东西道诸王——

但这个“使”却未必是王府的高官重臣，“游说”也未必是只针对诸王贵胄。她只是不惜重金鼓励有意愿的部众家属回草原母地去“探亲”。没有具体的任务，只要能把对自己宗王的骄傲感带回东西道各大封国就成。但奇怪的是，所到之处诸王贵胄莫不纷纷前来打探。

忽必烈与察必最终于开平王城相会了……

但是与汗廷的“隔空对峙”并未因此而停止。尚不待他们“久别胜新婚”，就传来了阿里不哥准备动手的消息。据波斯史学家拉施德在《史集》所述，确实在脱里赤由燕京潜归哈尔和林禀报后，阿里不哥就曾下过这样的指令：“既然忽必烈对我们的计划已有所闻，最好把住在各‘禹儿剔’（即汉地）和自己家里的宗王，异密们（即大臣）召集起来，找一处僻静地方，把继位问题给解决了吧！”（原文照录）。显然，阿里不哥在听脱里赤秉报忽必烈“犯糊涂玩鹰”的同时，已经认为自己掌控着母地的一切政治资源该当“胜券在握”了。但蒙哥大汗的落葬似乎仍挡着道，谁料他却能借此又心生一招妙计，遂又派脱里赤重为急使前往开平，以整个游牧帝国的名义通知忽必烈：“为了举行蒙哥合罕的丧礼，务请忽必烈和全体宗王都来。”（录自拉施德《史集》）据说，阿里不哥与其属下还密谋了届时逮捕忽必烈及其部属的计划（见李治安《忽必烈传》89页）。

喜相逢没有了，顿时使忽必烈陷入了进退两难……

须知，无论按祖制还是按亲情，依照常规这样的聚会忽必烈必须参加，否则将会受到朝野唾弃。然而，这明摆着又是阿里不哥为自己设下的陷阱。如若应召赴会，肯定又会是前途未卜、凶多吉少！

开平王城一时间变得紧张起来，儒臣蒙将们似都在忐忑不安地等待着忽必烈的抉择！

唯有察必仍然那样从容镇定，娴雅端庄。

只有她从中竟然看出了机遇。

因为她深知心结之所在……

【中华开统，忽必烈开平新都率先称汗】

的确！在忽必烈的胸怀里是有个扭曲的心结……

根据多种中外史籍提供的资料综合分析，此心结似完全可归结在一个问题上：是回到草原再称汗？还是称汗后再回到草原？很显然，这是一种典型的传统固有思维，带有一种原始的草原英雄主义色彩。但这就是马背民族与生俱来的一种本能，似乎就连忽必烈这样转战南北志向高远的非凡人物也难免俗。或许这并没有什么不对，或许更体现出对草原的热爱和对民族尊严的维护。但这一切却给忽必烈带来诸多的困扰，使他往往在隔空对峙中处于守势。

这回好了！终于有人逼他当机立断了……

难怪察必如此之从容镇定，娴雅端庄地保持了她那“宗王于旁，绝不干政”的一贯作风。同时她也深知忽必烈身边也绝不乏“洞察时机”之士，他们的劝谏或许更有说服力。果然，王府一位极具帅才的亲信重臣闻讯已挺身而出了，此人即人称“廉孟子”之廉希宪。这位畏兀儿儒将一拜便开门见山直谏曰：“今阿里不哥虽殿下母弟，彼以前尝居守。设有奸人，俾正位号，以玺书见征，我为后时。今若早承大统，颁告天下，彼虽迁延宿留，便成叛逆。安危逆顺，间不容发，宜早定大计！”（详见《元朝名臣事略》卷七《平章廉文正王》）大意是说，阿里不哥虽是你的母弟，可人家担任“监国”执掌汗廷大权也好几年了。如果人家抢先登上汗位，捧着御玺下旨或征调你或讨伐你，咱们落后被动似也只能等着挨打。你如果能当机立断早日宣布承继大统，那情况就颠倒过来大不一样了。阿里不哥虽执掌汗廷，但稍有异动我方便可称他为叛逆。殿下的安危逆顺，随时可能产生变化，还是宜早定大计为好啊……而随后赶来的能臣商挺说得就更直白了，似在直插忽必烈心窝子曰：“先发治人，后发人治！天命不敢辞，人情不敢违！事机一失，万巧莫追！”（详见《元朝名臣事略》卷十一《参政商文定公》）大意是说，先下手为强，后下手遭殃！你如果连老天爷给的机会都抓不住，就是有再多的智谋也只能追悔莫及了……两

1260年，忽必烈宣布即位称汗

位重臣的性格语言虽不同，却似都暗含着一层意思：别再挑地方了，关键是抓紧时机！

这正中察必的下怀，忽必烈却仍在沉吟不语……

但在次日情况就大不一样，这位皇太弟在谈笑风生间又再现了往日挥洒自如的风度。先是接待幼弟特使脱里赤，酒席宴上开始声称“少汗令旨怎敢不从”？但随之又说“奈南征脚疾复发，稍待全愈即可奉命而行”。最后更是赠以诸多珍宝而“务请特使先行向监国禀告之”。就这样，脱里赤拿了人家的大笔金银，似也只能即刻返回汗廷“上天言好事”去了。开平王城似乎一切又均归平静，只不该忽必烈还真的在察必的侍奉下去内宅疗养脚疾去了。绝非杜撰，可能是由于长期跨马征战，他的脚疾曾在《元史》里出现过多次。

但心结显然是解开了，绝不会再影响他的呼风唤雨……

态度明显地转变，节奏明显地加快，而且察必王妃在前期所策划的一切也在明显地发酵。前面说过，东道诸王之封地大多靠近辽东一带农业地区，历经辽金两朝的过渡大多比较容易接受农耕文明。加之他们又曾参加过忽必烈所统帅的南征东路军，故因政治意念之相同大多还是倾向忽必烈的。再看西道诸王，似乎也与过去不可同日而语了。不仅仅是圣祖时期的四大嫡子封王了，而是由更多的新生代在西部广袤无垠的疆域内斗智斗勇。如前所说，这批新生代大多已开始摆脱“陈年老账”用自己的眼睛看世界了，为了圣祖的基业，当然会寻找那真正能主宰“也客蒙古兀鲁思”的时代英雄了。而察必所派出的那批探亲访友的“无所任使节”果然也作用非凡，他们的嘴巴竟成了东西道诸王一窥全貌的“窗口”。

但也有例外，而且问题又偏偏出在塔察儿身上……

须知，塔察儿乃成吉思汗幼弟之嫡孙，下属千户最多，威望也在东道诸王中最高，而且尚和忽必烈在跨江南征中“相处甚谐”。但就是他，竟然却迟迟还没有表态。其实，关键时刻“掉链子”的原因也很简单，皆因他看到阿里不哥主政汗廷尚占据天时地利之颇多优势。畏首畏尾，还拿不定主意。而此时的忽必烈又展现超人智谋了，又果断地派人会见塔察儿的首席谋臣——王傅撒吉斯。果然随后撒吉斯便驰驿赶来劝说塔察儿道：“（忽必烈）宽仁神武，中外属心，宜专意推戴，若犹豫不决，非计也！”（详见《元文类》卷七十《高昌契氏家传》）史称“塔察儿猛悟，从之”。但忽必烈并不因此为止，似仍要继续发挥他的“能量”，遂决定以“赐予饮膳”的方式以示鼓励，而廉希宪也自告奋勇作为使臣前往。塔察儿一见果然异常高兴，竟谈起与忽必烈跨江征战之事。廉希宪也乘兴劝说道：“主上圣德神功，天顺人归，高出前古，臣下议论已定。大王位属为尊，若至开平，首当推戴，无为他人所先！”史称，塔察儿听后十分赞同，竟答应主动承担这项重任（详见《元朝名臣事略》卷七《平章廉文正王》）。这就是说，这位东道诸王之尊不但不再动摇了，而且还要带头成为忽必烈称汗的“劝进者”。

真可谓：高人一出手，便知有没有……

果然，于1260年一月前后，为召开“忽里台”，东西道诸多宗王勋贵已开始出现在开平王城了。据史载，其间有西道诸王合丹（窝阔台之子）、阿只吉（察合台之孙）、只帖铁木儿（阔端之子）等。东道诸王有塔察儿、耶孙哥（哈撒儿之子）、呼拉忽尔（哈赤温之孙）、爪都（别勒古台之孙）、纳林合丹（哈赤温之孙）等。其他尚有诸多勋臣贵戚，比如中原国主木华黎的曾孙忽林池、纳陈附马、帖里垓驸马、孛里察（宿敦之子）、亦只里（图儿赤之子），以及启昔礼、巴达尔等“答拉罕”之后裔。而且，开平王城尚建有原为蒙哥大汗过冬的辉煌宫阙，原为诸王重臣待命的藩邸和豪宅。尤为重要的是，开平王城尚有一对理财和待客的高手：王文统和阿合马。

只有中原的热忱待客之道，似绝无其他述求……

就连波斯史学家在其巨作《史集》中也这样记述说，似忽必烈和他的臣僚们均未参与，这些诸王勋贵们便经过协商一致认为：“旭烈兀已去到大食地区，察合台的子孙在远方，术赤的子孙也很遥远。与阿里不哥勾结在一起的人作了蠢事……如果我们现在不拥立一个合罕，我们怎么能生存呢？”（原文照录，一字未易）但有的史书也称，“忽里台”前协商并非完全没有异议，但塔察儿事前早写好了拥立忽必烈的策文，并经在西道诸王中极具威望的合丹大王的全力支持，最终才达成了一致拥立忽必烈的共识（详见《元文类》之《湖广行省左丞相神道碑》）。

至此，登上大汗之位的条件业已成熟……

1260年初春三月，漠北草原冰雪依然未化，但漠南大地却已淡淡地涂上了一抹新绿。依神制，开平城外滦水河畔的茫茫碧野上，正在成功地举行着“忽里台”诸王贵胄大会。参加者除以合丹为代表的西道诸王，以塔察儿为代表的东道诸王，以纳陈驸马与帖里垓驸马及忽林池为代表的功臣贵戚之外，还多了以庶弟末哥为代表的皇室宗亲，以耶律铸为代表的汗廷重臣。但察必王妃之能够亲临参加，似乎尚依赖于马背民族的祖俗祖风。有史可考，历届大汗均不像汉族皇帝那样把后妃们“深锁后宫”，而是凡遇大事或朝贺均要和后妃们一起接受臣民觐见。只不该当受到诸王贵胄一致“拥立”后，却又颇带几分中原儒文化的色彩。忽必烈竟顿失豪放也要“谦让”一番，后多亏了与会的近臣

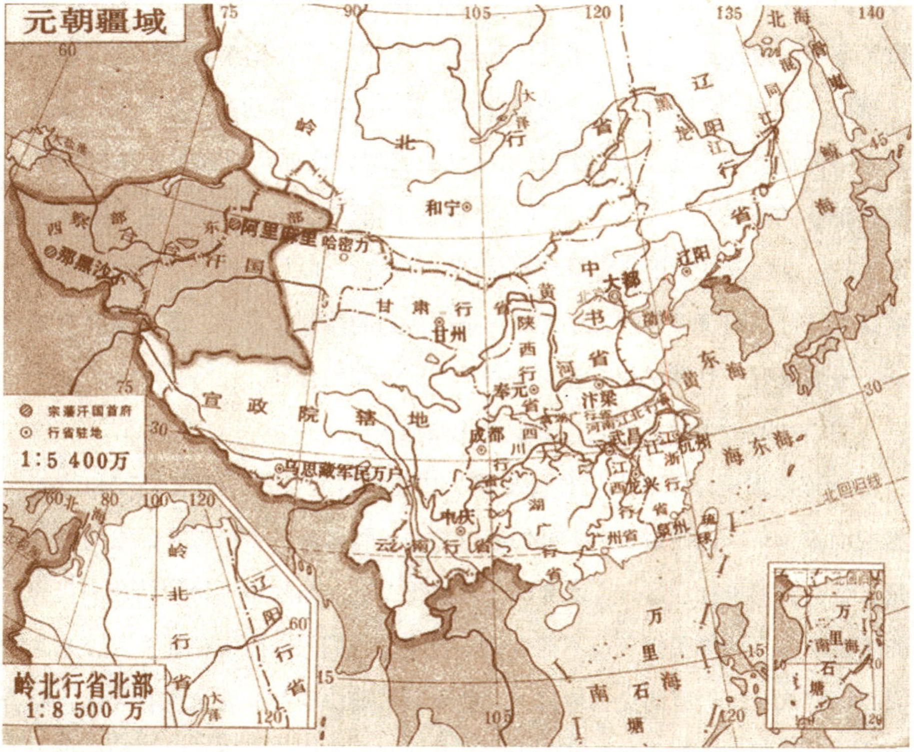

元朝疆域图

孟速思、廉希宪、商挺等也均“心领神会”，并纷纷及时地轮番“劝进”曰：“蒙哥皇帝奄弃臣民，神器不可久旷。太祖嫡孙，唯大王最长且贤，宜即皇帝位。”听听！不称大汗称皇帝，似更具有在汉地登位的二元文化之诸多因素。而与会蒙古族诸王贵胄竟也没有提出异议，并跟着也相继“劝进”道：“殿下太祖嫡孙，大行（死去之大汗）母弟，以贤且长，当有天下！”（引语详见《元史》之《世祖本纪》）总之，这次“忽里台”既开得不违祖制，又开得别开生面。

隆重，热烈，乃两种文化融合的必然结果……

最终，忽必烈经“再三推让”，似这才“勉为其难”地慨然而言：“汝等能叶心辅翼，吾意已决！”（原文照录）于是，忽必烈在远离汗廷的中原大地登上大汗之位，时年四十六岁。从此，庞大的游牧帝国开始向中原王朝转型。

此次忽里台的高潮，便是忽必烈与察必一起接受朝贺……

经过这一系列的繁文缛节之后，随之便又迅速恢复到了那种颇具草原特色的古代习俗之中。依照马背民族的惯例，全体到会的诸王与勋贵要立下誓约。然后再解下腰带搭于右肩，依照祖制向新的大汗下跪。当然还没有以后那种三跪九叩首等诸多严格规矩，但坦坦荡荡真真切切却颇显那种质朴之风气。蒙古族诸王勋贵大多性格豪放率真，也根本不会注意儒僚们早已从中塞进了许多“私货”。比如他们就连对蒙哥大汗也被改称为“蒙哥皇帝”也并不在意，但这可是从草原汗国迈向中原王朝的重要一步。

然而，忽必烈从此就只顾应对未来了……

难怪四月，他便经过深思熟虑，借亡金状元王鹗之大手笔，又经反复推敲之后，终于抢在幼弟阿里不哥之前，将自己的“即位诏书”颁告于天下。诏书曰——

朕唯祖宗肇造区宇，奄有四方，武功迭兴，文治多缺，五十余年于此矣。盖时有先后，事有缓急，天下大业，非一圣一朝所能兼备也。先皇帝即位之初，风飞雷厉，将大有为。忧国爱民之心，虽切于己，尊贤使能之道，未得其人。方董夔门之师，遽遗鼎湖之位。岂期遗恨，竟勿克终。肆予冲人，渡江之后，盖将深入焉。乃闻国中重以签军之扰，黎民惊骇，若不能一朝居者。予为此惧，驲骑驰归。目前之急虽纾，境外之兵未，戢乃会群议，以集良规。不意宗盟辄先推戴，左右万里，名王巨公，不召而来者有之，不谋而同者皆是。咸谓国家之大统。不可久旷，神人之重寄，不可暂虚。求之今日太祖嫡孙之中，先皇母弟之列，以贤以长，止予一人。虽在征伐之中，每存仁爱之念，博施济众，实可为天下主。天道助顺，人谟与能，祖训传国大典，于是乎在，孰敢不从!朕峻辞固让，至于再三，祈恳益坚，誓以死请。于是俯顺舆情，勉登大宝。自唯寡昧，属时多艰，若涉渊冰，罔知攸济。爰当临御之始，宜新弘远之规。祖述变通，正在今日，务施实德，不尚虚文。虽承平未易遽臻，而饥渴所当先务。呜呼!历数攸归，钦应上天之命；勋亲斯托，敢忘列祖之规?体极建元，与民更始，朕所不逮，更赖我远近宗族，中外文武，同心协力，献可替否之助也!诞告多方。体予至意!

诏书的内容主要包含两层意思：其一，说明自己征宋北返的原因和被拥立为大汗的由来及过程，并抨击阿里不哥的篡军乱国以阐明自己继承大统的正确性与合法性；其二，指出自圣祖以来之“武功迭兴，文治多缺”，以及蒙哥大汗的“尊贤使能之道，未得其人”等缺失。并呼吁“宜兴弘远之规”，主张在“祖述变通”基础上建立一种蒙汉皆宜的二元政治文化秩序。敢于揭示过去的缺憾、敢于坦诚如何面对未来，这实属历届大汗中的头一位。然而，似这才算得上成吉思汗的子孙，他正在继承圣祖的遗愿过程中迈开关键性的一步。知不足而后进！完全可视之为是忽必烈登上大汗之位后的首次施政表述。开诚布公，诏告天下，以使所有臣民完全知道今后帝国的走向。

充分利用软实力，但这却需要胆识、勇气和魄力……

而阿里不哥却不一样了，却仍似乎只顾蛮横凶悍地依靠着自己独霸汗廷的硬实力。除了四处派出急使对忽必烈进行诋毁和诅咒外，便是靠着“怯薛”将领的战刀支撑下唯求尽快也登上汗位。一切似乎还处于半原始的蒙昧状态，既没有自己的政治主张，更没有对未来的施政打算。故在收到忽必烈的“即位诏书”之后，更是气极败坏地又大开了杀戒。好在草原母地仍保留着他这样思维的诸王勋贵和部族首领，而且还不在少数。据史载：1260年四月，在汗都哈尔和林西按坦河畔初绿的草原上，阿里不哥最终也被立为大汗。这样，“也客蒙古兀鲁思”就前所未有地出现了两位并立的大汗，而且还是同为圣祖成吉思汗嫡孙的一母亲兄弟。

但阿里不哥毕竟比忽必烈晚了一个多月……

忽必烈果不愧是一位杰出的政治家和军事家，他早料事如神地看出了阿里不哥不登汗位即难以发动战争。其仅靠精锐的汗廷“怯薛”还是不行的，必须掌控了各封国各部族的军力方可肆凶逞狂。而别小看了这一个多月，这已足以使忽必烈尽情施展他的雄才大略。除了在王鹗的大手笔协助下完成了“即位诏书”外，又继而完成了“中统建元”的诏告。广颁天下，尤其对所在汉地产生了极大的影响。真可谓“纲举目张”，随之更进而有了施政方略、内阁架构、人事布局、抚治各地以及尤为重要的军事部署等种种备战设防。现先将其“中统建元”的诏告照录于后，以示其“鼎新改故”之气魄。敕文曰——

祖宗以神武定四方，淳德御群下。朝廷草创，未遑润色之文，政事变通，渐有纲维之目。朕获缵旧服，载扩丕图，稽列圣之洪规，讲前代之定制。建元表岁，示人君万世之传；纪时书王，见天下一家之义。法《春秋》之正始，体大易之乾元，炳焕皇猷，权舆治道，可自庚申年五月十九日建元为中统元年。唯即位体元之始，必立经陈纪为先，故内立都省以总宏纲，外设总司以平庶政。仍以兴利除害之事，补偏救弊之方，随诏以颁。于戏!秉#握枢，必因时而建号，施仁发政，期与物以更新。敷宣恳恻之辞，表著忧劳之意。凡在臣庶，体予至怀！

别看这短短文字，对于这个游牧汗国迈向大元王朝极为重要。原来的“也客蒙古兀鲁思”是用十二生肖纪年的，如鼠儿年、猪儿年等等。从成吉思汗直至蒙哥，四位大汗均没有使用过年号。忽必烈以“中统”为年号，已表明其入继“中华开统”的决心不可动摇。再观其公然定都：开平！则为其广为吸收汉地文化，改变其政权形式和内涵铺平了道路。但老天爷绝对不会给他那么多时间恶补“略输文彩”或“稍逊风骚”，刚刚有所眉目，阿里不哥的声讨檄文已由专使送到新的汗都开平。

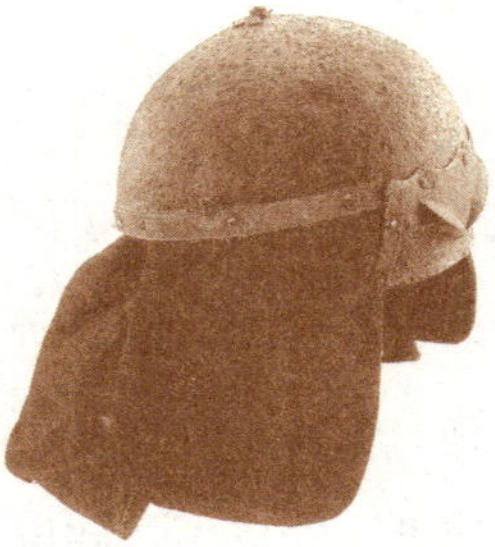

圆顶式铁盔

看来，反目成仇、同室操戈这种情况已经不可避免了。因为这不仅仅是由于政治理念的不同，而且那唯我独尊至高无上的权欲也是如此之诱惑人。即使如唐太宗这样的一代明君也避免不了手足相残的故事，更何况在野性勃发的古代草原呢？

铜重甲

反目成仇，水火难容，必然造成势不两立……

随之，几乎与忽必烈抢先登上汗位不久，掌控汗廷的阿里不哥也在哈尔和林草原称汗了。绝没有什么政纲，第一件事便是杀气腾腾地准备南下“讨逆平篡”！

剑拔弩张，气势汹汹的无数强悍铁骑随时可能不期而至，迫使忽必烈再也难以稳坐开平新都了。

什么政治理念，什么施政方针，似也只能重

又全权委托于察必，由她代己处理或许更可无后顾无忧。

忽必烈又带着亲信臣将重返燕京，有真金坐镇，帅帐就设在居庸关下。

对峙演变成了对决，随时都可能一触及发！

但突破口却不可能仅仅在这里……

【两汗对决首战秦陇地】

从中也不难看出，拥立阿里不哥的怯薛将领也绝不乏精明之人。他们早探知，忽必烈主要的兵力均屯军于居庸关下。由于山势险峻，又有古长城可依，突破这唯一可杀向中原的关隘绝非易事。倒不如佯装进攻，而趁其不备突袭其软肋。

而阿里不哥初次称汗，竟也能暂压骄横且从此议……

多亏了这位草原新汗能暂敛横暴之风，那居庸关下早已是雄兵布阵只待“瓮中捉鳖”呢！要知道，忽必烈那“即位诏书”一经颁告天下，其所产生的能量显然是超出预期设想的。虽大都庶民并不解诏书深刻的意涵，但却都对相连带的几件事儿颇感鼓舞：其一，改称皇帝！其二，建都开平！其三，年号“中统”！其中，尤以年号更引人们关注。中统，据称来自于儒家经典《春秋》与《易经》之中，乃为“中华开统”之意（确实如此，详见于《元史类》卷十六徐世隆《东昌路贺平宋表》）。似与前任历届大汗与监国不一样，看来这位新登基的圣上是要以仁治国给整个天下当皇上了。而似乎还不仅是庶众舆论如此，就连以史天泽、张柔、刘黑马、李璮等为代表的诸多汉世侯，也因此份“诏书”纷纷率兵彻底效忠于忽必烈了。而这些汉世侯又大都深谙蒙古铁骑用兵之道，故居庸关下更早已形成“众志成城”之势。更何况，阿里不哥在此之前就已犯下个致命的错误：即当忽必烈与诸王贵胄遣使向他禀报“滦水忽里台”会议结果时，他竟一怒之下将一百多位被派来的家臣和使节全杀掉了（据拉施德《史集》中，其中尚包括两位“王级”人物）。这显然是把以合丹为代表的西道与会诸王，以察塔儿为代表的东道诸王，以及与会的蒙古勋将贵戚通通逼进死角，似也只能“义无反顾”地与他血战到底！

好在阿里不哥这回面对怯薛将领尚能听谏……

但也必须指出，在此次嫡亲两兄弟各自称汗之后的对决中，他依然占据着天时、地利、人和等绝对优势。天时：他享有祖制“幼子守灶”权，并得到忽都台大皇后的全力支持；地利：他任“监国”有年，已充分掌握了汗廷所有的政治资源；人和：他不但有从父母那里继承来的许多“千户”，而且是被更多拥有重兵而又传统守旧的诸王贵胄于草原拥立称汗的——其中，旭烈兀的伊利汗国，拔都之弟别尔哥之钦察汗国，尚声称“严守中立”——故这也是阿里不哥还能摆出大汗的谱儿“从容纳谏”的重要原因之一。的确！阿里不哥能同时开辟两个战场，而当时的忽必烈却尚不具备这种能力。随之，在汗廷一群悍臣悍将之策划下，一场将忽必烈“置于死地而后快”的战略部署终于完成了：东线以强大的兵力进而不攻以吸引忽必烈的注意，西线却需要暂时静悄悄的……显然“斩首”、“断腰”之计又在暗中复活，一待时机成熟，便以暴风骤雨之势从东西两线突然发动夹击！

难道雄才大略的忽必烈只是顾前不顾后么？……

显然不是，作为一个曾平云南战长江的天才战略家，自然也有他对应的战略战术。忽必烈不但深知自己所处的劣势，而且也充分地利用着自己所掌控的优势：那就是中原汉地所具有的经济实力！要知道，当时漠北草原铁骑所需的粮秣辎重及日用物资无不来自于农耕地区，一经使用惯了还真难再回归到那最初半原始的征战方式。而据史载，忽必烈正掌控了这各条运输要道的重重隘口，凭手中的经济实力随时调节着战争的节奏。“认祖归宗”的草原英雄主义依旧未改，只不过这一次他采用了一套更正确的战略战术：即以漠北为主，秦陇为辅。诱敌西进，始终将主要兵力集中于漠北，以确保在蒙古母地作战的胜利。

随之，秦陇鏖战的序幕便由此拉开了……

但这需要见识、需要胆略、更需要善于甄别和使用人材。1260年四月，忽必烈在开平即位伊始，并未向西线地区派多少兵卒，就已颇有眼力地任命极具帅才的廉希宪、商廷、八春（蒙将）为陕西、四川等路宣抚使、赵良弼为参

作战图

议（详见《元史》卷四《世祖纪一》）。因赵良弼早在随忽必烈北归时已奉命了解过此处情况，而廉希宪此前也曾任过京兆宣抚使，政绩极佳。显然忽必烈派此三人去的目的，就是要他们充分利用昔日对秦陇军将故吏的统属关系“就地筹军”。故商挺才有“西师可军遍地”之说（详见《元朝名臣事略》卷十七《参政商文定公》）。意思是说：圣上大可放心！川陕一带遍地皆可组织起我们西线抗敌之师！

忽必烈果然放心了，目标仍紧盯漠北……

而再看阿里不哥一方，显然比乃兄“稍逊一筹”。似也不能完全怪他：一从未领过兵，二从未打过仗，三从未离开过草原，四更从未见过世面。虽占尽天时、地利、人和等诸多优势，但谋臣郝经还是对忽必烈这样评价他说：阿里不哥“以次则幼，以事则逆，以众则寡，以地则偏，兵食不足，素无人望！”（详见《陵川集》卷三十八）似并不过分，也更使忽必烈北望母地充满信心。

但阿里不哥偶也有他机敏之处……

据史载，他的行动并不迟缓，漠北派出的重臣已于1260年四月底抢先进入京兆府城。只不该，他任命的“行尚书省事官”显然用错了人，竟会是当年大行钩考制造冤狱的干将刘太平，还有一位也是毫无政治头脑的蒙臣霍鲁海。他们狐假虎威地到来，当即引得众官百姓莫不人心惶惶，致使京兆上下对他们所崇奉的大汗也充满了畏惧和抵触情绪。无形中，反倒在两汗对峙中，为后来者帮了大忙。

而廉希宪等是五月三日抵达京兆的……

虽迟到数日，然刘太平及霍鲁海于城内却仍处处抓瞎，乱无头绪。原因很简单：“百官俱隐，黎庶远避！”而廉希宪等到来，却突然“城门洞开，百官郊迎，黎庶齐候于道路两旁”。也难怪!廉希宪曾任京兆宣抚使，不仅其“仁政惠民”广为人知，就连其高鼻深目的形象也令人感到格外亲切。而等刘太平与霍鲁海得知这一切后，竟发现所据官府早被京兆驻军严加控制。这才叫进来容易出去难，似也只能团团乱转作热锅上的蚂蚁了。

很显然这是里应外合，事先早已联络策划好了的……

果然商挺所言“西师可军遍地”开始实现，随之便有重要的汉世侯诸如刘黑马、汪惟正、汪良臣等均率部来投。而廉希宪虽碧眼紫髯乃畏兀儿族重臣，却严格遵循汉地汉法先大力宣示忽必烈即位的相关诏旨，以阐明“更始大势”进而安抚百官及黎民百姓之心。几乎与此同时，他还派出随行蒙臣朵罗台前往六盘山说服浑都海，希望这位具有极高声望的草原名将也能够“深明大义”。却不料浑都海乃蒙哥大汗最亲信的死忠分子，向来是喜蒙哥大汗之所喜，恶蒙哥大汗之所恶，故对忽必烈也成见极深。为此一见朵罗台前来为忽必烈当说客，竟不顾同族更不分青红皂白当即杀了解气。明确地表态支持阿里不哥，并暗中派人密赴京兆设法与刘太平、霍鲁海取得联系。还同时密遣使者分赴成都与青城，请纽璘手下的两位副帅明里火哲和乞里不华“共同讨逆”。

形势岌岌可危，八万精锐铁骑将闻风而动……

而廉希宪与商挺、赵良弼等，也果不愧雄才大略的忽必烈所选定之能臣良将。见情势极其严重，廉希宪即与同僚曰：“今皇上大位初定，即委以吾等如此重任!现应早定大计提前行动，不然将有负圣上追悔莫及!”众皆应之：“然!”随之便果断指命汉世侯刘黑马逮捕刘太平与霍鲁海，然后更进而擅自采用“先处置后迎赦免诏书”之法，下令将阿里不哥这两位死党绞死狱中。依“札撒”律，不经大汗裁定任何人均无权擅杀汗廷重臣。由此可见廉希宪等的“出手不凡”和“胆大妄为”，但确实从此使得忽必烈政权在秦陇川蜀突显“一枝独秀”。而彻底消除“里应外合”似这才开始，进一步“剪除羽翼”尚需急速而为之!

在此次行动中廉希宪表现得尤具魄力……

时不待人!他竟敢“矫命”——假传圣旨——又派汉世侯刘黑马十万火急奔赴成都，巩昌总帅汪惟正十万火急奔赴青城，分别去捕杀已倒向阿里不哥的蒙军将领明里火哲与乞里不华。而刘黑马与汪惟正也果不辱使命，竟都以新汗圣旨为名镇住了咸思北归的从众。一个杀掉了成都军将明里火哲、一个命力士勒死了青城军将乞里不华。而他们的统帅纽璘正在奉命北返觐见的途中，故刘黑马与汪惟正便又矫旨顺利接管了川蜀蒙古军团。廉希宪是行事果断，举措及时，尽显名将风范，但这也算在提着脑袋“忠心事主”啊!要知道，即“矫旨”一项罪名成立，就得人头落地!(以上引言及事迹均可从《元史》相关列传中查到出处)

多亏了忽必烈之疑人不用，用人不疑……

而廉希宪又为人光明磊落，志向高远，现在他所虑的问题只有一个：即如何对付六盘山之浑都海部了。虽日显孤单，但他却仍率有精锐铁骑四万余众。且扼守中原通往草原母地之要冲，故大兵压境的危机仍在眼前!好在商挺也早看在眼中，遂为廉希宪剖析其动向曰：“现浑都海率军有上、中、下三条出路：乘虚直捣京兆，为上；恃财聚兵坐视，为中；重装北归和林，为下!”廉希宪急问：“其将何择?”商挺答：“必急于重装北归也！”廉希宪又问：“何出此言?”商挺又对曰：“其统兵于六盘山处已近三年，不战不去早令人心躁动思乡心切矣!加之蒙哥大汗猝死，两汗又新并立，更促使军心涣散，致使数万铁骑均不知该为谁而战?虽浑都海已倒向阿里不哥，然手下军将未必人人如此!四顾无援，浑都海似也只能先北归而后言战!”(原话见《元朝名臣事略》卷十一《参政商文定公》)廉希宪同意商挺之说，然却仍在扩军备战以防万一。

越加敢作敢为，越加足智多谋……

廉希宪先是就地于川陕一带筹组一支地方武装，交于蒙将八春统领，以防浑都海部的东犯。

“至正辛卯”款铜火铳

战衣

随后即采取了更为大胆之举动，来不及请示忽必烈，竟将金虎符、银印、一万五千两白银俱都授予汉世侯汪良臣(与死于钓鱼城下的汪德臣为兄弟)，命他征调巩昌、秦州、平凉等二十四城诸军，以组成一支可由自己掌控和指挥的军事力量。川蜀矫旨斩将已属“胆大妄为”，现又在秦陇擅自征调军队就更属“胆大包天”了。眼中还有新任的大汗吗?还有中统开元的大皇帝吗?

关键就看忽必烈事后怎么和他算这笔账了……

而廉希宪这位畏兀儿重臣，似乎竟被儒家学说冲昏了头脑。好像就是要无愧于“廉孟子”之称，竟在孟子的“舍生取义”上大作起了文章。还是以“江山社稷”为重，仍然甘冒风险为忽必烈支撑着半壁江山。中统元年夏，四川统帅纽璘的“奥鲁”官(即负责随军眷属和后勤之将领)逃脱将率部投奔浑都海，被蒙将八春阻截俘获送至京兆。赵良弼闻之即向廉希宪建言曰：“纽璘统兵有方，颇得军心。年少鸷勇，可教化也!今应释其奥鲁官，令其追劝其主归顺我朝。笼以重职，疾解兵权，唯借其名，则川蜀可永无忧矣!”(详见《元史》之《赵弼传》)廉希宪采纳其议，后纽璘果然归顺忽必烈。中统元年仲夏，泸州南宋名将刘整受奸相贾似道的迫害，命悬一线，商挺自荐前往招降，并授其忽必烈之“即位诏书”以助刘整了解新朝大政。后商挺果然不辱使命，竟使得忽必烈又白白得到了大块宋地及许多宋军。(详见《元史》之《商挺传》)

至此，廉希宪已由无师之帅成为统兵数万之名将……

而在此之前，六盘山的浑都海部却没有趁虚而入一举拿下西部战略要地京兆。果不出商挺所料，竟由于军心涣散长期举棋不定于秦陇交接地带。也难怪!其下属就有一员南征归来的大将哈拉布花力主北归，就连浑都海拿他及其部众也毫无办法。最后在联络刘太平与霍鲁海无望，策动明里火哲与乞里不华失败等诸多因素下，终于决定如商挺所预言“重装北归和林”然后再听新汗号令行动。

从中也可看出阿里不哥治军和施政之无能……

所幸由阿兰答儿统帅的南伐大军也终于走出草原母地，浩浩荡荡地进入河西走廊，并在甘州(今甘肃张掖)与浑都海所率的北撤大军相遇。在这里必须先说说这位三朝悍臣了：他们真是“心有千千结”，一生竟莫名其妙与忽必烈结下了深仇大根。此次在和脱里赤及布只尔诸悍臣的争宠内斗中，他显然比后二者略胜一筹。首先结交四位举足轻重的“怯薛台”，随后又毛遂自荐愿为我主分担“西线之忧”。现在他终于如愿以偿了，将成为统帅数万骁勇的超级封疆大吏。正如他跪别阿里不哥时所言：“臣当如当年木华黎效忠圣祖成吉思汗一般，也将矢志效忠于伟大圣明的当今大汗!生为大汗生，死为大汗死!讨平叛逆，誓作当今大汗驾前之木华黎!”悍臣悍语，无意间流露出他也想作“中国国主”之勃勃野心。

志在必得，当然更显骄横拔扈了……

却不料这次“甘州会师”并不愉快。虽然说阿兰达儿长得“鹰鼻、鹞目、两肩挺耸，身姿别显凶悍”，但拥兵自重的哈拉布花却根本不买他的账。意见不合，拂袖而去，竟坚持率部北返草原了。留下的浑都海还算听命，而被迫随同折返的部众却变得更加军心涣散。再看廉希宪这方，由于抓紧时机处置得当，早今非昔比兵强马壮了。不仅八春又收编了诸多流散的蒙骑，实力大增，就连汪良臣也凭金虎符果然征调起平凉、巩昌、秦州等二十四州城数万大军。阻敌于甘州一带，致使阿兰答儿嚣张的气焰屡屡受挫。欲作“木华黎第二”的美梦眼看就要幻灭了，似处处都使他感到怀疑。

而忽必烈所选用的人材却只坚信：事在人为！

比如，奉忽必烈之命在外执行军务的藩邸蒙将昔班，在率军归来后又奉命督粮于今宁夏一带。偶尔得知草原万户阿失铁木儿等正欲率军投靠阿里不哥，竟然也敢“矫旨”称忽必烈召其急赴麾下。并规劝其曰：“皇帝兄也，阿里不哥弟也!从兄顺势，又何疑焉?”阿失铁木儿思考一夜从其言，忽必烈便又白白拣了两万铁骑。难怪这位新汗兼皇帝喜出望外，曾不禁赞叹道：“战阵之间，得一夫之助，犹为有济。而昔班以两万军至，其功岂少哉?”(见《元史》卷一百三十四《昔班传》)而还有史可考，这两万铁骑随之便成了决战秦陇之主力，致使廉希宪坐阵京兆闻之极为兴奋，几近拍案而起。但这位一代名将稍后又坐下了，因为他深知“事在人为”,先必须首先分清：己可为与己不可为!

好在商挺已经事前为他想到了……

这又足以看出忽必烈之用人之道：既能使臣下“各尽其能”，又能使臣下“同心协力”。故商挺见状即对廉希宪曰：“吾已深知大人难处。现决战在即，面对阿兰答儿与浑都海所率数万草原铁骑，你我无论谁来领军均缺少威慑力量!必须由圣祖子孙亲任统帅，方能震慑对方使我主之讨伐更加师出有名!商某已代大人草拟奏章一份，现呈大人阅之。”廉希宪却曰：“商大人真思吾之所思，急吾之所急!不看了。你我就此联署遣快使急呈圣上!”

而君臣似乎也心灵相通，燕京已早开始行动了……

作为一位杰出的军事家，忽必烈从一个少数民族君王的角度考量似更早就发现了这个问题，不等廉商二人的奏报到来，据史载，1260年六月底，即在亲征漠北的前夕，便派出声名显赫的合丹大王率蒙将哈必赤、阿赫穆领一支铁骑前来参战。合丹，圣祖成吉思汗的皇嫡孙，第二代大汗窝阔台之子，拥立忽必烈登上汗位的西部诸王之首，无论从身份或地位上均能给对手造成极大的心理压力。无论他的军事能力如何，任用他为西线统帅已足显忽必烈“择人善任”之卓越政治才能。更何况!这位日理万机的新汗尚有密旨，仍然命令藩邸旧臣廉希宪与商挺掌控全局。尤为值得称道的还在于这位马背民族的又一代天才统帅，为保证西线的“万无一失”，于1260年七月已在频频调动兵马后“转守为攻”。突然师出居庸关，大军直逼漠北。致使阿里不哥首尾难顾顿时乱作一团，似也只能仓惶间“顾头不顾腚”了。

未曾决战，早已为统筹全盘奠定了胜局……

据史载，1260年九月，在廉希宪、商挺与赵良弼等总的布署下，西线决战在甘州山丹附近的耀碑谷展开了。哈丹大王任统帅，八春、汪良臣率部也来听其统一号令指挥。而此时阿兰答儿与浑都海的南伐大军却更加人心涣散，不仅统帅和主将心中无底，就连军将们一听去与另一圣祖皇嫡孙对决也毫无斗志。唯一可依靠的是装备精良的金戈铁马尚显锐不可挡。再加上血腥的激励和奖赏：可杀、可抢、可烧、可掠!所虏女人俱归自己享用，所俘男丁俱归自己为奴，所得金银财宝俱归自己所有!除此之外，似也只好听天由命了。

然而即使如此，天公也似要从中作梗……

恶煞煞的耀碑谷荒野上弥漫着一股野性气息。远远望去，便可见得在合丹统一号令指挥下，忽必烈一方已兵分三路准备迎敌。史称，合丹列阵于北，八春列阵于南，汪良臣列阵于中。而若天气晴好，阿兰答儿与浑都海之数万铁骑冲出峡谷尚可一战。但天公偏不作美，据史载，刹那间“大风吹沙、天色阴晦”(即今之所谓沙尘暴)。致使战马惊嘶，铁蹄纷乱，混沌间相互冲撞莫辨方向。此时不但阿兰答儿一方惊慌失措，就连合丹所率铁骑也难以迎敌。而在此关键时刻，汉世侯汪良臣所率汉军却尽显步战的本领。汪良臣在风沙中急令军士挥刀专砍马腿，用短兵器趁混乱突袭敌军左翼。而骁勇们向来是人马合一的，故缺一便彻底失掉了战斗力。然汪良臣又趁其逆风蒙眼，率兵更绕至阵后击溃了敌军右翼。此时风沙稍息，八春便借着顺风直捣敌军正面，合丹则指挥精锐铁骑截断敌军之归路。真可谓名副其实的一场昏天黑地之血战，最终以阿里不哥之“腰斩”计划彻底破产而告终。史称“斩杀阿兰答儿和浑都海于耀碑谷，杀伤俘获其精锐不计其数”，只有极小部分残兵败将逃回了漠北草原(见《元史》卷一百五十五《汪良臣传》)。

从此，西线便再无后顾之忧……

不久合丹大王即“奉旨班师回朝”，仍留廉希宪、商廷及赵良弼等处理秦陇川蜀事宜。为进而震慑残敌稳定局势，廉希宪竟下令将阿兰答儿与浑都海“枭首于京兆市中三日”，即把脑袋砍下来挂在城门上示众三天。浑都海那颗紧闭双目倒也显得悲壮，而阿兰答儿那颗却面露狰狞似仍死不瞑目。

枭雄气短，下场悲惨……

而作为一代名臣廉希宪、商挺等活着，就得战战兢兢作人，尤其在这样具有雄才大略的人主驾前。为此，在大获全胜代主巩固了半壁江山之后，廉希宪即首先作“深刻自我检讨”。连夜上书忽必烈，自劾有三大罪状：其一，擅杀刘太平与霍鲁海；其二，擅自征调军队；其三，擅自委命军帅汪良臣等。光明磊落，独担罪责，颇显一代名将风范。谁料商挺、八春、赵良弼等也均非鄙琐之辈，商挺闻之即首先对其曰：“为人臣者，不求有福共享，唯求有难同当!大人单独而为之，将陷吾等于不忠、不仁、不信、不义也!”遂联名上奏自劾，突显了一种孔曰“成仁”孟曰“取义”的儒臣精神。

而儒家天下也绝不乏狡兔死走狗烹的故事……

多亏创业之主在初期大多是“英明的、伟大的”，而忽必烈也深知廉希宪与商挺等在现今尚是自己难觅的“肱股之臣”。为此，当他接到这份急使送来的奏章后，不但没有追究责怪，反而降诏急传给予抚慰，并在诏文中大加赞誉曰：“朕委以卿等此方面大权，卿等当然有权力见机行事！毋用拘束于常制，没有坐失时机应予嘉奖！”(原文见《元史》卷一百二十六《廉希宪传》等)事后又曾对廉希宪与商挺当面赞之道：“大丈夫事也!”尤为难能可贵的是，还对二人进而安抚曰：“当时之言，天知之，朕知之，卿等何罪?”最后更激动人心地慨然感叹道：“卿等古之名将也!临机制度，不遗朕忧!”(原文见《元朝名臣事略》之卷十一《参政商文定公》等)这颇能反映一位蒙古君王的坦荡胸怀，难怪廉希宪、商挺与赵良弼等诸多儒臣日后更加死忠效命了。

更何况!忽必烈当时尚未登上事业的顶峰……

作为一位“度量弘广”的一代蒙古新君，西线之胜更使他后顾无忧地驰战于自己的草原母地!忽必烈清醒地意识到：阿里不哥最后的优势，即占

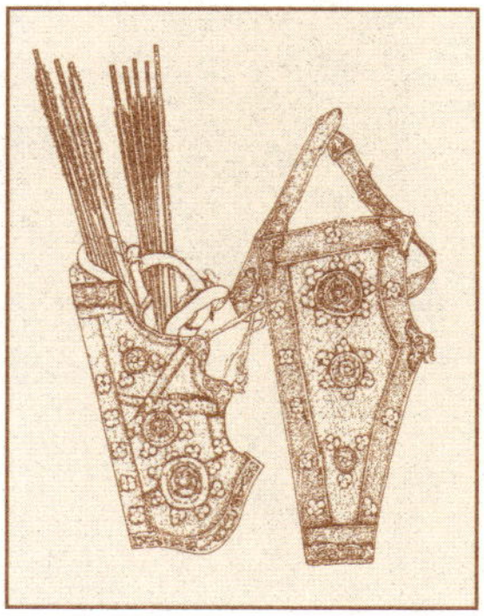

弓箭与剑囊

弓箭

元朝科技、农业、商业、手工业大发展

有漠北的汗廷中枢。而自己所欠缺的又恰恰是在祖地也被“心悦诚服”地公认。似总有人在提醒他：要作为超越前人的“天可汗”兼“大皇帝”，如不彻底解决阿里不哥的争位问题将全都无从谈起！

现在好了！廉希宪与商挺等不但为自己牵制了漠北大量精锐兵力，而且使自己彻底解除了两面夹击之忧。

能为我跃马横刀者，能不大加赞誉吗？

现在决战之地主要在漠北！

而后方呢？

【新任“大哈敦”之坐镇新都】

大哈敦即指察必而言，随着忽必烈的称汗称皇帝，在她的蒙古尊称前也加了个“大”字。但这又绝对是有悖于中原皇室礼仪的，有史可考，大约是在十年之后，她才被正式册封为皇后的。

难道是忽必烈称汗后又有新宠了吗？

不然，相反地是察必更加受倚重了。就在即将到来的北征之前，还将她又召至燕京亲自委以后方军国大任呢。并当着众多的蒙将汉臣，再一次重申北伐之后开平汗廷所有政务均由大哈敦“代朕处置”。随之更一连两天两夜于居庸关下之帅帐里相商，共议新朝未来的架构和走向。据史载，即使在依依惜别之际，忽必烈仍一再尽将“鼎新革故”之重任交于察必。不称皇后，胜似皇后，似有着更深层次的政治考量。若按新词儿说，简直可称“同志伉俪”，“政治夫妻”。七月，忽必烈终于御驾亲征漠北了，却留给了察必无穷无尽的思念和回忆。

但这付重担从来就没有好担过……

须知，“上都践祚，居多辅佐之谋”绝非是短短的一句话，而是一个颇为漫长的过程。在从游牧汗国转制于中原帝国期间，不但需要极高的政治智慧，而且尚需冒着“身败名裂”的风险。一句话：就是甘愿为实现忽必烈的雄心壮志付出自己的一切。要知道，蒙古民族崛起得简直像个奇迹，太快也太突然了。以至成了一个地跨欧亚的庞大汗国，相应的配套制度仍赶不上其扩张速度。正如史书所说“部落野居，设官甚简”。最重要的官蒙名为“扎鲁忽赤”——即大断事官，兼掌政刑。余者便称：万户、千户、百户、十户等，统领部落军民。史称“余无别称”。但在大汗御帐下却设有世袭的专门执事，均为贵族，地位不亚于官。后来又有了“怯薛”。四位高层的“怯薛台”地位就更高了，常成为大汗最私密的亲信或顾问。总之，一切设置均适应游牧民族的游牧文化，要放在以农耕为主的中原大文化背景下显然是很难适应了。

而察必却就承担着这样一个庞杂的改制任务……

虽然说，忽必烈已有了一个总体的构想，而两份诏书中也均有所说明，但真做起来还是困难重重。比如只要你动一下某位世袭执事，即使是小小的“博儿赤”，你这就算把某位宗室贵族得罪了。思维方式不同，他们并不看重汉名官职，却满在乎和大汗的亲疏远近。好在忽必烈知人善任，特命通古知今的大儒许衡、刘秉忠等前来辅佐。尊“农桑为本”，以适应“中华开统”之现实；采秦汉以来“历代之所长”，沿辽金以来“行汉法之道”。在察必亲自主持下，终于完成了适应新形势的一系列政权架构方案。总领内阁事务的称为“中书省”；执掌兵权的称作“枢密院”；掌控司法的称作“御史台”。而其下又设置有寺、监、院、司、卫、府等，总称为“内官”。而下属各省又设置有行省、行台、宣抚、廉访种种，统称为“外官”。行省下属又有“路”有“府”，有州有县，均“官有常职，食有常禄”（见《元史》及《元典籍》等）。史称：就此“一代规模、创始完备”。虽有忽必烈及群儒诸臣的早期准备，但却是在察必“居多辅佐之谋”主持下变成现实的。但构想仅仅是构想，面对两汗对峙的严峻情势下，如果就此而全盘托出，用现代话来说，显然会给忽必烈对蒙古诸王勋贵的“统一战线”造成伤害。

察必又为此在替忽必烈日思夜想了……

如前所述，这一天察必刚应诏而来，这位新汗就率近臣郝经返回燕京巡视了。明摆着除了面对幼弟的大兵压境外，现在他最关心的莫过于自己将建立怎样一个王朝了。到达当日，即与察必一起接见许衡、刘秉忠等受命建制儒臣。当闻听详细禀告后，竟连声称“好”给予肯定曰：“天下国家，譬犹一人之身，中书省是吾之右手，枢密院是吾之左手，御史台吾可用来医治左右两手也!”(见《元史》之《世祖本纪》)遂望察必相视而笑，群臣皆感欣然。只不谈此时郝经又“旧话重提”，竟当即跪奏曰：“国家(指蒙古汗国)数朝代立之际，皆仰推戴。故近世以来，几致于乱，不早定储贰(即太子)之失也!若储贰早定，上下无所觊觎，则一日莫敢争者。且使其朝夕视膳(即伴君之旁)，或出而抚军，守而监国，练达政事，此盛事也!”(见元·《陵川集》)目的明确：更彻底地推行汉法，废除游牧的“忽里台”体制。但郝经估计错了，他本以为察必会第一个出面支持，却谁料她竟会首先出面劝阻忽必烈。她说：“郝大人所言乃‘为固国本’，然当前先需固国!不宜引发诸王猜忌，此事当从长计议!”忽必烈笑问郝经：“如何?”郝经跪答：“微臣敬服矣!有此深谋远虑，圣上江山必传千秋万代!”

众臣退后，为应对诸王勋贵又进行更私密相商……

此时的忽必烈，正处于和幼弟阿里不哥决战的前夜。应当说，当阿里不哥派出悍臣阿兰答儿统重兵西行后，便认定“腰斩”之战必然“马到成功”。故在汗廷整日狂欢纵酒，竟把东线战场形同摆设。而忽必烈却看出了这在战略上可是个绝佳的转折机遇，随之便出人意料地及时对战术进行了调整：主动出击漠北以掩护西线战略部署，趁其分兵借势或可直捣哈尔和林。故此次戎马倥偬间急返燕京与察必相会，纯属是为新朝体制的架构和未来的走向作进一步设想。以探索如何能做到既能在蒙古宗亲贵胄间不失正统，又能在中原汉地尽得民心？此乃北征成败之所在，当如何应对之？谁料察必竟早有思想准备，进而提出了自己的看法：对草原来说，仍唯崇祖俗祖法，暂不动宗亲贵胄之权益；对中原汉地，却大胆为新王朝“鼎新革故”铺路，以真正做到如年号所称“中华开统”！也就如后代史家所言：内蒙外汉！

内外有别？忽必烈顿时陷入了深深的沉思……

以现代目光看来，察必这是以自己高度的政治智慧，本能地在“祖述变通”的基础上，力图建立一种适合汗国广阔疆域的蒙汉二元文化的政治秩序。

内蒙则是对内实施蒙古祖制：承认诸王之分领权，承认‘怯薛’宿卫之地位，承认各类执事之世袭权等种种。外汉则是对外实施汉地汉法：由下至上，由地方到新都。首试中原，承袭历朝历代的文官制度。“祖述变通”，以仁治国。忽必烈闻之竟认为与自己“不谋而合”，并随之有了令藩邸旧臣任宣抚使分头下去“宣政支前”之设想。以后又急召郝经、刘秉忠、许衡、王文统、张文谦等诸臣当众宣示道：“大战在即，朕将带郝经立刻返归帅帐！从今以后，凡朕不在，大哈敦即朕！汝等均需听大哈敦懿旨行事，违者当以大不敬论处！”

内蒙外汉，彻底化解了眼前的困局……

据史载，中统元年(1260年)五月，即以忽必烈令旨名义宣布设置十路宣抚司。大都启用原王府儒僚旧臣，具体安排如下：赛典赤·赡思丁与李德辉为燕京路宣抚使，徐世隆为副使；宋子贞为益都济南等路宣抚使，王磐为副使；史天泽为河南宣抚使；杨果为北京等路宣抚使，赵炳为副使；张德辉为平阳太原路宣抚使，谢瑄为副使；孛鲁海牙、刘肃为真定路宣抚使；姚枢为东平路宣抚使，张肃为副使；张文谦为大名彰德等路宣抚使，游显为副使；粘合南合为西京路宣抚使，崔巨济为副使；廉希宪为京兆等路宣抚使。元人姚燧所言“尽出藩府旧臣，立十道宣抚使”(见《元文类》卷六十《中书左丞姚文献公神道碑》)即指此而言。

这里必须单说说张德辉，似关系一个历史之谜……

查非正史类典籍，似乎张德辉宣抚于平阳太原是察必有意安排的。据晋北民间传说，好像金代文学巨匠元好问被北掳期间，曾于弘吉拉授业于少年察必兄妹。而正史也确有记载，忽必烈之重要谋臣郝经也是元好问引荐的。同时，现存元好问在故乡之陵园也确系起始于此期间。尤可佐证的是《元史》上张德辉到任后的施政记载，确实是在尽心尽力地“护佑三晋地”。史称，当时“太原平阳一带地广人众，地方官世守，胥吏结为朋党，侵渔贪贿，视官府纪纲与民间疾苦犹若土渣。宣抚张德辉，将其中奸赃尤其之太原石抹氏、平阳段李、河中忽察忽思等数十人，械系庭下，数其罪恶，一一杖责!”然后“搜剔吏弊，遴选官属，庶政一新”，经此整治，所部肃然。部民以手加额称誉道：

六十年不期复见此太平官府!忽必烈对其政绩也颇为赞赏，称其为“十路之最”(上述见《元朝名臣事略》卷十《宣慰张公》)。三晋人何来这份福气?张德辉何来这份胆量?明显地可看出背后肯定有一位超乎寻常的人物在支持。更何况!晚年的察必似对山西一带更加关注，曾力促忽必烈将自己亲手抚养长大的长孙甘麻剌，由梁王改封为晋王以长期治理三晋之地。再加上忽必烈的亲信重臣郝经(今山西陵川人)、赵璧(今山西怀仁人)、姚枢(虽祖籍今辽宁朝阳，却生于今山西汾阳)的鼎力相助，故在山西曾产生过个极其难解的历史现象：即元末明初天下大乱战祸连绵，空野千里人口锐减。唯山西独能幸免，各地为了恢复生机竟都得到洪桐县大槐树下去“领人”。难怪至今晋地还残存着一座颇具争议的“可汗庙”，另加考证或许能解开察必和山西这类特殊关系种种历史之谜。

但不管结论如何，这仅是一段插话……

总之，忽必烈这次和察必分手之后，就极少再返回燕京过问朝政大事。完全集中心力掌控军事以应对战争的变幻，而把“中华开统”、“祖述变通”、“鼎新改故”、“创立新制”种种大任均交托给了自己这位未来的大皇后。

随之，察必也及时返回了暂定的新都开平……

然而，身负重任“居多辅佐之谋”并不仅仅表现在出谋划策上，而更应在其“知人善任”诸多方面。比如，大部分干练的中青年儒臣幕僚均被忽

元代一权

必烈带去“唯掌军事”了，她竟能调动诸如许衡、窦默、王鹗这样的老夫子充分施展政治才能。在立朝改制中激发他们的潜力，使这些大儒日后均成为大元王朝的忠谏之臣。

还有另外两位人物也必须提到……

一为忽必烈亲自任命的首位“平章政事”王文统，一位是陪嫁而来的家臣阿合马。虽然察必对二人均各有看法，但均能“隐而不发”，尽量调动他们“尽显其能”。即以王文统为例：自从于南征被忽必烈留在身边之后，便越来越被“新主”的行事风格和豪放魅力所吸引。常以其与“旧主”李璮相比较，越比就越觉得忽必烈犹如一座大山而李璮只不过一小丘耳!尤其在新主抢先登上汗位之后，王文统于大战在即更突显其理财治国的巨大才能。“凡民间开发，宣课盐铁诸事”均由他裁处，致使“钱谷大计，虑无遗策”(见《元史》)，从而令无论是忽必烈的“治军”或察必之“施政”均暂无“后顾之忧”。至于说到阿合马，似乎也由一个陪嫁家奴渐渐成为忽必烈身旁掌管军需的重臣。只不该在外人看来这似乎是“主子之提携”，故察必日后声誉颇受其累。

但此一时彼一时，当时只需要“尽显其能”……

察必率臣众之重新返回开平，不仅使这座中统皇城又重现王者之气，而且更显示了草原汗国政治中心南移中原汉地之决心已绝不可更改。

内蒙外汉!察必仍在谦恭谨慎地为创建一个全新的帝国默默奉献着。

而她又是一个母亲，尚有着四个性格各异的孩子。既有仁儒涉政的真金，又有没心没肺的芒哥喇；既有从小就自命为“灶主”的小那木罕，又有初长大的小女儿昂佳真。

同时他们的命运又均维系在一个人身上：忽必烈!

但忽必烈的命运又维系于这场漠北的决战!

生死悠关，吉凶未卜……

【攻陷汗都，忽必烈草原也称雄】

确实如此，当时秦陇之战胜负尚未见分晓，阿里不哥尚占有政治和军事上的诸多优势。而且他身在草原还掌控着汗廷，对于庞大的游牧帝国来说，他的汗位从传统意义上似乎更具有权威性。

也正因为如此，阿里不哥的气焰才变得特别嚣张……

其实，从登上汗位伊始，忽必烈的战略目标就是极为明确的：立足于变被动为主动，以成吉思汗嫡孙与拖雷家系兄长的身份，名正言顺地去逐鹿草原，去夺回漠北的控制权，去战胜阿里不哥，去证明自己才是合乎蒙古传统的大汗!

这才是根!这才是本!这才能有资格入继中华大统……

为此，在中统建元之后，便把文治方面的立国要务均交给察必处理，自己则放手只顾于燕京全力调兵遣将、筹措军需粮草，集中蒙军和汉军主力，遥控着政治和经济的动向，声东击西地积极作好决战漠北的一切准备。比如说，即位前便派史天泽赴长江北岸向勋将霸突鲁与兀良合台下达命令："立即从鄂州撤围回来，因为人生的变化如命运之旋转!"(见拉施德《史集》)由于调动大胆，指挥果断，据史载，在不到两个月的时间里，忽必烈竟在幽燕一带调集了塔察儿、也孙哥等东部渚王所率之军；霸突鲁、兀良合台等勋将所率南征之军；严忠济、张柔等所率的汉世侯之军；郑鼎、昔喇芒古等家将所率的新签征之军，共计达十五万之众。真可以说是在蒙古征战史上"前无古人"，故无论是防守幽燕或进攻漠北均做到了"万无一失"。

目的只有一个：为实现圣祖遗愿……

随后，在掌握"人生的变化如命运之旋转"上，他更不愧为成吉思汗"寄予厚望"的皇嫡孙，充分展现出一位军事统帅的天才指挥艺术。比如说，阿里不哥派人掌控秦陇之时，不但已有倒向自己的浑都海及纽璘部约八万铁骑，而且要比对手先行一步。但忽必烈却能"智"于应对，更进而展现其"知人善任"的雄才大略，终使秦陇"西师可军遍地"变为现实，明显地可看出对手已被激怒而分兵于西线，此时再不主动出击使其"首尾难顾"更待何时？

但在漠北，阿里不哥却只顾"荣登汗位"而忘乎所以……

应当指出，在忽必烈调兵遣将之际，阿兰答儿和浑都海均还远未遭到毁灭性的打击。如果此时的阿里不哥稍有政治头脑和军事才能，他本来可凭着无数凶悍的草原铁骑占尽先机。但此时的汗都哈尔和林却仍是一片改朝换代的混乱和浑沌。在此期间，阿里不哥除了为“以姻结盟”隔三岔五不断地迎娶“哈敦”外，便是在一片阿谀奉承中三天一小宴五天一大宴。既没有明确的施政方针，又没有服众的治国理念，手下委以重任的更大多是异化了的蒙古人之中的奸佞之臣，故就连那些“唯崇祖制”拥立他的宗亲贵胄也开始为他这种“歌舞升平”有所不满了。但更可悲的还在于，在于汗都称汗之后他便以“最高统帅”自居，连“怯薛”将领的劝谏也听不进去了。也自称“用兵如神”，坚持“声东击西”，继续进行“腰斩”计划。不仅用人不当，而且更进而“分兵西援”顾此失彼。好在他尚能利用蒙哥大汗“不好侈靡”积攒下的大量金银财宝，凡对他歌功颂德者均能得到大笔封赏。虽日渐形成了“报喜不报忧，两耳唯闻捷报声”之势，但仍尚能维持一种“上赏下骗”其乐融融的“大好局面”。

谁曾想，人家却突然“声西击北”从天而降了……

据史载，1260年七月，忽必烈于燕京便再不温良恭让了，而是大气磅礴地展现出闪电雷鸣之势，突然率师越过大漠，排山倒海似的向哈尔和林奔袭而来。这是一场草原上典型的夺位之战，故蓝天碧野间驰骋的大都为骁勇无比的蒙古铁骑。充当先锋的乃东道诸王中能征惯战的移相哥和纳林，而坐阵中军的却是巍然挺立于战车之上的忽必烈。精锐骁骑的环绕列阵，金戈铁马的护驾前行。再看，两旁有汉人巨无霸郑鼎、色目巨无霸阿里海牙执戈捧钺，帅座后尚立有一位银盔银甲的少年将军近身护卫——此即十二岁便追随于忽必烈身旁的未来宰相小安童！

装备精良、训练有素，恰如一股铁旋风般袭卷着茫茫草原……

而再看阿里不哥这一面，似乎早已被忽必烈此次突然的铺天盖地袭来打懵了。他本来安享尊荣于富丽堂皇的万安宫中，只等阿兰答儿与浑都海会师后那“腰斩”成功之捷报。谁料想自己在东线的“守株待兔”防线却形同虚设，忽必烈竟“反守为攻”，突然便如“群狼扑食”般奇袭而来。这里必须补上一笔：阿兰答儿与浑都海是中统元年九月才被彻底歼灭，而忽必烈七月便出奇不意有此惊人之举。故万安宫内顿时乱作一团，致使“莺歌燕舞”也戛然而止。直到这时阿里不哥似才惊觉到王兄的厉害，原来他手中尚有一张比“幼子守灶”权更重要的王牌！就在蠢臣纷纷对自己“歌功颂德”时，他已经借此开始对自己“釜底抽薪”了。当然，阿里不哥当时是不懂这叫“经济牌”，但忽必烈早已下令封锁粮食运输，而哈尔和林也早已是“人心惶惶、民怨沸腾”了（见《元史》之《世祖本纪》）。物价飞涨，就连富丽的王府豪宅也已“十室九空”。更何况军用物资如鞍辔、刀枪、弓矢、战甲，甚至连布匹等全都被卡断了，无数的精锐铁骑也似乎顿失了往日的凶悍。

似只能仰天长叹：今非昔比……

遥想当年，在辽金重压之下不堪忍受屈辱，尚处于半原始状态之崛起确有一种火山喷涌的爆发力。那时的骁勇确实可靠着几条肉干一革囊奶酒奔袭冲杀上千里。一身革衣，夏天毛朝外，冬天毛朝里，遇大雪即可挖雪洞钻入而

破晓时的进击

眠。游牧生活可以满足他们的一切，以至冲出草原杀向世界。但现在却似乎不行了。有了胜利、有了财产、有了现代的物质享受，便很难再回到原点了。比如大批的粮食得从汉地运来，更精良舒适的军事装备得在汉地制造，更有杀伤力的弓矢战刀也出自汉地工匠之后。况且还需要享受，还需要满足女人的要求，于是从金银珠宝到绫罗绸缎，以至胭脂香粉到玉镯头饰等，全都得取自于汉人汉地。怪谁呢？全世界都从这儿来“各取所需”，以至唐代开始就有了一条闻名于世的丝绸之路。

而忽必烈现在正拥有这一切……

前面已说过，阿里不哥既没统过兵，又没打过仗，甚至没离开过草原一步。除了野心勃勃之外几乎一无所长，故闻听忽必烈突然大兵压境后，竟依旧只顾死抱着自己那张“王牌”还不断发出声嘶力竭的怒吼：“朕是灶主！大汗之位是天定的！这个背叛祖宗的恶人竟敢谋逆，还不给朕杀了去！砍了去！捉住车裂喂狗去！”但除了尽逞凶悍骄横之嚎叫，竟拿不出任何应对良策。故越喊便越发人心惶惶，越喊便越发朝堂混乱。后多亏了首席谋臣脱里赤想到了李璮留下的四个字：兵不厌诈！一经献上才终于激发起阿里不哥应变的“灵感”。随之便决定以“诈”激发各大封王子孙骁勇凶悍的战斗力，竟公然“诈”称谁能大破忽必烈即是自己汗位的铁定继承人。这样，不但可激起各大王族为夺汗位争先恐后，而且在忽必烈面前突显新汗周围“众志成城”。果然此招立见奇效，旭烈兀长子主木忽儿和术赤之孙合剌察儿为夺未来汗位成为先锋，众骁勇也因“杀忽必烈者封王”而纷纷奋勇争先。

但脱里赤却“诈”称压阵没有前来冲锋陷阵……

据史载，两军交战于一个叫“巴昔乞”的荒原旷野上。如果装备相当的话，还未必能尽快分出谁胜谁负。由哈尔和林冲杀而来的上万铁骑个个在重赏之下凶悍无比，刹那间便让茫茫的荒原上弥漫起一股恶煞煞的野性气息。但毕竟忽必烈一方装备精良多了，粮秣充足兵强马壮猎猎旌旗下也毫不示弱。对峙，即将厮杀前的暂短对峙！同一民族分成的两大阵列拔刀相向怒目对视着，是那么相同却又那么的不相同。一方仍保持着游牧文化鲜明的特点，个性张扬，跨在烈马之上在发出野性的呐喊；一方似已受了农耕文明的洗礼，紧控铁骑静穆地等待只听一声令下。野性的呐喊终于达到了高潮，漠北的骁勇如脱弦之箭蓦地便冲杀奔腾而来。但忽必烈的大军却随着将令调动，刹那间便波开浪列般分组成铁翅般地包剿两翼。更出乎北军意料的还在于，那巨大的大汗车帐竟然就在眼前。但刚待要恃勇逞强扑上，阵形一变顿时他处又出现一座同样豪华的车帐。扑朔迷离，瞬息万变，随之万马军中似处处都在闪现着忽必烈的战车帅帐。致使阿里不哥手下悍将悍勇们真假莫辨晕头转向，竟为抢先生擒忽必烈纷纷“自投罗网”。而在此时，早埋伏布置好的宿卫早已后发制人万箭齐发，两翼也突然排山倒海地席卷而来，致使北军冲阵的铁骑眨眼间便折损了大半。而本来要后续冲上来的骁勇，一见这神秘莫测之布阵变幻早锐气顿失一半。再回头看时，便是那真的帅帐战车竟突然在背后闪现了。华盖下威然挺立的正是在汉地称汗的忽必烈，而在他两旁尚有两位巨灵神般的将军护驾，身后尚有一位银甲闪烁的小将护守于战车上。挥手间，便又见得一支骁勇铁骑突然神出鬼没地闪现了，致使得阿里不哥几乎惊栽于马下。怪不得他！只因他从来就没上过战场。而在此时，偏又听得那巨无霸惊天动地地一声呐喊：“大汗有令，请皇幼弟进帐一叙！”谁料声未了已阵脚大乱，阿里不哥早随着一声马的惊嘶落荒而逃了。但也有史家考证称，非阿里不哥不够骁勇，其胯下之稀世汗血宝马也是初历战场。

看来，兄弟俩都在使用“兵不厌诈”，只不过结果不同罢了……

而在《元史》中之记载却只称：“巴昔乞之役三战皆捷，大败阿里不哥之军。”而综合各种史类也可看出，忽必烈这次亲征的初步结果大体是这样的：阿里不哥因“粮草不足”之诸多因素，一时“陷入了困境”，面临着彻底覆灭的危险。故在忽必烈大军即将包围汗都哈尔和林之前，仓惶地弃城而出，远逃往自己世袭的封地吉里吉思去了。

这样，忽必烈又进入了折磨他大半生的旧都……

不仅仅是往事不堪回首，而是阿里不哥的迅速败溃使他更看出了这座草原都城的局限性。仅仅靠游牧生产是很难支撑汗国心脏跳动的，必须迁都于汉地才能确保祖宗的事业更加发扬光大。故他拒绝了臣众请他进万安宫发号施令的倡议，而是在战车之上便下令全军立即停止全线包剿之举。随后却又派出了猛将阿里海牙率部继续追袭，佯装进攻以造成誓必全歼之势。度量弘远，其实目的并不在于全歼而在于迫使其认罪服输。忽必烈以一个政治家的目光早已看出：赶尽杀绝并非上策，在草原母地留下个“手足相残”的印象绝对有害于未来的大一统。姚枢曾向他多次讲过“七擒孟获”的故事，看来对桀骜不驯的幼弟也得如此。此次取胜得靠汉地汉法，解决家族问题似也得靠仁靠义。

忽必烈就是怀着这样的心态回到旧时藩邸的……

铁蒺藜

窄檐式铁盔

作为一代新朝的雄主明君，他深知现在仅仅是依靠军事胜利已远远不够了。虽然说马背民族一向只推崇胜利的英雄，但如果只留下一个烂摊子还是很难实现“得民心者得天下”的。为此，他竟将大军交由宗王移相哥和纳林统帅，自己却开始集中精力在广袤的漠北草原也试行“广施仁政”。好在他早有物质准备，并得到了理财能臣王文统和阿合马源源不断的供应。果然立竿见影，人心向背顿时泾渭分明。致使忽必烈又一次深切体会到“以仁治国”这玩意儿太好了，儒家学说不但能降服汉地汉人同时也能治理蒙地蒙人。比如，他稍稍放松了对哈尔和林粮食及消费品的控制，黎庶们便人尽欢呼懂得了感恩戴德。再比如，他刚刚宣布了“既往不咎”，宗亲贵胄们便又纷纷搬回矢志效忠以享都城的繁荣。总之，就在阿里海牙率部继续佯作追袭之余，忽必烈之“广施仁政”已在汗都内外突显成效了。随着哈尔和林的再次乍显繁华，已由“两汗并立”日显“一枝独秀”了。

但毕竟尚留有某种遗憾……

谁料，竟会由阿里不哥自己来补足了。据史载，1260年十月初，这位草原登基的大汗已得知“西线腰斩”彻底失败的消息，再加上阿里海牙之佯攻佯袭也演得有声有色，致使得阿里不哥在逃窜中处处感到“风声鹤唳，草木皆兵”。万般无奈似也只能再行“诈”术，接受脱里赤等佞臣的建议派出使臣向忽必烈“请求饶恕”。

留得青山在，还怕没柴烧？……

但忽必烈明知有诈，待之却相当超凡洒脱。竟不顾宗王移相哥与纳林的一再提醒并建言“一劳永逸”地解决问题，还是相当热情地接待了幼弟派来的使者。态度和蔼，亲切感人，使者竟为之热泪盈眶当即禀告道：“少汗说：‘我们这些弟弟们有罪，是出于无知而犯罪的。你是我的兄长，可以对此加以审判。无论你吩咐我到什么地方，我都会去，绝不违背兄长的命令。我养壮了牲畜就来见你！’”（见拉施德之《史集》）忽必烈听后竟望着宗王移相哥与纳林等，大为欣喜说：“浪子们现在回头了，清醒过来，聪明起来，回心转意了，他们承认自己的过错了！”（原话引自《世界征服者史》）并下令全军立即停止追剿，放其自由回归遥远的封地吉里吉思。宽大得实在可以，致使移相哥与纳林均一时难以理解。

但在汗廷内外却引起了一片欢呼……

显然，忽必烈此役不仅仅在军事上取得了巨大的胜利，而且在道义上他也在草原母地绝对占据了上风。不继续追剿和“斩尽杀绝”是完全正确的，要知道蒙古汗国是如此庞大，封国又是那么多。如果追剿得阿里不哥逃窜于世袭诸王之间，将会使战线越拉越长而成为永无休止的蒙古人之间的内战。而现在已命来使写下“请求宽恕”的全文并划了押，这就有了足够的资本游说于各大封国以彻底孤立阿里不哥！至此，“两汗对峙，兄弟阋墙”的局面总算告一段落。既然一方承认“有罪”并答应“绝不违背兄长命令”，那草原的天空上也就“只剩下一个太阳”了。

忽必烈这才在战后首次欲踏进汗都的万安宫……

哈尔和林的贵胄和庶众们沿街欢呼着，似乎草原母地为他补开了一个更为隆重的“忽里台”盛会。忽必烈心潮激荡，往事又一幕幕重新闪过。但就在这万众欢腾的时候，他却似乎隐隐听到了圣祖成吉思汗对他那曾有过的预言：“彼将有一日据吾宝座，使汝辈将来获见一种命运，灿烂将如我在生之时！”但没有伴随笑声，似更难听出有所欣慰，反倒更像是一种提醒，一种期待，顶多也不过像一种激励……不知为什么，等他再看昔日金碧辉煌的万安宫时，顿时便感到是如此老朽沉重，仿佛化成了一块巨大的拴马石，似企图绊住他而无法奔向辉煌。史称“圣上未入内，仅绕之三圈”。

是成吉思汗的遗愿促使忽必烈立即返回漠南……

随之，他便派东部宗王移相哥为统帅，率数万重兵镇守哈尔和林，威慑漠北草原，随时监视阿里不哥的一举一动。完全可以这样说，忽必烈是在大获全胜之后而南归的。因为阿里不哥早公然承认：“是我们这些弟弟们有罪，是出于无知而犯罪的。你作为兄长，可以对此加以审判……”有如此的“请求宽恕”，似乎也可看作他已“自动退出历史舞台”了。不言而喻，现在的“也客蒙古兀鲁思”名正言顺的大汗只剩下了一个，此即中统建元的蒙古族大皇帝：忽必烈！

1260年初冬，他终于回到了万众欢呼的开平新都。

掌控漠之北，遥望江之南，欲求天下大一统，势必首先经略中原！

似早有成竹在胸，忽必烈变得更迫不及待了！

“灿烂将如我在生之时”……

第四辑

【本辑提要】忽必烈征漠北大胜而归后，不仅使他兼有了“大汗”和“皇帝”两个称号，也使他成为草原和汉地的“共主”。而更重要的还在于，他竟然能从中总结出获胜的重要原因：借“儒学仁政”之力，受“汉法治汉”之惠，如没有来自中原人力物力之支援，很可能至今尚很难在汗位承袭下决出胜负。并且他还能把幼弟阿里不哥当作一面镜子，从中看出了“食古不化，唯崇祖制”的可悲下场。故忽必烈这次一返回新都开平，便义无反顾地大力推行一系列新政。从政权架构、扶持农桑、改革税制、重儒兴学、任人唯贤等诸多方面，均迈出了“鼎新革故”的大胆步伐。完全可以这样说，这个阶段的忽必烈不但是义无反顾的，而且也是踌躇满志的！

只可惜对守旧的力量尚估计不足……

【返开平，任人唯贤组中枢】

1260年冬，忽必烈“凯旋荣归”，终于又回到了自己的新都开平。

正如法国史学家格鲁塞在《草原帝国》中所说：“他想获得的最伟大的名声也许不是‘他是世界上第一位征服全中国的人’，而是‘第一位治理中国的人’！”并又说：“在中国，他企图成为十九个王朝（原文）的忠实延续者，其他任何一位天子都没有像他那样严肃地扮演着自己的角色。”这里的“人”系指我国的北方少数民族而言。而“延续者”却确系我国北方少数民族所共有的历史追求。

其中，忽必烈便是最具有代表性的历史人物……

回到漠南之后，他的确没有为在草原也已“独领风骚”而止步不前，而是在中原更加严肃地扮演起“天子”的角色。为了实现其“中统诏书”中之“祖述变通”（也可视之为：与时俱进）与“鼎新改故”（也可视之为：大胆改革）之种种述求，他解下帅甲便立即以帝王之身尽显雄才大略了。首先针对的便是原游牧汗国的“官无常制，机构混乱，兵庶一体，以武乱政”之种种弊端，决心以儒家学说为核心，兼采历朝历代之所长，建立一套突显新朝政治架构的文官体制，意在实现未来的南北江山大一统。

而在这方面，察必大哈敦似已为他打好了基础……

回首往事，忽必烈在此次漠北取得决定性胜利之前，似乎主要精力全用于“唯掌军事”之上。而把新朝未来的政权形式等诸多问题，则大多交于坐镇开平新都的察必按他的意图加以先行构想。故才有了这位杰出的蒙古族女政治家广招群贤，采纳亡金大儒许衡、刘秉忠、姚枢、王鹗、窦默之议初步设计出了一套方案。随后才又有了忽必烈在临出征前闻之后的赞语：“天下国家，譬犹一人之身，中书省是吾之右手，枢密院是吾之左手，御史台是吾用来医治左右两手之疾耳！”（详见《元史》之《世祖纪二》）可见忽必烈对这个方案还是十分满意的：一改祖制，设“中书省”以掌管全国政务，设“枢密院”以执掌全国军务，设“御史台”以司监察与反映民情民愿之职。表面看来互不隶属，唯听命于皇上而各行其是，但实际上“中书省”因负责协调似仍略高于后二者。典型的汉地汉法，明显的是由游牧文化在大胆向农耕文明过渡。

极具魄力！但关键却仍在于如何用人……

这可是一件关系国家走向的大事，当即引发了“万众瞩目”。虽然说历经北魏辽金数百年的统治，长江以北的民族意识已很模糊和淡漠了。但中原的士人们却仍想从这次人事安排上了解，这位“认祖归宗”扬威草原的大汗回来后将如何再当好中国的皇帝？这的确是一件牵动人心的大事：是恢复草原祖制？还是继续实施“儒家仁政”作华夏的“共主”？

引颈等待，终于盼来了结果……

据史载，中统二年（即1261年初春），在忽必烈凯旋归来仅两个月之后，即依据察必与姚枢、许衡等大儒的初步意见，又经自己的反复思考和筛选，最终拿出了一套极具眼力的人事布局方案。重点对中书省——也可称之为内阁——首先宣布了重要阁僚的正式任命：布华、史天泽为右丞相；忽鲁布花、耶律铸为左丞相；塔察儿、王文统、赛典赤·赡思丁、廉希宪为平章政事；张启元为右丞；张文谦为左丞；商挺、杨果为参知政事（详见《元史》）。其中，左右丞相统领内阁，管辖六部；平章政事乃丞相副手；左右丞各一人，参知政事二人为执行内阁决议之执政官。又因蒙古人以右为上，故右丞相高于左丞相。

切莫小看这份内阁人事任命名单……

这不仅反映了忽必烈入继华夏大统的意愿和决心，而且也反映了他对民情民意的高度重视。从民族成分上来看：其中蒙古族三人，汉族六人，契丹族一人，畏兀儿一人，回族一人。说明忽必烈特别注重启用各民族的精英，排除民族歧视尚能坚持“任人唯贤”为标准。再从思想倾向来看，其中除个别人外，不分民族大多为儒家学说的忠实门徒。这更说明忽必烈开始已摒弃了“唯崇祖制”，放手推进向中原先进文明的过渡。总之，这一内阁人事任命一经公布影响巨大，中原士人仅看阁僚组成的民族比例便欢呼雀跃不已了。当时他们并不知和谐交融此类词儿，只认为这是忽必烈要继续“行中国事、为中国主”了。一时间为新朝带来一种全新的气象，竟产生了一股前所未有的凝聚力。人心振奋，已开始有人视其为“一代明君”。

但这次组阁中也并不能说没有一点失误……

比如说，王文统和阿合马这二人就颇值得商榷。虽然这次阿合马尚未进入中枢阁僚名单，但作为“上都留守同知”（相当于首都一把手），不是阁僚，胜似阁僚，已为日后埋下隐患。再说王文统，果不愧“治世能臣”，“理财高手”。忽必烈在北征前就几乎把他任命为丞相，后多亏姚枢、许衡、郝经等以“心术不正、学术不纯”力谏，忽必烈方只任命他为“平章政事”而委以委任。后果然日显“心术不正”，目标竟对准了比他更加才华横溢的郝经。1260年忽必烈北伐时，为避免“腹背受敌”与“催讨岁贡”即准备遣使赴南宋“见机行事”。而王文统却为了搬开自己当首辅的最有力竞争对手，竟大加赞扬着力推荐“天下第一能臣”郝经。谁料忽必烈也认为这只不过是“分别数月之事”，故也就采纳了王文统的建言。显然忽必烈是不如他了解南宋的底细，终使郝经受尽折磨十五年后才再得君臣相见。难怪众多史家称：“若郝经在，帝多次失误均可避免也！”

这是后话！但当时这套班底确给臣众带来希望……

再加上察必也深得儒家精髓及时隐退了，而许衡、姚枢、刘秉忠、窦默等诸多儒僚也甘愿退居幕后出谋划策。众星捧月一般，只为了突显忽必烈的雄才大略！

儒家之道尽显无遗，此时不干更待何时？

“祖述变通”，忽必烈开始行动了！

志向弘远，义无反顾……

【重农桑，彻底由“武功”向“文治”转型】

忽必烈虽是第一位“入继中华大统”的蒙古族帝王，但若论远见卓识却比中原历代明君毫不逊色。

他有着极其清醒的头脑，他有着极其锐敏的目光，更有着超凡的综合判断能力。早年的纳儒习儒，中年的试行汉地汉法，已使他早看清了一点：马背

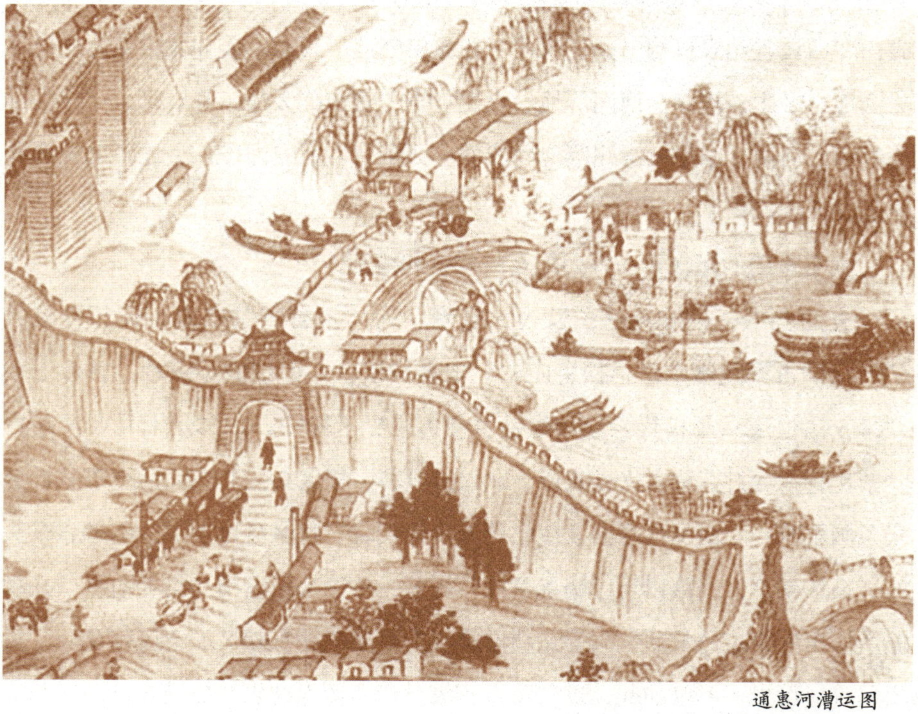

通惠河漕运图

民族若仅靠游牧生产便想再创辉煌已经不合时宜了；若想再造武力攻掠尽取天下财富那更等于“竭泽而渔，杀鸡取卵”；而再想回到游牧生活的原点以求永葆不衰那更等于痴人呓语……为此，当他深刻地认识到绝无回头之路之后，在开平即位后更决定由“武功”向“文治”大胆转型了。更难能可贵的是，继而他很快就参透了儒家学说的实质似可概括为三个字：重农桑！

这就是农耕文明之根、之本……

有史可考，在1260年三月建中统年号称帝后，忽必烈便立刻下旨诏告天下曰：“国以民为本，民以衣食为本，衣食者以农桑为本！”（详见《元史》之《世祖本纪》）好英明的论断！随后便又采取了一系列措施，力图尽快恢复战争创伤所破坏的北方农业生产。从本能地关心草原游牧，转型为劝农桑政策性地重视发展农业生产。这说明了忽必烈已由经济入手，施政重点已向物产丰富的中原倾斜。

政治智慧，经济眼光，均堪称历代帝王之佼佼者……

1261年夏，即在忽必烈凯旋归来刚刚完成人事布局不久，即下令在中书省内专门设置劝农机构——劝农司。并派出陈遂、崔斌、成仲宽、粘合从忠等为滨棣、平阳、济南、河间等地劝农使；李士勉、陈天锡、陈膺武、忙古岱等为邢州、河南、东平、涿州等地劝农使。分头行动，立即深入上述各地检查和督促农业生产。

而更重要的还在于一系列配套的政策和措施……

查遍史书，确未见这位蒙古大皇帝一句“重游牧”之说，而却可见其“严禁蒙古军践踏农田，损害庄稼”之多种诏令。如1262年正月，就曾下令“禁止诸道戍兵及权势之家放纵牲畜侵害桑枣禾稼”。1263年七月，又颁旨“禁止野狐岭行营蒙古人进入南、北口纵牧畜，损践桑稼”。而后更以圣旨形式条画规定：“诸军马营寨及达鲁花赤、管民官、权豪势要人等，不得恣纵头匹，损坏桑枣，践踏田禾，骚扰百姓”等等，并首次规定出“另加治罪，并勒验所损田禾桑果分数赔偿”等惩罚措施。七百多年前犹知“损害庄稼要赔”，实属难能可贵。不仅如此，这位蒙古族大皇帝还懂得劝告和鼓励老百姓“开荒垦田，种植桑枣”，还进而推出定期减免开荒者税收的鼓励措施。并且还首次谕令河南蒙古驻军，“除城邑近郊可保留部分马场，其余应听还民耕”。还公开下诏于那些依旧大权在握的勋戚贵胄，命令他们:“不得擅兴不急之役，严禁妨夺农时！”以上所述绝无杜撰，均可详见于《元史》卷五《世祖纪二》。而更难能可贵的还在于，也就在1261年组阁后不久，这位游牧民族出身的蒙古君主，竟命两位汉族能臣王允中与杨端仁，奉旨于孟怀路开凿广济渠。引沁水经过五县直达黄河，全长达六百七十七里，可灌溉农田三千余顷。如此规模宏大的水利工程，竟出自于一位来自草原大汗之手，这在历代入主华夏的少数民族帝王之中是前无古人的。还值得一提的是，他从中还发现了许多杰出的科技人才，比如“习知水利”，“巧思绝人”的郭守敬，不但后来助其完成了多项更宏大的水利工程，而且还以天文历法上的多项杰出成就而成为闻名后世的伟大科学家。郭守敬系刘秉忠的弟子，似属儒家的“实用主义”派。(以上史料分见于《元史·相关分传及类志》)总之，忽必烈在此阶段为一统天下还是抓住了根、找准了本，措施也是颇为得力的。

完全可以这样说，这是忽必烈施行仁政最辉煌的时期……

不分民族，选贤用能，人尽其才，地尽其力，短短的一段时期内，黄河流域的恢复农业生产已初见成效。但天有不测之风云，随之便是阿里不哥的诈降复叛，汉世侯李璮的背后插刀。危机四伏，汉臣汉儒倾刻间变得似人人可疑……但即使是在这样的情况下，重农桑之政策他也从未动摇或中断过（腹背夹击的叛乱将有专辑来讲）。总之，在行施汉法治汉时，忽必烈却又突显出游牧民族那种执着和坚忍不拔的性格。在事态平息之后，更进而下诏以重农桑之成效为地方官员奖惩标准。据《元史》载：“高唐州官员因勤于劝课受升秩奖赏”，而“河南陕县尹王仔却以惰于农事被降职”。

遥想当年鏖战长江，忽必烈重启“重农桑”似更重启上瘾了……

毋庸讳言，察必也是幕后的“推波助澜”者核心人物之一，即使忽必烈有时沉浸于蒙俗古风中也不忘及时提醒。有一次，在刚定都大都以后，四位亲信“怯薛台”竟还请求割取郊外的一片土地为牧场。忽必烈考虑他们是为放牧保卫京都的战马而用，没有再加多想便应允了。察必这时恰好路过，外闻便知此乃自毁“重桑农”之举。但为了皇上的尊严，又不好进去当众劝谏。而这时刘秉忠也凑巧欲进殿面君，察必即将其拦下故意予以谴责曰：“汝乃汉臣中最明达事理者，圣上把汝依为朝堂重臣。汝之所言，圣上均极为重视，而为何唯独在此事不加以谏阻?如若在定都之前尚可规划战马牧场，而现今众百姓在其农田上久已安居乐业，又焉可让其众弃农桑重新流离失所耶?”刘秉忠乃一聪明绝顶之人，一看察必眼色即在外大声承认错误道：“请皇后息怒!此确系微臣未尽到职守!”忽必烈在内听二人一训一答，随之竟也顺水推舟地将此事“从长计议”。(详见《元史》之《后妃传》)而更重要的还在于，随后忽必烈又将“劝农司”升格为“大司农司”，并擢升藩邸儒臣张文谦为“司农卿”。位列阁辅，专掌农桑水利。“巡行劝课，察举勤惰”。还有史可考，他还下令大司农司编篡《农桑辑要》一书。史称，此乃“遍求古今所有农家之书，披阅

元朝拥有当时最发达的交通运输业。四通八达的驿站、草原丝绸之路、海上丝绸之路，使东西方经济文化大交融，元朝成为中国历史上最开放的朝代

参考，删其繁重，摭其切要”所辑。故才有了元王朝令后世惊叹之举：不仅将《农桑辑要》推而广之，而且取其精要“相风土之宜，以讲究可否”拟定和颁布了‘农桑之制十四条’”(见元《农桑辑要》王磐序)。七百多年前就知“科技务农”，“因地制宜”，“农业多少条”等，而且出自于一位蒙古皇帝之手，确实令人难以置信。

而其令后人惊叹之举尚不仅仅于此……

这位马背民族的大皇帝，总体来说似乎还是受儒家学说拘束较少。度量弘广，玩什么总能玩出些名堂。就拿兴修水利来说，除前面已说过的开凿怀孟路的广济渠等诸路河渠外，1264年又命张文谦率“习知水利、巧思绝人”的郭守敬，修复疏浚唐来、汉延二渠，可灌溉田地近十万顷。对恢复久经战乱破坏的黄河流域农业生产，可以说是居功至伟。但这仍不算惊人之举，可叹之处乃这位蒙古君王颇喜“新鲜事物”，而且一喜便有大胆发挥。比如陕甘村屯间，秦汉年代即有“社”一说。闹个社头，办个祭祀，农忙时也相互帮个工。这种乡俗被忽必烈听说之后，顿觉如获至宝。与深通农桑的儒臣相商之后，竟下旨曰：“立社是好公事也!”“既是随路已立了社呵，便教一体立去者!”(原文照录，见元档案)现在听起来是有些别扭，但这确系七百多年前元代的口语。随之，便因皇长子领中书省事，又将此事交于其处置。而真金自幼即随姚枢与窦默苦学儒学汉法，领旨又经自己儒化，而交左丞相史天泽、司农卿张文谦立即各地“广为推行”。据史载，“于乡间村屯，又实行五十家立一社，择年高晓农事者为社长。敦本业，抑游末，设庠序，崇孝悌。”(见《元史》之《世祖本纪》)史又称，此乃忽必烈“亲自推动立社劝农桑”，遂使七百余年前的中原大地似也走上了一条“农业互助合作化”的道路。后统一江南后又推向全国，“社”最终竟也成为元帝国最基层的行政单位。当然，绝对的今非昔比，但令后人还是叹绝。而这种立社显然是以儒家思想为基础的，故又受到汉臣们的大力推崇和敬服。

潇洒、从容、自信地操控转化着软硬实力……

岁月匆匆而过，忽必烈“重农桑”之政策，“功效大著，民间垦辟种艺之业，增前数倍”，“凡先农之遗功，陂泽之伏利”，总体皆“靡不兴举”,基本上做到了“野无旷土，栽植之利遍天下”。使黄河流域的农业生产得到了较快的恢复和发展，这在前朝历代入主华夏的少数民族帝王中是绝无仅有的。须知，当时全世界尚处于农业社会(有的还未进入)，农业经济的迅猛发展也就代表他掌握了世界的先进文明。(以上引言见于元·《农桑辑要》王磐序及《秋涧集》卷三十七等)总之，若真的“倍前数倍”，那肯定人均“GDP”也增长了不少。黎庶的初步温饱暂时解决了且不说，也为忽必烈“大显祖风”奠定好了物质基础。

这是一次由“武功”到“文治”的成功转型，充分展现了忽必烈的雄才大略。而将“重农桑”作为切入口，更使得大元王朝这条初建成的航船乘风扬帆航向不可逆转！

作为一位志向宏远的少数民族的杰出的帝王，他已经成功地向未来迈出了第一步——

重农桑，蓄大志，以图天下……

【兴儒学与王文统之理财赋】

当然，作为一位开创新王朝的新主，也不能说只“重农桑”就算功德圆满可以高枕无忧了。要知道成功的转型是个颇为复杂的系统工程，要想使一个草原的游牧帝国成功跨入农耕文明还必须全方位抓起。比如说，既然已宣称“入继中华大统”，那就必须承袭历朝历代封建帝王所崇奉的“孔孟之道”。再比如，既然重农桑“所获颇丰”，那就必须一改昔日的横征暴敛重新制定“利国利民”之税赋之策。

好在忽必烈在多方面均是个治国能君……

度量弘广，日理万机，在狠抓“重农桑”的同时已出手不凡也在抓这两件大事了。再加上他在为藩王时在这两方面均积累了丰富的经验：比如说，在命廉希宪治理京兆食邑时，就曾任命一代大儒许衡为“提学”赴秦陕一带以儒学“教化黎庶”。再比如，在命张耕与刘肃以汉法治理邢州时，已试行过税赋的改革。故在中统建元后推行起来也是极具魄力的，以下分别从两方面简略概谈：

一、重儒兴教——

有史可查，从汉唐以来入主中原的历代帝王，无论是汉族或少数民族，均视尊孔祭孔为承袭传统。这倒不是说儒家学说是万能的，但在七百多年前的特定历史环境下离开它也确是万万不能的。否则就别想在中原立住脚，更别提天下大一统。据史载，蒙古汗国前四任大汗均对儒家评价不高。虽契丹大儒耶律楚材事蒙后略有改观，但并未曾使儒家思想在游牧帝国中占过统治地位。所幸忽必烈在青少年时期为探索草原汗国的未来，而被史称“主动接触儒学儒法之蒙古诸王第一人”。正如前面所说过的，后来便有了“纳儒习儒”之举，并曾被元好问、张文谦、王鹗等尊之为“漠北儒教大宗师”。故他的“先天条件”极好，承袭儒家学说这份传统似乎是“水到渠成”自然而然的。

但忽必烈还是不敢有丝毫大意……

据史载，自中统登基伊始，为尽得中原人心，实现一统天下的宏誓大愿，他始终将这段话放在嘴边：“孔子言三纲五常：人能自治，而后能治人，能齐家，而后能治国！”（见《元史》卷宗一百三十四《朵罗台传》）足可见他已把“三纲五常”作为“立国之本”了。为此，他不但下令拨款维修各地文庙，主动承袭了历代所有祭孔之举，而且还下令解除了所有读书人徭役之差和税赋之苦。总之，前期尚可谓对儒者特别客气，比如对亡金状元王鹗竟不直呼其名，而是礼贤下士地称之为“状元公”。而且还将一些闻名中原的大儒和理学大师，如许衡、窦默、王鹗等均加封为“翰林学士”，并设“昭文馆”为翰林学士的议事机构。虽对“科举考试”尚显犹疑并“久议不决”，但立朝初期就能如此，已足以使中原士人认为这完全符合“儒家正统”的要求了。更何况他还在1261年八月即接受了“翰林学士承旨”（即御用头号大笔杆子）王鹗的建言，已特诏各路设立“提举”为学校官，并选取了老儒王万庆与敬铉等三十余人赴各路担任（相当于现在的省市教育厅长）。并钦命“作成人才，以备选用”，这已意味着地方官办儒学的全面恢复和重建。（见元·《庙学典礼》卷一《设提举学校官》）随后又专门成了“国子学”（即国立儒生大学），并特任命许衡为国子学“祭酒”（即校长）。当然，“国子监”（即国家主管教育的最高权力机构）的设立是多年后的事情，但还是可以看出前期的忽必烈虽怠慢科举，却还是颇为热衷于儒学教育的，是已隐伏下“九儒十丐”之种种矛盾，而在立朝之初就能如此尊孔敬孔也颇引人瞩目了。须知，前几任蒙古大汗均没有这么善待过汉人的老祖宗，看来这位蒙古皇帝是要认认真真地当“中国之主”了！

转型的过程之中，在继“重农桑”之后，这确实又是一步高棋！

为求天下大一统，必先求思想大一统！

二、整顿税赋——

忽必烈之雄才大略，尚表现在他及时“收拾残局”的魄力之上。没错！他是于1260年三月抢先一步在开平称汗的，但所面临的中原局面却是个地道的烂摊子。原汗廷和各大封国于汉地根本没有什么固定的税赋政策，而是只顾杀鸡取卵式地层层横征暴敛。致使昔日的“粮仓”和“银库”早已名不副实，大多数地区均沦为“赤旱千里，流民遍野”。况且尚面临着内忧外患、封王的年赏、军队和臣众的巨大开支等等问题，看来加速改变这种“竭泽求渔”所造成的混乱局面已势在必行了。如若不然，即使再提“重农桑”、“尊孔孟”也只是两句空话。

而在这方面，忽必烈的高明之处即在于“知人善任”……

被他所选用之人即为：王文统，一位极为复杂又颇多争议的历史人物。前面对他相关的来历已有过较客观的介绍，现在主要展现他如何替忽必烈“理财”成为一代“治世能臣”的。有史可考，这位蒙古族皇帝果然“独具慧眼”，即位不久便将“整顿财赋”之大权放手交于王文统“见机行事”。信任有加，并且任命他为中书省“平章政事”以便于行施职权。史称，“凡民间差发，宣科盐铁等事，一委文统裁处。”（详见《元史》卷一百二十六《廉希宪传》）而儒臣杨果、张易、刘秉忠等也对忽必烈的“知人善任”颇为叹服，称王文统“材略规模，朝士罕见其比”。而这位蒙古族皇帝还又突现马背民族

“襟怀坦荡”的特点：用人不疑，进而还特许他“不必劳于奏请，平时可运筹中书省，遇大事则面陈”。作为大元王朝首任副首相衔的“财政大臣”，他能不为这样的“恩宠”以“肝脑涂地”而回报吗？

王文统的理财改赋主要体现于以下三个方面——

其一，整顿户籍和差发：据史载，于中统元年（1260年），即在王文统主持下对中原汉地进行了一次彻底的“户籍普查”。这在前四届大汗时是从未有过的，其时尚只知征服和盘剥，根本不知人口到底有多少。而王文统在全面普查后却还能进而将户口分类和整顿，使中原汉地的百姓“分门别类”地俱都纳入新朝的户籍。而尤为重要的是，他又根据贫富贵贱的差别将其细分为：成丝银全科户、减半科户、止纳丝户、止纳钞户以至全科系官户等等。目的是在于，使他们“交纳”的丁粮、丝料和包银，又依户别等第而有高下”。故虽已

忽必烈视察大运河工程

涉及权贵利益，但确实为全国的“理财改赋”打下了“广施仁政”的坚实基础（详见《元史》卷九十三《食货志一·科差》）。

其二，食盐榷卖：必须指出“重农桑”乃一项尚需时日方可见效的“工程”，而迅速增加税收却仍需靠盐铁等“大户”。故中统二年（1261年），忽必烈即依据王文统的申奏：“欲差发办而民不忧，盐课不失常额。”遂颁布诏谕“申严私盐”改由官家掌控。史称“食盐榷卖”。并当即“由每引（计量单位）白银十两减至七两”，这样就“便于官府向盐商批发和推销行盐盐引”了。同时，王文统还置官管理各大盐池盐场，还在各地设立“解盐司”统辖其事。与民与商均有利，从而结束了历届大汗均不懂盐务只顾掠取之混乱局面。其他如铁、茶、酒等均都有应对措施，故仅山东一地盐运司的办盐收入就提高至白银两千五百锭（详见《元史》卷九十四《食货志二·盐法》），致使国库逐渐充盈，忽必烈尽得了多项稳定而又可观的财赋入账。

其三、推行中统宝钞：这更可证实忽必烈用人之凡，王文统的确具有一般儒臣难有之“经济头脑”。早在中统元年（1260年），即以中书省名义于全国发行“中统元宝交钞”。面值从“文”到“贯”共十种，钞之一贯相当于白银之一两，显然是以银为本位。并规定全国通行，就连各级官府上缴的盐铁茶酒之诸类岁贡税赋也必须以中统宝钞为主。由此信誉日增，加速了货物的流通，激活了经济的发展，中统宝钞也成为世界上最早的由国家统一发行的纸币。再加上措施得力、规章严密，银本常足不动，故史称，很快便使臣众“视宝钞重于金银”。难怪意大利的旅行家马可·波罗也在他那闻名于世的《马可·波罗行记》中这样记叙说——

在汗八里城中有大可汗的造币厂。内部设备非常好，我们可以说大可汗是一个完全的炼金家（冯承钧译作“点金术”）……他采取桑树的皮……和胶一齐捣成浆糊，然后卷成薄片……他把它们切成大小不同的小块，但全是长方形……所有这些大小纸块上，全印着大可汗的图章。你们必须知道，所有那些钱发出去和纯金纯银有一样的势力和威严。有一定的官吏，特别委派在每张纸币上写上他们的名字并盖上各人的印。当钱制好时候，那些官的领袖，奉大可汗特别委派守印，将官印涂上硃红，盖在纸上，所以纸上留着硃红色官印的痕迹。以后这张纸币就变成有效的了。如有人伪造纸币，必受斩首的死刑。大可汗造出如此多的纸币，能够拿他付换世界上所有的钱币……在他所统治的各省、各国和各地方中，这纸币皆通行使用。没有人敢拒绝，违者处以死刑。我还要切实告诉你们，在他所辖的各国各民族中之臣民，皆愿意接受这纸币，偿付各种款项。因为他们无论到了什么地方，总能用他购买一切东西，如珍珠、宝石和金银等各种货物。

综合上述，不难看出：忽必烈用人是恰当的，王文统的理财也是卓有成效的。致使与其有政见分歧的姚枢，也不得不承认王文统在中统年间做到了“民安赋役，府库粗实，仓廪粗完，钞法粗行，国用粗足，官吏转换，政事更新”。（详见元·《牧庵集》卷十五《中书左丞相姚文献公神道碑》）由此可见，继组内阁、重农桑、兴儒学之后，忽必烈在大搞经济上也可称“硕果累累”。当然，也必须指出，尚有一位“幕后英雄”以身相挺！此人即是著名的汉世侯、原拖雷家系在中原食邑的守土臣、忽必烈多年来的亲信追随者，也是在汉臣汉世侯中唯一能荣膺内阁首辅的右承相：史天泽！是他主持中书省定规十条，使政务处理有章可循。是他奏罢色目大臣与贵胄“占役”，实行统一的税赋科差规则；是他在多民族的宰辅间“弥缝协调”，以至自身“委屈论列”；是他在皇帝与大臣之间上传下达，使组阁、重农、尊儒、理财等均能得以顺利推行。故《元史》称：“中统初元之治，史天泽功不可没！”只不过不如王文统那样“才略横溢”，而甘愿隐没于政务之中而不如王文统那样出名罢了。

总之，转型顺利，前景辉煌……

但智者千虑，必有一失！就在忽必烈采用“内蒙外汉”之策，并未触动草原母地的诸多旧制之时，一些守旧的宗亲贵胄已因中原的利益受损而怨气冲天了。他们才不管圣祖的遗愿不遗愿呢，竟联名上书诘难忽必烈：“本朝旧俗

（指草原汗国）与汉法异，（你）今留汉地，建都邑城郭，仪文制度。遵用汉法，其故如何？”而这位蒙古族皇帝却依然是那么坦荡而执着，除派出使臣赴草原宣示成吉思汗的遗愿外，竟傲然地“置之不理”，继续推行他的转型改革。

显然对保守势力的能量估计不足，更没料到幼弟阿里不哥这么短时间内就会借此“死灰复燃”！

矛盾的突然激化和爆发，使“思大有为于天下”只能暂停！

仅仅才一年，阿里不哥便背弃诺言“卷土重来”！

两汗对峙的局面重又再现，只有战争！

而且是来势汹汹……

第五辑

【本辑提要】中统建元，正当忽必烈为了马背民族的未来成功地转型时，阿里不哥却“借尸还魂”般地突然“卷土重来”了。如果说这场战争并未影响到他对汉臣汉法的初衷，那么随后发生的两件大事却使他对汉人汉地渐渐产生了疑惧：一是汉世侯李璮“背后捅刀”的叛乱，二是南宋背信弃义扣押郝经的事件终被戳穿。随之而来的便是“蒙汉共荣”局面的结束，四等人制度等民族歧视政策的产生，中书省阁僚的大撤换，中路宣抚使的大换血，以致使色目奸相弄权几近二十年……真可称得上一次历史性的大倒退。后还多亏了忽必烈“海纳百川”从未放弃汉地汉法，这才使大元王朝跌跌撞撞最终走向了南北大一统。

波澜迭起，千回百转……

【阿里不哥死灰复燃地再次角逐汗权】

1261年八月，正值茫茫草原秋高气爽……

遥远的吉里吉思旷野上，寒气已开始阵阵袭人。但一匹匹战马经过夏秋的精心放牧，还是个个膘肥体壮生龙活虎的。一阵阵激昂的嘶叫，顿使这广袤无垠的荒原上弥漫起一股杀气腾腾的野气。

阿里不哥的汗帐就屹立在一片萧瑟的秋风之中……

残酷的现实，似乎已使得这位从小只知骄横拔扈的“灶主”开始变聪明了。已懂得掩饰自己凶悍残暴的本性，充分利用古俗古风传给自己的优势蓄势待发。比如那自己派出的使臣签字画押骗阻忽必烈追袭归来，他竟能只连连哀叹其为什么要纸上画押？因为传过去的话只是一阵风，而留下了字据就变成了一座山！致使当场便把不屈的骁勇激怒了，那使臣的脑袋随之也就落了地。脑袋没了也就否认了曾经有过那座“山”。阿里不哥为这种“牺牲”竟然伤心落过泪，但很快便又被贵胄联名诘难忽必烈的消息激动起来。看来草原上人心所向仍在自己一边，只要称“恢复祖制”便可“一呼百应”！总之，为夺回汗位，阿里不哥各方面均有所收敛，致使除挟三位皇子外，尚团结了一大批坚守祖法的宗亲贵胄，如孛罗欢、图满、阿里察等拥兵“那颜”（即贵族将领）之全力支持。

星星之火可以燎原，阿里不哥悄然反攻了……

按说，忽必烈在转型改制时也不是毫无防备的。有史可考，他不但严加控制流向漠北的军用物资和马匹等，而且钦命东道宗王移相哥率重兵驻守哈尔和林严加防范。只可惜这位宗王也犯“成者王侯”的老毛病，一进这昔日的汗都便难免也产生了一种飘飘然的感觉。从偏安一隅到掌控辉煌的汗都，竟使他在一片“歌功颂德”中似只能应对一场场的“莺歌燕舞”了。而更为可悲的还在于，他竟认为圣祖子孙必定个个“一诺千金”，如有谎言将是终身的“奇耻大辱”，势必会被逐出黄金家族，永世遭受万人唾弃。故他一直相信阿里不哥的“请求恕罪”宣言，甚至期待其“养壮了牲口就来见你”以助自己再立旷世奇功。

凛冽秋风中，阿里不哥竟“果不食言”……

在中外相关史料上，有关这次诈都战役均相当简单。只称“当阿里不哥接近驻守哈尔和林的移相哥驻军时，派出急使说道：‘我是来投降的！’移相哥深信不疑，表示欢迎。阿里不哥则趁移相哥麻痹大意不加防范之机，突然发动袭击，大败移相哥，重新攻占汗都哈尔和林。”从此，移相哥便很少在史书上出现，而阿里不哥则注定要重返万安宫。(详见拉施德《史集》)

所幸忽必烈处乱不惊应对及时……

作为成吉思汗皇嫡孙，在他的血液里似乎就流淌着潜在的军事才能。他不仅临危不惧，而且反应迅速果断。因阿里不哥声称要踏平中原，此次反击他大胆地动用了汉地的汉世侯。据史载，仅“万户侯”他就动用了张柔、邸浃、王文干、解诚、张荣实、严忠嗣、张荣等著名将领。但为了使汗位的争夺更合乎正统性，打先锋的仍启用东道诸王和蒙古贵胄。如塔察儿大王、纳领哈丹、纳陈驸马等所率一万多之精锐草原铁骑。而且绝不被动防守，竟毅然采用了主动北上出击。随之，命令亲信将领赵壁与怯烈门等布军于燕京直至关陕一带“以防万一”，而后便准备率大军再一次赴草原母地“御驾亲征”了(详见《元史》之《世祖本纪一》)。

用兵神速，最终对决于漠北昔木土……

昔木土(今蒙古苏赫巴托省南部)，全称昔土木脑儿(或“淖尔”，蒙语湖泊之意)。时值初冬，广袤无垠的戈壁荒漠上已浸透了一股刺骨的寒意。无根的沙蓬随风四处滚动着，但双方对峙的金戈铁马却怒目相视纹丝未动。阿里不哥驻马高耸的帅台猛地一声号令，倾刻间便闻得旷野里同仇敌忾地响彻起一片呐喊：“一雪前耻还我汗位！”明显是想“先声夺人”，在气势上压倒敌众。却谁料呐喊声尚未待落定，反激起忽军阵中一片排山倒海似的呼应：“败降之将！何颜称汗！”阿里不哥被戳到痛处，刹时便恼羞成怒挥师杀将过来。而忽必烈也沉着应战，顺势就摆开阵势张弓驰马迎敌。一时间只杀得天昏地暗，一时间只杀得日月无光。而这回阿里不哥显然是总结了上次失败的教训，竟然能有备而来地相持甚久。

这就是《元史》上著名的昔木土鏖战……

可惜!没有《三国》或《隋唐》等演义中的“名将迭出”之展现，更没有“丈八蛇矛”或“青龙偃月刀”的“来往过招”之描述。恶煞煞地似只剩下了

作战图

一场场野性的厮杀，戈壁荒漠无处不呈现着一种群体性之力量和速度的交锋。人和马交融在一起，撞击中战刀并不需要锐利。一切均在刹那间决定，或血洒疆场、或驰向胜利。极少有战将单独施展武功的机会，而更重要的却是统帅的军事天分与指挥才能。据史载，忽必烈战略部署显然略高一筹。他命令以凯旋归来的合丹、驸马腊真、重臣线真和兀鲁等组成右军；以塔察儿大王、汉世侯史天泽及太丑台等组成左军；宗王哈必赤统领中军。在姚枢出谋划策的辅佐运筹下，真可谓“用人得当，布阵有方”，遂为昔木土鏖战早奠定了大胜的基础。而反观阿里不哥一方，则行事颇为粗犷，唯挟凶悍骁勇而已，只要前锋受挫必首尾自乱，故首次在这寒冬茫茫戈壁上的交锋，即如拉施德《史集》中所述：忽必烈之“三军奋力进击，没命地厮杀起来。宗王合丹等斩其先锋霍儿赤及部下三千人众，塔察儿与合必赤大王等复分兵奋杀，致使初战即大败阿里不哥统帅之军!”(以上可见《元史》之《世祖本纪一》及《元代名臣传略》卷七《丞相史忠武王》等)

但这仅仅只是鏖战的开始……

据史载，十天之后，蒙哥大汗的长子阿速台率后卫部队赶来支援岌岌可危的阿里不哥了。这是一位没有野心的血性男儿，却是个没有思想的“唯崇祖制”者。他率领复仇大军的到来，明显地又给被打得支离破碎的阿里不哥军队注入了一针强心剂。须知，马背民族是向来不肯承认失败的，他们往往视部族荣誉胜过了自己的生命。更何况一旦被击败成为“反叛者”，即使投降也难逃血腥的覆灭命运。为此，在皇长子阿速台狂怒的复仇呐喊中，阿里不哥东逃西窜的队伍刹时又汇聚在了一起，千军万马又调头向忽必烈稍事休整的大军突袭而来。这是一场血肉横飞、力量和速度的对决，一连数天在茫茫的戈壁荒原上杀得昏天黑地。虽然说，忽必烈一方奋然击溃了阿里不哥的右翼，然而“毙敌一千，自损八百”，自己也损失惨重。更谁也不曾料想到，阿里不哥也能“狗急跳墙”发挥出超常的潜力。他用封王封侯、赐金赐银、赏女赏妻、奖牛奖马等表现出极大的慷慨；用“把篡逆者带来的汉人赶出草原”，“为圣祖的荣誉去踏灭开平”等口号刺激着每颗蒙受屈辱的心!致使忽必烈似也只能暂时按下汉兵汉将，比如贴身儒将董文炳所率的一千弓箭手，为扬起高傲的头颅竟给对手留下可趁之机。随之，便见得阿里不哥竟干脆放弃了溃败的右翼，竟与皇长子阿速台会师，一起向自己左翼凶悍无比地冲杀过来。果真令忽必烈有些措手不及，幸亏姚枢早有安排方能挥师奋力相迎。这才算达到了昔木土之战的高潮，据国外有关文献资料描述："战马疾驰，踏碎戈壁；刀戈相击，惊天动地；铁骑悲嘶，骑士绝叫；直杀得日月无光，直杀得人仰马翻；鲜血染红了旷野，尸骨遍陈于荒漠……"直到夜幕降临了，一片漆黑笼罩了惨不忍睹的大地。虽双方仍未见胜负，但也只好暂时收兵，双方各自回到自己的宿营地。

黑暗中警觉的对峙，静穆中唯闻声声喘息……

在帅帐中，忽必烈正在任侍从为其泡脚敷疼。虽然还有姚枢候命于中军帐里，而这位蒙古族君王却似只顾对阿里不哥尚能保持这样的顽强战斗力而感叹了。这或许正是马背民族的一种独特思维方式，也或许是出于对幼弟的另类思念之情，总之竟脱口而言道："不愧朕之幼弟，孺子尚可教也!"然姚枢却在一旁进言曰："否!阿里不哥尽逞凶悍，此乃自取灭亡!"忽必烈急问："何出此言?"姚枢对曰："如其尚知该进则进、该避则避、保存实力，周旋于我，则必成圣上之心腹大患!而其自不量力，倾巢而出，气焰嚣张，决战于昔木土，已注定其必然覆灭的命运!"忽必烈又问："先生可否详述之?"姚枢这才娓娓道来："其逞败亡景象，乃皆因圣上英明之决策!断其粮秣，绝其军需，已早使其成为无源之水，无本之木!经此次昔木土大战，已毙其骁骑十之六七、耗其军储十之八九!我方表面虽尚未高奏凯旋，却已使彼捉襟见肘进退两难矣!而我方后备兵源充足，军需粮秣供路畅通。依臣所见，我方应按兵不动，挑其凶焰，耗其储备，损其兵员，毁其心志，以使其早日成为蜡尽油干之风中残烛!"忽必烈听后哈哈大笑曰："好一个智足多谋的姚公茂，俱道出朕之心思!传令赐酒赐肉于诸军，朕决定将于昔木土与诸帅共度此冬矣!"

以逸待劳，似准备耗尽阿里不哥之实力……

光阴如箭，其时已至1262年初。因漠北春来其晚，故忽必烈为落个"不轻易杀戮"倒也过得颇为潇洒。由于此役尽得转型改革之利，又尽得汉地人力物力的支持，故这位蒙古族皇帝对随征的儒臣和汉世侯均深感亲切。不分民族，大有一种互建一种特殊君臣关系的趋势。而就在这时，却从新都开平传来了一件十万火急的密报：汉世侯李璮高举“还我河山”的旗号反叛了！顿时，忽必烈为之震惊了，一眼便看穿这是要“趁火打劫”，这是在自己“背后插刀”！

乍猛生疑的目光，沉着冷静地应对……

所幸忽必烈毕竟是位“度量弘广”的杰出君王，很快地便从震怒中恢复了常态。好在此时他尚把此事只当“个案”对待，涉及面也并不那么广，故仍把姚枢当作知己愤而大呼曰：“朕等其不薄，汉儿何其忘恩负义也？”姚枢大胆应对道：“陛下应慎言，勿以一叶而障目!而眼下当务之急乃阿里不哥之乱。臣以为其内耗几至殆尽，我方已可改按兵不动为全面出击!全歼其有生力量使之再难死灰复燃，然后圣上再巧布迷阵突然南下幽燕。有察必大哈敦坐镇开平，有燕王真金坐镇燕京，只要敕赐圣旨即可助陛下暂解后顾之忧!万万不可前功尽弃就此撤军南征，此将陷首尾难顾国将永无宁日也!”此番谏言似句句都冒着风险，但似乎也正是由于这种置生死于度外的儒者胸怀打动了忽必烈。

更何况!又提到了使人眼前一亮的察必和真金……

故这才有了和姚枢进一步的彻夜相谈，致使第二日忽必烈便又成为一位度量恢宏的草原君王了。根本不提急报奏章之事，竟只顾依姚枢之策开始调动兵马。仅仅在一天一夜之间就调集了所有的精锐，随之便以迅雷不及掩耳之势击溃了阿里不哥疲惫不堪内耗空虚的军队。就连其最凶悍的大将阿脱等也被打得均纷纷投降，阿里不哥似也只好率残部没命地向遥远的大西北逃窜而去。忽必烈不但西征宗王哈丹又趁机收复了哈尔和林，而且整个蒙古母地似乎也再没有阿里不哥的立锥之地了。表现得特别悍勇的阿古拉竟自告奋勇要去生擒“逆首”，但忽必烈却制止曰：“不要去追他们!他们都是些不懂事的孩子。应当使他们明白过来，后悔自己的行为!”(语见拉施德《史集》第二卷)

也难怪!有了大胜，自然便会有“大度”……

须知，草原上也颇尊崇“成者王侯败者寇”的法则，在昔木土溃败之后阿里不哥似乎已彻底失掉争夺汗位的资格了。蒙古人一贯崇拜英雄，一败再败即使拥有“灶主”的身份也渐渐变得一钱不值了。更何况东西道各大宗亲贵胄均见风使舵又纷纷先后表态支持忽必烈，现在仍对阿里不哥表示同情的好像也只剩下了察合台遥远的封国。据说还在发生着王位之争的内讧，对于长于政治谋略的忽必烈来说也只需稍动心思而已。

难怪昔木土大捷名垂青史……

表面上看，无数铁骑正簇拥着巨大的车载帅帐向着哈尔和林滚滚而去，似欲尽快去重新收复昔日的汗国故都。

而事实上，忽必烈与姚枢此时却在秘密南返途中。

风云突变，形势紧迫！

必须一举定乾坤……

【李璮之乱所造成的历史倒退】

说到此次“趁火打劫”的叛乱，似必先了解李璮其人……

李璮，金代潍州(今山东潍坊)人。史籍对其多贬。然换一个角度来看，在历经辽金两代近二百年的统治后，其受蒙廷封官晋爵尚能保留强烈的民族意识实属难能可贵。也难怪!其父李全就是在金末反抗女真人的统治而成为地方军阀的，到李璮袭位之后仍不改其父藐视异族统治的遗风。总认为屈身事蒙乃“狐居兔穴”(原文)，无时无刻不在思考“汉家男儿当独领汉家天下”。因其封地在今山东益州与江淮一带与南宋接壤，故利用其地理优势不断与蒙、宋及中原其他汉世侯周旋。甚至迎娶了塔察儿大王之妹为妻，借此以提高自己在蒙廷中的地位。

然真正使他懂得运用权谋者乃王文统……

前后说过，王文统金末曾举经义进士，但游说四方竟无主赏识。后投奔于李璮帐下，方总算“英雄有了用武之地”。李璮根本不管他学术纯不纯，更不睬诸儒鄙夷不鄙夷。只顾深爱其“权术谋略”之才，竟妻其女并将其倚为心腹幕僚。而王文统也果不负“知遇之恩”，教授其“挟南宋以自重”，不时向蒙廷虚报战功，经常向汗都夸大南宋威胁，借口难抽兵力不服从调遣遂成惯用手段。随后为突出李璮在大汗眼中的地位，王文统又教其用钱财收买人心，进而攻取南宋沿边州郡以扩充实力。后王文统虽在劳军时被忽必烈“慧眼识才，破格起用”，但李璮已尽得其“权术谋略”之精髓，坐大成为汉世侯之中的佼佼者。而且量他也不敢出卖旧主，有其女尚在身旁为己之妻。

蒙哥猝死，汗位争战不休，似使李璮看到了时机……

雄心乍起，壮志当酬，终于使他要趁天下大乱一搏了。随之他便暗中广为联络中原汉世侯，力图唤醒他们已快泯灭的民族意识而跟随自己揭竿而起。几乎与此同时，他似乎也很掌握忽必烈为争夺汗位首尾难顾的复杂心理。时而以攻取南宋涟水诸城讨封要赏，时而又“伪造边警、恫疑虚喝，挟敌国以要胁朝廷，而自为完善益兵计!”(见《元史》二百五《李璮传》)而忽必烈如此雄才大略又焉能不知，只不过为了全力应付阿里不哥而暂时采取了隐而不发之策。不仅赐金符、银符、赏银三百锭及多次下诏奖谕，并进而下旨命令“蒙古、汉军之在边者，咸听节制!”(见《元史》同上)真可谓“皇恩浩荡，宠信有加”，但李璮却“壮志未酬，不为所动”。一旦大权在握、羽翼丰满、城池修固、兵精粮足，便趁阿里不哥诈降夺回哈尔和林举兵南下之际也开始动手了。暗中接回质子李颜简只是个信

作战图

号，事实上大规模的反叛活动已不可能遏止了。

壮怀激烈，当即发出了“还我河山”之声讨檄文……

据史载，1262年一月，趁着忽必烈与阿里不哥争夺汗位难分胜负之际，李璮已于山东南部的根据地益州暗暗起兵了。为避免腹背受击，更避免各汉世侯疑其“怀有异心”，竟又转而献上涟水等四城向南宋称臣。以彰显其“靖康耻，犹为雪；臣子恨，何时灭”之矢忠，从而想唤起更多汉世侯“一呼百应，高举义旗”之响应。而南宋之腐朽政权也巴不得借此“自慰”一番，遂也封其为什么“节制幽燕各路兵马之节度使”，后更晋封为什么“齐郡王”。至于收到其联络密函的诸多汉世侯，大多早已民族意识荡然无存皆纷纷袖手作“壁上观”。

开弓难有回头箭，已绝无挽回的可能了……

而李璮为了表达自己的“民族大义”，不仅早下令将留驻的蒙古兵将囚禁于帅台之下高墙之内，而且更进而将自己的蒙古妻子——即塔察儿大王之妹——押往帅台令其劝降。谁料这往日温柔多情的蒙古郡主突遇此事竟表现得大义凛然，泪流满面对着囚徒便声嘶力竭而呼：“蒙古男儿膝下有黄金!蒙古男儿膝下有黄金!”李璮吓阻道:“小心汝的脑袋!”而她却还能应对曰:“脸都丢尽了，要脑袋又有何用?”随之又悲天怆地连呼两声：“我兄误我!我兄误我!”遂栽下高台而死，相随殉难者尚有蒙古侍女数人。众蒙兵将见之均哀号欲拼死一搏，李璮当即挥泪下令全部击杀之。据野史称：“其蒙妻甚美，李璮抚尸大恸三日，并命以王妃之礼厚葬之，足见伉俪尚且情深。”

似也只有义无反顾“直捣黄龙”……

两汗鏖战，后方空虚，这确实是难得的绝佳时机。据史载，李璮不仅是个统兵数万的世侯，尚是个喜爱舞文弄墨的骚客。初起兵时，他也曾“意气风发，胸怀大志”，颇具王者风彩。曾泼墨挥毫作《水龙吟》词一首，以抒发其雄心壮志。词中感慨曰：“奈群生几番惊扰？干戈烂漫，无时休息，凭谁驱扫？”并期待：“眼底山河，胸中事业，一声长啸，太平时将近也，稳稳百年燕赵！”（见《记录汇编》卷二百二《前闻记·李璮》）如果他能如词中所述，目光弘远，意志坚定，率五万精兵趁虚直捣幽燕，将强敌驱于居庸关外。那百姓、汉世侯、南宋也必将态度大变，而这段历史也必将改写。只可惜他徒有大志，未曾兵戎相见便偏遇到了两个高明的对手。

虽未手握重兵，却似更善于运用软实力……

此即坐镇新都的大哈敦察必，还有坐镇燕京的皇长子真金。临危不乱，处变不惊。当闻知李璮留质于燕京的儿子李彦简潜归益都后，察必就已觉察此即谋反的先兆。不仅火速驰报仍在鏖战的忽必烈，而且很快便把正于燕京执行公务的王文统召回新都。隐而不发，照常重用，唯更加信任地垂问李璮平生之为人……而皇长子真金虽年方十八岁，却也能坐镇燕京初露锋芒。不仅按父皇密旨频频调动赵璧等留守居庸关的驻军以乱敌耳目，而且还扬言将亲赴山东曲阜“祭孔”。

意在摸清底细，争取时间……

果然效果奇佳，尤其是“祭孔”竟产生了“四两拔千斤”的巨大功效。中原汉地历经辽金近二百年的统治本来民族意识就很淡漠，现又闻蒙古皇帝即有此举便更纷纷寄希望于他施仁政了。能承认孔孟为共同的老祖宗就好，老百姓早被连年的战祸搞得怕之又怕了。而“祭孔”对于各地汉世侯来说也是如此，均不知虚实更纷纷拉开距离“乐观其成”了。特别应提到是南宋的态度，闻有“祭孔”之举更不知忽必烈“葫芦里卖的到底是什么药”，竟干脆采取了按兵不动“坐山观虎斗”的策略。因为他们不但早就习惯于“偏安一隅”的腐朽生活，而且也早巴不得借他人之手把卧榻之旁这头“恶虎”除掉。而李璮也早闻知察必乃一代“女中豪杰”，贤能而又行事沉稳。故竟然不辨虚伪，随之便急调兵马唯取济南。自挫其锋，还声称:“先据齐鲁，以擒其皇子换取中原也！”

幽燕暂时无忧，终于赢得了时间……

事实上也确如此，忽必烈在此期间终于得以迅速调动兵马，避免了被拒关外腹背受敌的危险局面。其实，在巧布疑云秘密南归时，忽必烈就曾忧心忡忡，向姚枢问过李璮的可能动向，姚枢对曰：“李璮可选有三：若趁我北征之隙，濒海直捣燕京，扼控居庸关，拒我于关外，惊骇人心，波动中原，为上策。若是与宋联和，据守益都为长久计，经常出兵扰我边地，使我疲于往返奔救，是为中策。若出兵济南，待山东诸侯应援，必将被擒，此乃下策。”忽必烈急问：“叛贼将取何策?”姚枢只答：“出下策!”(原文详见元·《牧庵集》卷十五《中书左承姚文献公神道碑》)忽必烈似仍有所疑虑又问：“何处可见？”姚枢回应曰：“此人志大才疏，狡诈多疑，命中早已注定矣！”

忽必烈闻之一振，后事实也证明果然如此……

骑马勇士

据史载，这位大汗兼大皇帝是1262年二月返回燕京的。皇长子真金携赵璧等诸将亲自迎候于郊外，忽必烈大为高兴曰：“皇儿行事镇定从容，不负朕望。然岂可言而无信？待为父荡平叛贼皇儿再赴齐鲁祭孔！”遂即日颁布诏书，历数李璮背信弃义背叛朝廷之种种罪恶。其中有一条即“窃据济南，横阻祭孔，亵渎圣地，罪莫大焉！”其实，此时以宗王哈必赤和汉世侯史天泽所率的蒙汉重兵已先后赶来，而阿里不哥也因和察合台家系争夺粮草越打越远去了。再无需遮遮掩掩，随之便是挥师齐鲁彻底讨平李璮叛乱了。

立式灰陶驮囊马

但忽必烈所受心灵重创也绝不会小视……

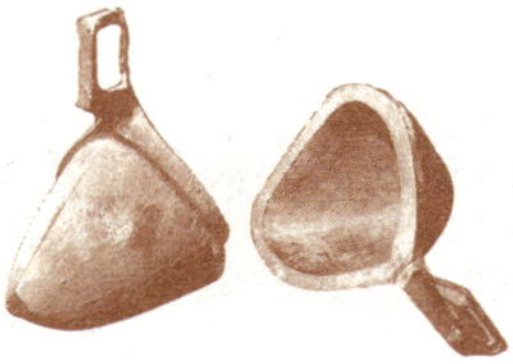

铸铁马镫

表面上看来从容镇定，似毫不受干扰地坐镇燕京指挥这场“除逆平叛”之役。但内心却从此变得苦楚不安，开始用狐疑的目光重新审视身旁的每一个汉地汉臣。毋庸讳言，这位蒙古君王是对李璮采取了“隐而不发”之策，但在怀疑之余还是给了他那么多封赏、那么多武器、那么多权力，甚至将驻扎于他周边的蒙军也交由他节制。真可谓恩重如山，目的却只有一个：因李璮已娶蒙古郡主为妻，而自己也早将其视为同族，只盼他悬崖勒马回心转意起码也能适而可止。谁料他竟出手是这么凶、这么毒、这么狠!不但背信弃义地趁危向自己背后猛捅一刀，而且丧尽天良地逼死了黄金家族堂堂的郡主，屠戮了来自蒙古众多的骁勇……还有那个令众儒鄙弃的王文统，是谁从破烂堆里拾回了他?是谁起用他成了中书省首辅?也是同样的忘恩负义，也是同样的贼心不死!竟敢里外串通放走人质，竟敢图谋不轨暗作内应!长生天在上!今后除了“国族”还有何人可信?

再加上蒙臣蒙将也均纷纷为此义愤填膺……

李璮之乱显然对忽必烈此后的施政及用人之道产生了消极的影响，甚至可以说是对大元王朝的转型产生过某种破坏性的作用。但忽必烈毕竟是一位极具雄才大略的少数民族帝王，虽内心极为矛盾外表却仍应对自如指挥若定。据史载，1262年春三月，即下令宗王哈必赤统帅各路兵马前往征讨，并任命赵璧等“行中书省事”于山东。动员各地汉世侯之多前所未有，虽不明言其深刻内涵却令人人唯有竞比矢忠奋力。后又委任史天泽、赵璧也同为统帅，并分别私赐于二人密诏“蒙古汉军听其节制”。一军三帅等于无帅，这足见当时经此剧变之后忽必烈颇为复杂矛盾的心态。既猜忌汉臣，而眼下又离不开汉臣。多亏了史赵二人受命后尚知“谦退慎密”，均知维护哈必赤蒙古统帅的地位，这才稍稍解除了忽必烈的重重疑虑开始放手用兵。(参见《西岩集》卷十九《元故荣禄大夫中书平章政事赵公神道碑》)

李璮的末日眼看就要到来了……

忽必烈坐阵燕京，稍加调整好了心态便又突显了杰出的军事才能。四月，即切断了李璮的退路，阻截了其各处可突围之要道。五月，又将其围困于济南郊外一带，逼使其只能退守城内接受“请君入瓮”的现实。六月，采用史天泽之计：“李璮诡计多端，又有精兵，不宜与其硬拼，当以岁月拖毙之!”

遂于城外“乃深沟高垒，绝其奔轶”，并驻以重兵围困之。同时也采纳赵璧计，趁济南城内军心涣散，高声宣扬李璮之败绩，继而大肆招降纳叛。还当众赦免了博兴等处的胁从者，更进而瓦解了守城兵将的军心。七月，李璮由于长期被围，早已粮草断绝。济南因饥而乱，以至发展到人食人的地步。忽必烈亲信侍卫指挥使董文炳自告奋勇单骑赴城下劝呼，果然说动李璮大将田都帅缒城而降。十三日，李璮纠集残部组织最后一次突围，终因人马饥残败回城内。二十日，李璮见大势已去，遂含泪吩咐部众舍己去“自寻出路”。随之便“亲手杀死爱妾(或即王文统之女也)，乘舟入大明湖，投水自尽未能溺死，被元军捕获”。(详见《元史》上述有关人等传列)

李璮之乱就此结束，而失败者往往只有身败名裂……

忽必烈闻之并未“大喜过望”，而是余怒未消地急返新都开平清除“叛徒内奸”去了。王文统的末日眼看就要到来，但比他下场更为惨烈的，应当还数投大明湖未死被俘的李璮。济南城外阴风惨惨，宗王哈必赤闻之擒获叛首便命押进帅帐，与汉世侯史天泽与严忠范等当即加以会审。因忽必烈早有令旨：一经擒获，就地严审！火速查清同党共犯，立即统兵搜剿追捕！据史载，严忠范首先厉声问道：“此是何等做作？”李璮竟挺胸反咬一口：“你每与我相约，却又不来！”史天泽又问：“忽必烈有甚亏你处？”李璮还是奋不顾身大加反咬：“你有文书约俺起兵，何故背盟？”众汉世侯被“咬”得人人自危、十分被动，史天泽知“献俘”之后果将不堪设想，遂以统帅之一兼右丞相的身份宣称“宜即诛之，以安人心”，当即下令将李璮肢解后枭首军门。（详见《元史》卷二百五《李璮传》，引语均出自于此)李璮拒不悔罪，死状惨不忍睹。至此，尚具民族意识的一道闪电也就稍纵即逝。好在此时忽必烈已返回上都开平，而皇长子真金坐阵燕京也并未深究。并引忽必烈的前旨“发兵诛璮耳，毋及无辜”，这才阻止了宗王哈必赤依旧法对济南的屠城。真金还命令史天泽火速率兵捣灭李璮的老巢益都，使他避免了当即被追查示问之可能。而史天泽也果然不负皇恩浩荡战果辉煌。后因此事牵扯到皇长子真金之坐阵指挥，致使忽必烈怒火难发似也只能对史天泽“擅杀李璮”隐忍应对。

然而，新都开平尚处于战战兢兢之中……

内奸之首即也算儒臣的王文统，忽必烈一回到开平即由他入手彻底清查里勾外联的朝堂同谋。就连察必委婉劝其的“稍事歇息当以龙体为重”也置若罔闻，归来之日便立刻召王文统当面质问曰：“汝教璮为逆，积有岁年，举世皆知之!今朕问汝所策云何?其悉以对!”王文统却借口道:“臣亦忘，容臣书写以禀。”但他呈上的书文中却只说:“蝼蚁之命，苟能存全，保为陛下取江南!”仍恃才乞怜，不知死期将至。恰好此时偏偏从益州查出王文统给李璮三信，其中有“甲子之期”等隐语。王文统见之大惊失色，似也只能为己急辩曰：“圣上恩重如山，岂容臣有丝毫反意?然璮旧主也，也不忍见其身家陷灭门。甲子之期诸语，乃为拖延时日使其悔悟尽早臣服于陛下矣!”忽必烈愤而打断而言道：“无多言!朕拔汝布衣，授之政柄，遇汝不薄，何负而为此?”遂械系于狱，交姚枢、许衡、刘秉忠、张柔等儒臣汉将议处。大有深意，致使张柔老将当即大呼：“宜剐!”又令诸儒“同声各说己见”，诸儒均言：“当死。”(详见《元史》卷二百六《王文统传》)

其实，暗中放走旧主的质子已早决定了他的命运……

最终，一代能臣王文统和其子王荛一起被杀了。虽然一些儒者称其“学术不纯”，但说到底也还是儒家的一幕悲剧。困囿于忠义之间，夹缝之中仍想成为仁者，徒显奸巧，反自取灭亡。然其仍不愧一位杰出的政治家，故连时人也多承认元初立国之规模制度“出于文统之功为多焉”!他虽被杀，其所制定的理财法度也“一直行而不废”(见《元史》)。总之，悲剧，性格之悲剧，人生之悲剧，儒家子弟之悲剧!

但忽必烈却似乎仍感到“意犹未尽”……

也难怪！作为一位来自草原的君王，他仍坚持着马背民族那种爱憎分明的性格特点。相互忠诚时，尽可为“知己”付出一切甚至于生命。而一旦发现上当受骗时，即便是再好的朋友也会毫不犹疑地加以唾弃。而现在？不仅是李璮反了，王文统在出卖自己，似乎就连自己一贯视为兄长的史天泽也在急于“杀人灭口”。而刚才对王文统的论刑，除了张柔装腔作势地高喊“宜剐”

外，其余儒者却众口一词地只表态“宜死”……其间到底隐藏着什么？要知道也正是这些人向自己极力推举王文统的。从此，襟怀坦荡的君王开始变得“满腹狐疑”了……

尤其当听到讨逆统帅哈必赤归来详细禀奏后，他这种疑惧似乎日益加重了。李璮难道仅仅是反咬么？史天泽的急于杀人灭口难道仅仅是怕激起众变么？

再加上一代权奸阿合马也就此急速“脱颖而出”！

累进谗言下，忽必烈突然变得“虎视眈眈”了！

目标对准了汉地汉臣汉世侯——

他要“清君侧”！

【历史分水岭前乍现的“罢黜世侯”】

其结果可想而知：在忽必烈威严的目光扫视之下，一时间朝堂上下战战兢兢，汉臣汉将人人自危。往日里那和谐相对坦诚共议的情景不见了，似只剩下了一片令人提心吊胆的沉寂。

一道历史转折的分水岭刹时便横在了眼前……

由此可见李璮之乱对忽必烈心灵打击之大、刺激之深。但似也不能完全怪他，要知道益州城下尚有那李璮背信弃义惨死的蒙古族郡主，以及那众多的死在屠刀下的蒙古族将士。而塔察儿大王为了其妹，一些世袭封侯为了自己的子弟兵，也都在含泪沉默地盯视着他。迫使他不能再无所作为，迫使他也只能再现蒙古大汗的风姿。

前后两次大胜没带来喜悦，似只带来了“扩大化”……

朝堂形势瞬息万变，汉臣儒僚更加人人自危，偏此时还有人在火上加油。此人乃远在大西南的兴元同知费正寅，原为蒙哥大汗征蜀时的一个降人。后犯死罪遇赦释放，宣抚使廉希宪“恶其为人”故再不启用。此人典型小人心态，便衔恨北上欲鸣冤叫屈。恰逢李璮在山东谋反，遂乘机向朝廷诬告廉希宪、商挺、赵良弼等在秦川“聚兵完城，当有异志”等九项罪名。其中竟称廉、商、赵三人或是王文统“西南之朋”。而更不该的是，有位贴身近臣早嫉妒廉希宪的才智与声威，竟在此时偏又向忽必烈耳边多了一嘴：“王文统一穷措大，由廉某、张易举，遂至大用，今日岂得不坐(即没牵连)?”于是，扩大化更不可遏止，忽必烈的怀疑竟延伸到了曾随自己出生入死的藩邸旧臣。甚至认为廉、商、赵“足智多谋”更为危险，乃王文统之“亚流”。震怒之余，竟当即召回廉希宪、商挺、赵良弼三人。因廉希宪乃属色目人还算客气，只暗派蒙臣赴京兆查其“罪证”。而当即便把商挺幽禁于新都、将赵良弼械系于狱中。不顾三人乃开国之功臣、忠贞之儒将，竟一一加以亲自审问。问商挺在关中“聚兵完城”是否有异志?问赵良弼在西南“拥兵自重”意欲何为?其中赵良弼乃那种“士可杀而不可辱”之儒家门徒，竟敢抗上“力辩其诬”。据史载，忽必烈闻之大怒，甚至“威刑临恐，谴诃百至”。其惨其烈，可见一斑。后又将廉希宪由软禁处召入宫中严加询问，而廉则保持一贯光明磊落的态度，只承认随声附和地推荐过王文统，然也说过“其心固未识也”!(详见《元朝名臣事略》卷七《平章廉文正王》卷十一《枢密赵文正公》及《元史》卷一百五十九

忽必烈在元上都举行宫廷盛会，召见各国使节

《商挺传》等)此时，虽已中统建元，但仅仅是个新皇登基的年号而已。如果再任这股猜疑之风蔓延下去，圣祖“入继中华大统”之遗愿也可能付之东流。

朝野惶恐，黎庶震惊……

事态的发展似已很难掌控，君王一怒之下很可能重新回过头来走向另一个极端。用现在的语言来说，由于李璮之乱，忽必烈很可能放弃继续汲取中原文化，重又回到旧有的老路上去。一个“思大有为于天下”的大皇帝没有了，就此只剩下个唯见茫茫草原的蒙古大汗。

姚枢、许衡等“不沾锅”的儒臣再也坐不住了……

但令人莫名惊诧的是，正在危难的时刻忽必烈却突然又“控马收缰”了。个中原由，颇难猜测。正史只曰：“帝雄才大略，目光若炬，稍加慎思，即辨忠奸。”而野史却另有说法，似还是“居多辅佐之谋”的察必起了关键作用。当忽必烈返回后宫，急欲发泄对付真金“胆敢矫令”之不满时，野史称，察必早“恭迎于大内”竟为此伏地坦承曰：“为祖上基业千秋万代，察必不得不承认，与皇长子无关，贱妾就是这等内贼的主使，这等内贼的后台，这等汉人图谋不轨的罪魁祸首！”此言一出，忽必烈大为震惊。

沉寂！宫帏内片刻内竟变得寂然无声……

然正当忽必烈大惑不解之际，察必却又开始伏地泣述了：“确凿无误，有证可查！圣上连年北征时，曾托臣妾代理朝政。在此期间，是察必纵用王文统之才只顾命其筹集军资；是察必为防西线无虞只顾令廉希宪等三人在关中聚兵完城；是察必为安后方众心只顾漠视所谓朋比为奸；就连史天泽之拒不献俘杀人灭口，也是察必胆大妄为差人密嘱而为之!现圣上挟雷霆震怒欲尽灭乱党，臣妾以为永解后顾之忧当‘射人先射马，擒贼先擒王’。而察必即罪魁祸首，愿承担一切罪责以助圣上重新‘思大有为于天下’!请废臣妾，使贤臣良将皆能悉心辅佐我主成为前无古人之‘大皇帝’与‘天可汗’!”

忽必烈似被当头浇了一盆冷水，但余火仍未全灭……

而察必却似乎已将生死置之度外，近似泣血般开始泣谏了：“君王如难以抉择，臣妾当自贬自废以担罪责！察必即将永别于君王，还盼圣上日后能三思之！我主起事于中原，用人于汉地，纳财于汉地，取法于汉地，建功于汉地，今后也必将立业于汉地!如因李璮之乱则见汉必疑、见汉必虑、见汉必防、见汉必斥，恕察必妄言：我主将无立身之地!孔子云：博爱为仁，还是当以圣人之道以治天下!即以史天泽之‘杀人灭口’而论，如将李璮献上任其血口反咬，圣上将如何鉴别之?众世侯人人自危将如何自处之?须知，阿里不哥在母地随时都可能死复燃，中原焉容得再频生内乱乎?肢解枭首李璮已算得为郡主报仇，诛杀王文统父子及彻底平乱已算得为草原骁勇雪恨。臣妾此时再献上此贱身，已足可令圣上对得起草原父老重显宏誓大愿!察必深知圣上不忍，而臣妾也绝非轻言之人，就此泣别即返草原以谢天下！”

忽必烈这回才算彻底清醒了，忙阻拦……

此说虽未见于正史，却颇为可信。因为在当时那种众皆“噤若寒蝉”的情况下，似乎也只有共创天下的察必敢于如此大胆进谏，姑妄存之，权作参考。但也有史可查，确实忽必烈次日离开皇宫之后，再现身于群臣之中便又尽显昔日“豁达大度”的帝王风范了。然也有奸佞小人不知其中内幕，仍在瞅机会累进群儒谗言。此人还是察必之原家奴阿合马，1261年已被任命为“上都同知”，李璮之乱后又被迅速升任为“中书左右部兼诸路转运使”。这一天，竟先见君又面进谗曰：“色目人虽盗国财物，未若秀才敢为反逆！”居心叵测，意在廉希宪、商挺、赵良弼等诸儒必杀。却不料偏此时群臣毕至，忽必烈竟当众驳之曰：“在昔潜邸，商定天下人物，亦谈及王文统。姚公茂即言‘此人学术不纯，游说于诸侯，他日必反!’去年窦汉卿(即窦默)上书累千言，亦揭发其必为叛首!秀才岂尽皆斯人乎?”(上引语皆见《元史》之《世祖本纪二》)群儒闻之均大出意外，惊讶之余竟长长松了口气。

唯有姚枢知功在何人，敬佩之余竟也挺身而出了……

这不仅仅是因他已看出“时机已到”，而更是智者知君王现在正需摆脱尴尬之台阶。遂赶忙跪于忽必烈前面，为廉希宪、商挺、赵良弼辩诬。据史载，其“极言廉、商、赵等之忠纯，且以阖门百口担保”。(见《元文类》卷六十《中书左丞姚文献公神道碑》)忽必烈闻之哈哈大笑曰：“姚公茂以为朕不知三人忠纯乎?非也!廉希宪等乃朕之肱股之臣，知其等如知己之左右手!然奸佞进谗，群臣尚疑，朕欲以此替其等洗诬辨冤也!现已查明费某乃一无耻叛主小人，受其影响反诬朕肱股之臣者皆为无知之辈!”特着姚枢亲往解三人监禁，速来朝堂面君议事!”

人人自危遂解，个个竞相伏地山呼万岁……

而廉希宪、商挺、赵良弼等重返朝堂，竟也均深感皇感浩荡受宠若惊。不仅毫无一丝怨言，反而决定尽效犬马之劳以报圣恩之万一。为此，当忽必烈向他们议及有人状告史天泽有“擅杀李璮灭口之嫌”，且“子侄布列朝野，权威太甚，久将难制”，蒙将色目诸臣均建言“罢其丞相职而鞫问其罪”。此时方获释不久的廉希宪竟又坦然而出竭力加以劝阻，理由竟和察必所言如出一辙。忽必烈闻之竟也赞其“为国不避嫌”，最终还是决定对史天泽“给予优容”。(见《元朝名臣事略》卷七《平章廉文正王》)其实，忽必烈暗下早已采纳察必之策，此番重新提及纯属“别有用心”之“抛砖引玉”。果然，廉希宪、商挺、赵良弼等儒臣倍受鼓舞，争相以史为鉴向忽必烈提出了“罢黜世侯，收揽权纲”之建言。正中下怀，忽必烈当即赞三臣既忠且纯，个个皆果不

忽必烈兴建元大都，1287年工程告竣。忽必烈在大都召见意大利旅行家马可·波罗

愧为圣人门生!

况且早已暗命姚枢去说动史天泽……

而据史载，蒙古灭金后的中原，有如唐末的藩镇割据一般。汉世侯实际就是地方军阀，既统兵又管民且尚是子孙世袭。不仅掌握地方的赋税及生杀大权，而且常为争夺地盘战乱不断。是有利于历代大汗分而治之，但对有志于大一统者却绝有碍于施展其政治抱负。此次李璮之乱即为一例。而老百姓也早已为此苦不堪言，遂忽必烈闻“罢黜世侯，收揽权纲”如获至宝。其实郝经在时早已提及过了，姚枢也曾多次提过类似建言，只不过没有这八字简洁明了罢了。现在时机业已成熟，竟由群儒提出，正是“以汉治汉”的绝好时机。而对于史天泽这位世故颇深的汉世侯来说，在他敢于下手擅杀李璮之时就想到会有今日。他要比张柔刘黑马等著名汉世侯在政治上成熟很多，颇讲信义，乃武夫中难得的孔孟忠实门徒。见姚枢单身到来，便知忽必烈“圣意有变”。并不急于分辩什么：“史某自圣上分领漠南‘汉法治汉’以来，已舍死忘生追随其十数年矣！怎忍再看任李璮血口乱咬，诸世侯人人自危被逼自卫而反？为圣上大业及天下苍生计，史某也只能不顾后果采此下策！”而是坦然面对曰：“姚公既来，史某当随往接受鞫问！”姚枢适时制止并告知朝堂所议其详，而史天泽也颇“心领神会”，当即便决定主动去“面君”。

识时务者为俊杰！忽必烈也果然坐收其成……

据史载，史天泽在见君之后，即跪地主动提出请求：“兵民之权，不可并居一门，行之请自臣家始!”忽必烈也大加赞赏其“率先垂范，忠鉴日月，果不愧有大丞相之风也!”随后便命其坐于自己身旁，抚慰间立即加以“恩准”。而且在一日之内，“将真定史天泽子侄解除虎符及金银符者多达十七人”。(见《元文类》卷七《平政事史公神道碑》等)并下诏旨，从今后“诸路管民官理民事，管军官掌兵戎，各有所司，不相统摄”。(见《元史》之《世祖本纪二》)后又采用“罢诸侯世守，立迁转法”——如后世之各大军区首脑调动；“设置诸路转运司”——将军的粮秣统一由中央掌控；“撤消世侯封邑”——从根上断绝军阀割据之可能！“委任近臣亲信监战与监领万户”——

当然由蒙古“怯薛”将领出任；“易兵而将切断与旧部隶属关系”——虽据史载，为构建中央集权制度，忽必烈审时度势此六大任务于1265年十月方才完成。但在当时由于史天泽“顺应天命”的带头，张柔、刘黑马、严忠济等众多汉世侯似也只能“纷纷效法”了。从此只能为“官”而再不能为“侯”，为大元王朝一统天下奠定了坚实平稳的基础。(见《世祖本纪三》)

借力发力，借危扬威，雄才大略可见一斑……

确实如此，自唐末以来藩镇割据军阀称霸，断断续续已达三百余年，而其间历朝历代帝王均难以解决这个“民不聊生”的问题。这回好了，竟由一位入主中原的少数民族的“一代明君”彻底解决了。而且传之于后世，从元起始似乎就再没有发生过“藩镇割据”的问题。而忽必烈似乎对此并不满足，玩“恩威并施”似乎玩到家了。为抚慰汉臣汉儒，据史载，1262年冬十二月，忽必烈在群臣毫无思想准备的情况下，突然庄严诏告:“封皇长子真金为燕王，领中书省事。”燕王即驻跸燕京，领中书省事即成为内阁中枢之首。这在蒙臣汉儒间均引起极大的反响，甚至截然不同的解释。在蒙臣看来这似乎并没什么，只要不动“忽里台”制度，大汗封自己儿子为“王”那是天经地义的。至于“领中书省事”，那更是让蒙古人名正言顺地统领内阁理当欢呼。而在群儒看来却意义非同一般，此乃由草原旧俗“幼子守灶”向汉地祖法“长子嫡传”过渡！燕王领中书事，实际上已当“储君”使用，足以证明大皇帝并未因李璮之乱歧视汉儒，仍唯遵圣人之道治理天下。而忽必烈对双方不加以解释，高高在上，惜语如金，颇显高深莫测，且又让人无不敬畏。仅从此点看来，他行事之果断与魄力是要远远超过察必。因而这位大哈敦除了只能感恩于儿子被封王之外，从此似乎也应该渐渐淡出历史舞台了。

只可悲！汉臣汉儒们竟认为从此将后顾无忧了……

其实不然！因李璮和王文统之乱所造成的心头阴影，却永远留在忽必烈心头挥之难去了。虽然说转型已成为必然趋势，汉地汉法也必不可少。但从此他对汉臣汉将竟充满了警惕，甚至扩大到了所有的汉地汉人。也难怪！作为一个少数民族的君王，他面对的是几十倍于己的汉民族的一举一动。更何况握有兵权的蒙古族“怯薛”将领向来就是不入阁的阁员，他们的意见往往要比中书省的阁僚更有分量。不断地告诫，不断地劝谏，终于使忽必烈心中形成了一套“防患于未然”治理天下的方案。好在他仍拒绝了“武功”，依然坚持了“文治”。表面上对众多儒臣们仍相当宽容和尊重，实际上他已开始由十路宣抚使和中书省的改造“任人唯族”了。

李璮与王文统之乱所造成的后果不堪设想……

首先，在“罢黜世侯，收揽权纲”之后，便在“国族”的基础上，已按征服的顺序初步将民众分四等：一等为蒙古人，又称“国人”或“自家骨肉”，享有诸多特权；二等为色目人，为来自西域或更远的“各色名目之人”。因其追随圣祖西征较早，故被“高看一眼”；三等为汉人，指原辽金及云贵川康早被征服了的汉族，以及汉化了的契丹、女金等族之众；四等为南人，系指新占或尚未占领南宋所辖的黎民百姓直至皇亲国戚。典型的民族压迫，赤裸裸的民族歧视！当然“严禁民间私藏军器”也是为此而订的，后来发展到强制拘收汉人的铁尺、手挝等铁器，甚至严禁汉人猎户狩猎当然不是为了生态平衡。（见《元典章》卷三十五等）

后世对元王朝的大加贬损多源自于此……

随之，便是在此基础上对中枢内阁等机构彻底“大换血”，据史载，1265年八月，忽必烈即将“原任中书省诸宰皆罢”，改为以蒙古族为主重新安排：安童与伯颜为右丞相与左丞相（直至1267年，才因政治需要又以史天泽代伯颜为左丞相)。以下平章政事，蒙古人、汉人各一；右丞和左丞，蒙古人、色目人各一；参知政事，色目人、汉人各一。而且蒙古人以右为大，这已可以看出忽必烈之蓄意所谋：依靠蒙古人，借重色目人，压抑或牵制汉人!更有甚者，对基层各路、府、州、县也莫不如此，等再次设立十路宣慰使时，已和上次绝对今非昔比了。上次是不论民族选贤任能，而此次绝对是以蒙古人和色目人为主，共为九人，而且汉人大多为副。但并不到此而止。忽必烈还更有令宗亲贵胄放心的手段，1265年又特意下诏规定：“以蒙古人充各路达鲁花赤，汉人充总管，回回人充同知，永为定制!”(见《元史》之《世祖本纪》)“达鲁花赤”：有的译为“镇守者”，有的译为“监临官”或“宣差”，在地方机构中地位最高，却又往往不管具体事务。真令后人惊叹，忽必烈在七百多年前就知为“国族”专设此种职务。还应指出，“达鲁花赤”和前面所提到的“扎鲁忽赤”完全是两个概念，两个不同类型的官职。“扎鲁忽赤”乃“大断事官”，而“达鲁花赤”是地方军政的真正首脑。由此可见李璮之乱给忽必烈造成刺激之深，故从此之后助他开国之真儒汉臣如王鹗、姚枢、刘秉忠、廉希宪、赵良弼等便渐渐成了政治摆设或淡出历史舞台了，而一代权奸阿合马却大红大紫，一跃而成为中枢内阁中最耀眼的“政治明星”。

似又要回到辽金两朝的老路上了……

却又全不尽然！这主要表现在以下几个方面：其一，大方向未变，忽必烈一直在延续着转型的各项改革，迈向华夏大一统的目标始终坚定不移。其二，对汉臣的怀疑并不等于对汉法的拒绝。比如，他曾令诸皇子皆从儒习儒，并令诸多蒙族贵胄子弟均入“国子学”拜大儒许衡“习业”。其三，他对蒙古族的宗亲贵戚似乎也并不完全放心，故“宁用奴才，而舍诸王”。阿合马的迅速窜升便是一例，史称皆因“色目家奴贪而不反也”！

难怪元代著名学者孔齐在《至正直记》中说：“世祖（即忽必烈）能大一统天下者，用真儒也。用真儒以得天下，而不用真儒以治天下。”

但他却似乎具有一种特殊的人格魅力，吸引着诸多儒臣终身不悔地为他效命卖力。

这或许就是失之于民族性格，得之于也在民族性格。

一场危机就这样度过，幸运又格外垂青于他。

随之，老天又助他消除了最后一块心病——

使他可以更加放手地去“问鼎天下”！

第六辑

【本辑提要】阿里不哥经过近三年惨烈的拼搏和挣扎，似在众叛亲离的情况下也只能主动向忽必烈“归降”了。兄弟间汗位之争就此划上了一个句号，身处汉地的蒙古族大皇帝也终于消除了最后一块心病。这不仅反映了忽必烈在才智谋略方面均远远高于幼弟之上，而且也说明了阿里不哥唯崇武力的攻掠方式是多么落后于形势。随着幼弟的归降，忽必烈更适时地改年号为至元，建中都于燕京！义无反顾地迈向终极目标：实现天下大一统！而此时，多年杳无音讯的郝经也意外有了消息，忽必烈闻之大怒，曾欲就此发兵讨伐南宋。后多亏了群儒挺身相谏，这才使他意识到时机和条件并不成熟。随之便有了命赛赤典·赡思丁的抚治云南，诏圣僧八思巴的抚治西藏，慧眼识珠地选名将以图江南。

尽显雄才大略，最终以大元王朝取代旧国号……

【阿里不哥走投无路之前来归降】

之所以在这里还要回顾一下阿里不哥归降前的整个过程，其目的不仅是为说明在草原母地尚存有“革新”和“守旧”的激烈斗争，而且在此期间仍展示着鲜明的民族特点和草原特色。比如说，昔木土大败后阿里不哥已绝难再重返汗都哈尔和林了，在被追袭中似也只能逃出母地草原流窜于遥远的西部封国。但他那“幼子守灶”权的幌子和“大汗”的旗号，却似乎仍在部分贵胄和牧众间具有相当的影响力。

忽必烈的“后顾有忧”也正在这一点上……

但阿里不哥却不思悔改，竟仗着自己这两张“王牌”仍继续肆无忌惮地横冲直撞。比如对待唯一尚敢借给他国土称汗的察合台封国就仍不知珍惜，刚搭起汗帐便反而更变本加厉地作威作福以突显自己大汗的权威。此时，察合台封国国主已死，由老王妃担任监国，她曾给予过阿里不哥一切力所能及的帮助。但阿里不哥现早已被忽必烈断绝了粮道、财路及一切军用物资的来源，遂觉得这位老王妃还是有碍自己大搜大刮，便将其囚禁起来。并自以为是地任命一位曾追随自己左右的察合台之孙阿鲁忽为新的国主，期盼察合台封国从此成为自己取之不竭的“箭库粮仓”。甚至还有闲心大摆其谱，依旧得意洋洋作长远规划对阿鲁忽布置曰：“汝去阿力麻里(今新疆伊犁霍城西)为封国之主，以便把粮食和武器送来援助我们，并守卫质浑河边境，使旭烈兀和别儿哥之军队不能大搞阴谋诡计前来援助忽必烈!”谁料阿鲁忽经近距离观察早对他有了深刻认识，表面唯唯诺诺百依百顺让其最后再过一次“大汗之瘾”，其实心儿早“像离弦的箭般地飞走了，并着手安排自己的事”。果不愧也是圣祖子孙，阿鲁忽回到阿力麻里后很快便“聚集了大约十五万勇士”，不但彻底剪除异己夺取了察合台封国的全部权力。而且还直接掌控了原由大汗直辖的中亚城郭地区。目的在于再不受制于阿里不哥，也能构建一个如伊利汗国或钦察汗国那样相对独立的汗国。(以上史实与引言均详见拉施德之《史集》)

而忽必烈度量弘大，目光开阔，焉能无视这一切……

在平定李璮之乱的同时，在周旋于诸儒汉将之余暇，早已从亲信蒙将中派出重量级人物携一方御赐王印远赴阿力麻里，以高度的尊重和极大的热忱对阿鲁忽的成功登上王位进行了祝贺。除此之外并未提及任何可能令主人为难的要求，只是耐心地向其解释这方稀世珍玉雕就的王印上那蒙汉对照的篆文：察合台汗国合罕之宝玺。且莫看只将封国改称为汗国，仅一字之变竟令阿鲁忽立即跪地泪流满面曰：“知我者乃忽必烈大汗也!阿鲁忽从此愿唯听其诏旨，子孙万代永世称臣!”此时，来使似为尽表忽必烈豁达大度的胸怀，这才告诉其曰：“大汗将从按台山(阿尔泰山)至阿母河之间的土地，早已策划尽归阿鲁忽大王统辖!”其疆域之广袤辽阔前所未有，致使阿鲁忽再次“喜极而泣”。然忽必烈似还在“高瞻远瞩”，来使竟转述其谆谆嘱告道：“须谨慎行事，可暂不张扬，当巧妙应对阿里不哥之骚扰!”如此仁厚大汗，怎能令人不死心踏地?而阿里不哥却仍“惘然不知”，甚至仍在变本加厉地“官逼民反”。(详见《世界征服者史》及《史集》等)

昔木土大败后尤为甚之……

必须指出，阿里不哥绝不是一个因文学需要创作出来的历史人物。有中外诸多历史文献可以证明，他本人确是这样一位骄横跋扈、志大才疏、头脑简单、生性凶残、缺智少谋、反复无常的犹如漫画式的人物。而他手下那批铁杆追随者也大多如此，事已至此仿佛也只能拼死追随到底。唯蒙哥大汗之庶皇子昔里吉例外，见状已动员另两位皇子玉龙答失等“另谋出路”了。而阿里不哥却不顾别居野心的昔吉里已在暗聚人马，竟因阿鲁忽“侍奉不周”就又要派爪牙到察合封国横征暴敛了。恰好当时阿鲁忽正巡幸于中亚城郭，爪牙们便趁势“传诏征集到牲畜、粮草、马匹和武器等很多东西”。真可谓掘地三尺，闹得阿力麻里处处“民不聊生”。而阿鲁忽闻知后当然会勃然大怒，见阿里不哥视自己“连条看家狗也不如”，遂奋而反抗，当即密令亲随火速前往将其派来的爪牙全部扣押，并夺回了那大批被征敛的武器、粮草、战马等财物。随后又干脆一不作二不休，公然宣称察合台汗国改为支持忽必烈为全蒙古大汗。(见《史集》)

而阿里不哥却尚不知反省，却仍狂妄地一意孤行……

似根本忘了自己是在和忽必烈争天下，更不顾自己的军事对手早已占据了权力中心汗都哈尔和林。当然更不懂只要能保存或恢复实力，就会对忽必烈形成牵制，无形中在草原母地仍维持着两汗并立对峙的局面。而阿里不哥倒好，一听阿鲁忽竟公开投靠了忽必烈便暴跳如雷怒不可遏，连连狂骂其“忘恩负义，该当天诛地灭”，随之竟亲率大军前去征讨。这显然在客观上给忽必烈帮了大忙，难怪其下令军队不必去追还把他们称之为“不懂事的孩子”!有多少大事成就在此期间?当然忽必烈也会遥看远方“乐观其成”了。而阿里不哥也果然越打越远越忘乎所以，不但穿越大漠直穿甘陇打到了现今新疆广袤的地域，同时还横扫伊犁河谷打到了中亚撒麻耳干一带。有反对阿鲁忽的众多王位觊觎者的支持，远离忽必烈倒颇打出一些威风。(见《史集》)

但有人终于跟着拖不起了……

这就是蒙哥大汗庶出的三皇子昔里吉。这位“心怀异志”的年轻皇子在诸皇子中始终扮演着谜一样的角色，但另两位皇子却因他的“足智多谋”似乎也更倚重他了。他可算得第一个因阿里不哥愚蠢才支持其争夺汗位的，但现在面对的却不是“两败俱伤”而是“此消彼涨”。自己是暗中掌控了不少军队，但再随着阿里不哥这样折腾下去必然也会跟着把老本赔光，再拿什么向忽必烈讨价还价?再拿什么以待他日东山再起?但现在“改弦易辙”必然要冒极大风险，而忽必烈对自己远不如对玉龙答失那样充满好感。因为按祖制来说，这位王兄才算得父汗之“嫡幼子”（也有称乃蒙哥大汗最倚重最偏爱之嫡子），而且在忽必烈倒霉时他确也多次挺身相助。再说他为人忠厚老诚在众多将领中也极具人气和威望，由他带头“改弦易辙”才能令忽必烈深信不疑留有更大的余地。

昔里吉暗中开始行动了，对王兄日夜左右不离……

而可悲的是阿里不哥却仍浑然不知，甚至还沉浸在战胜阿鲁忽的巨大喜悦里。他才不管什么这里原本就应该是他的后方根据地，而只顾为称汗以来第一次突显“军事才能”而狂喜不已。伊犁河谷本来就草丰水美，他占据了王城阿力麻里，夺取了人家美丽的妃子，逼得阿鲁忽只能率着残兵败将又西行远避于撒马耳干，随之便决定驻兵于此过冬以“养精蓄锐”。骄横颐指，不可一

作战图

世，竟不知忽必烈早已派密使暗中策应三位皇子了。而阿里不哥还是白天似只顾在别具西部风韵的阿力麻里王宫里，当众肆无忌惮地凌辱和杀戮一批又一批的所谓叛逆，夜晚则搂着人家的妃子纵情狂欢阅尽西部舞乐。致使1263年寒冬未到，广袤的察合台封国已因他的所作所为凝结起深深的仇恨。（详见拉施德之《史集》等）

此时三位皇子终于行动了……

密使带来的忽必烈口谕是：不计前嫌，唯记亲情！理解皇侄过去乃被迫所为，并愿将原拖雷家系吉里吉思及所属一切永远划归皇室遗孤所辖。且不要求皇侄反目与阿里不哥王叔血战，唯愿自保以免将来玉石俱焚!”昔里吉一闻“封地”与“一切”之保留，当即大呼曰：“足矣!足矣!王兄稳坐于此处理皇室事务，所余之事小弟当代为妥善处理!”

而阿里不哥却仍沉浸在乐过大汗瘾之中……

据史载，其实“众叛亲离”早已开始了。比如旭烈兀的长子主木忽儿曾被裹胁支持过阿里不哥，这时却严遵父嘱借口有病及时远走他乡“疗养”去了。而偏在此时，王城阿力麻里内外又发生了饥荒，但阿里不哥却仍只顾横征暴敛纵情享乐，不仅饿殍遍野，而且还将敢劝谏者当作“逆党”继续杀戮不断。致使就连最忠实的追随者也开始私下议论：“他如此残酷地糟蹋成吉思汗征集起来的蒙古军队，我们怎能不感到愤怒离他而去呢?”(原话照录)而忽必烈的诸多密使也不失时机地传来信讯：忽必烈大汗对适时脱离者“既往不咎”！故阿里不哥手下的将领和异密们便纷纷寻找借口，一个个在大肆歌功颂德之余先后离他而去。

随着人怨的积累，天怒也终于爆发了……

到1264年春，饥情更加严重，当地“回回长老亦多饿死”。史称“人民无计，群祷于天，诉兵士残暴横行，求上苍护佑”。而阿里不哥却仍不思改悔，竟还在伊犁河谷绿野架起豪华的丝质汗帐，与群臣众将朝会于巨顶之下，又在歌舞升平狂欢纵乐。似乎苍天也再难强压怒火，突然在一次宴饮中“狂风乍起，撼天动地，固定大帐之钉数千尽拔，丝质大帐之穹顶顿悉被撕裂随风卷去，支撑大帐之木柱也随狂风纷纷折断，参与宴饮者大多不是受了轻伤便是受了重伤”。估计这是七百年前突然袭来的一场沙尘暴或戈壁龙卷风，但在当时就连阿里不哥的铁杆追随者也均认为此乃极为可怕的不祥之兆。(详见《史集》或《世界征服者史》)

而阿里不哥也既惊又怕躲回了王城阿力麻里……

也就在这一天晚上，昔吉里却突然出现在陷入一片慌恐的王宫之中。往日别具西部风韵的舞乐没有了，只突现出皇子玉龙答失的前来“道别”。这倒并不可怕，可怕的是他身后昔吉里那张生冷凶狠的面孔。阿里不哥早已知其掌控一支精悍的骁勇，知其有备而来似也只好答应。这才有了拉施德所说：昔里吉临别时“尚代玉龙答失讨回了父汗留下的那颗最大之御玺”。（详见《史集》）

夕阳西下，断肠人在天涯……

据史载，玉龙答失等三位皇子告别了日暮穷途的阿里不哥，大约是在1264年夏四月到达新都开平的。忽必烈似对汗兄的嫡幼子特别眷顾，竟当着诸臣又一一历数其当年对自己的关照。颇动感情，致使昔吉里在一旁甚感失落，于是忙将索回的大玉玺献上——原来他并未交于玉龙答失——却谁料忽必烈并不感兴趣，竟又将其交于玉龙答失手中曰：“新朝当有新印，作为汗兄的嫡幼子，皇侄就留它当作念想吧!”随之，又特意赐予他专用印章，又以蒙哥大汗位下的猎户赏赐予他。同时还封卫州的汲县、新乡、苏门、获嘉、胙城五县为其中原食邑分地，并专为他设立总管府，列河朔第一路(详见《元史》卷五《世祖本纪二》)。当然，对皇长子阿速台与昔里吉也多有封赏，只不过依祖法稍次于嫡幼子罢了。阿速台天性忠厚倒没有什么，唯有昔里吉为此却有些惴惴不安了。总怀疑忽必烈已觉察了此次两汗对峙中自己之所作所为。竟认为不是没有这种可能，而只是人家欲擒故纵隐而不发而已。

但确见于史，从此这三位皇子就开始分道扬镳了……

至此，远在伊黎河谷的阿里不哥已日渐成为“孤家寡人”，只剩下了孛罗欢、阿里察、脱火思等一些“绝无退路”的顽固分子死忠于他。表面看来，忽必烈潇洒于中原并未派兵去“赶尽杀绝”。其实不然，他早已密派蒙族能臣干吏悄然前往，暗中相助察合台封国之主阿鲁忽“重振旗鼓，收复失地”。但他又不愿落下“叛兄杀弟”的坏名声，为此又通过密使向阿鲁忽发布旨令“只逼不打”。目的只有一个：迫使阿里不哥主动前来投降，以向天下诏示自己汗位的正统性与合法性。也可算是“英明决策”，果然阿里不哥在三位皇子走后仅一个月就再支撑不下去了。先是将阿鲁忽的妃子送还以求和解，谁料人家就是不答应，还开始了兵强马壮的步步逼进。众叛亲离，腹背受敌，粮秣断绝，人心惶惶，日渐孤立，阿里不哥已明显地无力自存了。

但更可怕的还在于汉地中原传来的那些讯息……

元人步射图

猎鹰

阿里不哥并不知道忽必烈在李璮之乱后受刺激之深，更不知其早已对汉儒官僚士大夫“已由充分信任转向多疑而严加戒备防范了”(元史学家李治安语)，只知道忽必烈一改往日之“儒风”，竟首先在内部宣称蒙古人为“国族”，进而在汉地下令“禁民间私藏军器”，并且重新重用色目奴才，开始在十路使中裁减汉臣，大量重用蒙古和色目人。种种迹象表明，他正动手将蒙古人逐步抬向了“至高无上”的地位，其所作所为似乎比其汗兄蒙哥大汗毫不逊色。阿里不哥是不知个中原因，还以为这只不过是玩汉儒玩腻了。却谁料这些消息一经传入军中似比千军万马来袭还令人可怕，骁勇中竟有人敢于公然高呼：“忽必烈当为大汗!忽必烈当为大汗!”

去者更众，孤立无助，似只剩下归降一条路……

据史载，1264年夏历七月，阿里不哥走投无路似也只能带着一批残兵败将，前来新都开平向兄长忽必烈低头认输了。相会于开平郊外的草原上，这里早扎起了只有大汗才配用的金顶汗帐。兄弟二人均心态特别复杂，有怨有恨还有难以割断的血缘亲情。起先，忽必烈降旨聚集了众多的军队排列成威严无比的阵容，并传令阿里不哥按照草原“有罪人请罪”的祖俗，必须披大帐毡帘方能入内觐见。而且只允许他站在“必阇赤”侍从的位置，以示其地位已不可与往昔同日而语。其屈辱之状可想而知，似乎就连忽必烈也于心不忍了。这时多亏了东道宗王塔察儿善于察颜观色出面说情，忽必烈这才趁机批准其与宗王们同坐于一起宴饮。然宗王贵胄哪有心思纵酒宴乐，均默默注视着这对曾为汗位同室操戈的亲兄弟。而忽必烈这时似也只顾了凝视着阿里不哥，任往事一页页重新在心头掀过：父亲的猝死，母亲的遗嘱，曾有过的共经患难，为汗位的反目成仇……但幼弟毕竟是幼弟、亲情毕竟是亲情，为此忽必烈竟罕见难过得流下了眼泪，又只见阿里不哥也是“一触即发”，顿时也泪流满面。忽必烈擦去泪水，强忍悲痛打破沉默问:“我亲爱的兄弟!在这场纷争中谁对了呢?是我们还是你们呢?”阿里不哥眼泪未干却这样回答：“当时是我们，现在是你们。”(以上对话与情节均源自《史集》)似有些顽固不化，但细思量其中尚且能保留有几分蒙古男子汉的率真与刚强。难怪忽必烈又只能叹息道:“还是个不懂事的孩子啊!”

话中有话，似已对阿里不哥的处理定好了基调……

果然，在随后的“忽里台”贵族大会的议处中，宗王贵胄们一致决定：“鉴于都是圣祖成吉思汗的子孙，宽恕阿里不哥，赐他以自由。”忽必烈十分满意，当即表示“尊重”。然怒火仍需发泄，随之便降旨质问那些受审的“叛乱的挑唆者”曰：“在蒙哥大汗之世，当时的异密们(即大臣们)甚至连想也没有想违抗他，也不曾有过大的叛乱。人们知道，只要他们稍想有所反抗，就会受到怎样的惩处。你们引起了这一切纠纷，在一切人中散布了这样的骚动和叛乱，毁灭了这么多宗王、异密和军队，你们该当何罪?”没有一句汉儒们的之乎者也，无论是对阿里不哥或“挑唆者”的处理均为典型蒙古式的。言外之意尚对某些桀骜不驯的宗亲有“敲山震虎”之意，但只可惜阿里不哥可数之从众竟有千人之多。多亏了昔日的小安童现已快十八岁了，早已成为忽必烈身旁有胆有识的四大“怯薛台”之一，见忽必烈“生杀未断”即进谏曰：“人各为其主尔!陛下刚刚平定了这场皇室大乱，便要以私愤杀人，今后何以用广阔的胸怀再容纳未归附者?”似又深带儒家的味道，但却又使忽必烈“恍然大悟”。遂赦免其中绝大多数，仅将孛罗欢、阿里察、脱火思、秃满等十位“首恶者”处死(用语及情节均取自于《史集》)。影响与效果均极佳，致使这位现在已可“唯我独尊”的大汗又常常垂询于诸儒与汉臣之间。

果然，又受益匪浅……

比如说，他对阿里不哥的处理曾通告几大超级封王：伊利汗国的旭烈兀，钦察汗国的别儿哥，察合台汗国的阿鲁忽等，谁料各大封王均无异议，唯独自己的亲兄弟旭烈兀竟专门遣使前来进行质问，并毫不客气地公然指责：“让阿里不哥披门帘入见的作法，令宗亲蒙受耻辱!”此事若放在重新垂询诸儒之前，他这位已成为全蒙古唯一认为的大汗必然震怒。而现在他却能以中原历代杰出的王为鉴，竟有容乃大地“欣然接受”，并主动“承认自己做得有失礼节”(详见《史集》)。致使这种儒家“仁者知礼”的作法在各大封国产生了颇为深远的影响，旭烈兀及其子孙均更加臣服于后来的大元王朝。“伊利”突厥语即“从属”之意，他们一直将忽必烈尊奉为“薛禅合罕”。避免用汉称“皇帝”，意为“集大智慧之大汗”。(详见《元史》)

而阿里不哥的命运就稍显悲惨了……

忽必烈是大度地赐还给他“自由”，并保证了他的子女和整个家族仍继续享有黄金家族的一切特权。如果他能像三国时刘禅那样“乐不思蜀”，或者更可在美女与美酒种种高规格待遇中“尽享天年”。只可惜在本质上他尚属那种蒙古族的血性男儿，愤懑和幽恨最终导致了他“天不假年”，史书上记载极为简单，只言“第二年秋，阿里不哥便患病死去了”。也有外国史学家为其“打抱不平”，比如大元王朝晚期之埃及马木路克史学家乌马里在记录元朝的帝王系列时，就大有深意地将阿里不哥排在蒙哥与忽必烈之间，也称之为皇帝(大汗)。

史笔也颇可怕，但这仅仅只是后话……

再说回眼前，阿里不哥率残部之归降，显然使忽必烈喜不自禁。也难怪!他必定发祥于蒙古广袤无垠的草原，承袭的是圣祖成吉思汗的丰功伟业。而他欲作“天可汗”兼“大皇帝”的宏愿，当务之急便是尽快结束这种“两汗对峙”的局面。而现在好了!幼弟阿里不哥终于彻底认输，连续四年“同室操戈”的战争也终于结束了。大蒙古汗国首先又重新归于大一统，万方来朝也只能唯尊他这位大可汗了。

数不尽的庆功盛宴，听不完的歌功颂德……

然忽必烈乃一位极具鲜明个性的帝王。既随机应变，且又极具主见。尤其在中统建元之后，似乎已开始“唯我独尊”，事事要打上个人的印记。就在阿里不哥彻底归降以后，也曾有宗室亲王建议他“还都于哈尔和林”。谁料为此他竟“掷杯罢宴”，反而又尽召儒臣又大谈特谈“民以食为天”了。从此“查奸除祸”就再未提及，而是无论对蒙将或汉臣所议及的多是以“农桑为重”。不但如是说，而且是“身体力行”。据史载，在开平修筑皇家凉楼时竟率先垂范。诏命“修凉楼待农事之隙，周之牧地则分赐无地农户”（见《元史》之《世祖本纪》），急汉地之所急，想汉地之所想，中原历代圣主明君也莫过于如此，致使群儒与汉臣们又满怀希望也唯有歌功颂德了。

有的史家称，忽必烈之施政似一位平衡术大师……

但还是元史专家李治安说得对：忽必烈是从此义无反顾地走上了一条缔造蒙汉政治文化二元结构的道路。目的是创建一个与大蒙古汗国和汉地历代王朝均有传承联系的全新帝国。明知这条道路依然十分艰难和曲折，必将面临着许多困扰和挑战。

然而，忽必烈还是极具魄力地面对着未来——

首先，他又在建年号和改国号上大作文章，因为他深知此乃“吸收汉地文化，改变其政权形式与内涵的两个重要步骤”(李治安语)。为此，他不仅在

1260年于开平称汗时即建年号“中统”(意即“中华开统”)，而且在阿里不哥彻底败降之后，又于1264年依汉制进而将年号改为“至元”(取儒家经典《易经》“至哉坤元”之义)，已暗伏隐笔，为将来将国号改称为“大元王朝”奠定了基础。

草原的传承关系解决了，现在是该到解决与历朝历代接轨的问题了……

随之，为实现其天下大一统的雄心壮志，竟不惜对传统的草原中心主义部分背叛。不仅未受贵胄们的诱惑还都哈尔和林，反而将政权的统治重心步步移向漠南汉地。据史载，1263年，已将其登基之地开平定名为“上都”，1264年八月，更进而又颁《建国都诏》将燕京定为“中都”，后更定名为“大都”。而窝阔台大汗所建的草原都城哈尔和林则被废弃，改立宣抚司加以管理。(详见《元史》之《世祖本纪》等)

雷厉风行，唯我独尊……

稍后，更为在漠北草原及漠南汉地树立新皇帝的“绝对权威”，又汲取中原历代帝王之经验开始“立朝仪”。怪只怪过去散漫而又不懂规矩惯了。凡遇到节庆朝贺之时，大小官员，不分贵贱，均聚集于忽必烈帐前，熙熙攘攘，一片混乱。执法官嫌人员过多，甚至挥杖敲打驱赶，“逐去复来，顷刻数次”(见《元史》卷六十七《礼乐志一》)。成何体统?有失大雅!置帝王至高无上的威严而不顾，再始何谈君临华夏号令于万方?遂在改年号为“至元”之前，便任命大儒刘秉忠和许衡主持“立朝仪”，从议者竟有名儒赵秉温等十余人。这回好了!儒臣可算有事可干了，而蒙臣蒙将蒙古骁勇却觉得“自由奔放的好日子”就要到头了。

气魄宏伟，朝野震惊……

紧接着便是为“鼎新革故，务一万方”，雷厉风行地对政权机构继续进行组建。大胆采用“历代遗制，内而省部，外设监司”(见元《牧庵集》卷十五)，结束了草原汗国时期杂乱无章的局面。所谓“省部”，即中书省(内阁也)及其下属的左三部和右三部。所谓“监司”，即具体指对地方之十路宣抚使和宣慰司。前面已说过，在忽必烈北伐阿里不哥期间，由察必代为主持下

“内而省部，外设监司”已初具规模，只因李璮叛乱十路宣抚司才暂时撤销。而现在忽必烈似更对宗亲贵胄们的“怨声载道”置若罔闻，除上述职权机构坚持不改外还又加强了枢密院，以“掌管天下兵甲机密之务，与中书省分领行政与军事大权”。此外还重整了御史台，为中央的最高监察机构。从此，行政、军事、监察三大权力机构俱在中央，互不隶属，只听命于皇帝一人。当然联系三方还需右丞相出面，故中书省似仍略高于后二者之上。天哪!原来大汗和皇帝的差距竟这么大，权力尽在其手，宗亲贵胄们再难“自行其事”了。

改年号、建新都、立朝仪，大树特权绝对权威!

一时间使宗亲贵胄们目不暇接，就连汉臣儒僚们也有点眼花缭乱!

而他却仍在虎视龙骧而又沉重地迈着每一步!

史称，或许这还因为他又想到了一个人；

曾经同生死共患难……

【郝经失踪之谜与忽必烈之备战大一统】

这是一个永远在忽必烈心头难以抹去的人……

作战图

虽然现在“终成帝业”，但这位蒙古族的皇上却始终念念不忘这个名字：郝经！

在忽必烈看来，自己过去的每个关键时刻，他总是相伴于自己身旁。为自己排忧解难，为自己出谋划策，帮自己挣脱险境，助自己问鼎江山。难道不是这样吗？仅从自己跌入人生最低谷开始，他就甘愿化身为奴与自己同生死共患难。而且还“洞察时局”伴自己重返前线，鏖战长江又多亏他那真知灼见。随之便是“鄂渚班师”的急返燕京，以及布局中原的抢登汗位。完全可以这样说，在忽必烈的心目中他和郝经的关系，似早超越了民族和君臣之界线，已进入一种如手足般情深的更高境界。

在忽必烈看来，这才是儒家真正的代表性的人物……

原来他以为分别只不过是数月时间，但在李璮之乱后他发现这或许已经上王文统的当了。久久没有音讯，难道已被其勾结李璮于江北暗害了吗？而由于连续两次与阿里不哥争位的漠北鏖战，再加上平息李璮趁火打劫的叛乱的干扰，除命人对郝经的妻儿老小格外关照外，却一直无暇深查。两线告捷后终于腾出时间了，在严审王文统之后竟发现问题很可能还是出在南宋。

现在终于有人出面证实了……

一位因与南宋权相贾似道有“夺妻之恨”的武弁，终于历经九死一生叛逃到燕京来了。据这位降者称：郝经似乎还活着，只不过被暗暗扣押在某个秘密的地方。而具体在哪儿他也不知道，上述消息他也是“听说”。

但由此可见南宋已腐朽沉沦到何等地步……

原来，早在1259年忽必烈率军北归争位后，南宋奸相贾似道竟隐瞒其“称臣纳贡”卖国求和之真相。据史载，更进而谎报在其指挥下“全线大捷”。并大言不惭称之为“鄂围始解，江汉肃清，宗社危而复安，实万世无疆之休。”（见《宋史》）而荒淫无耻昏聩无能的宋理宗却也“信以为真”，竟下令晋升贾似道为“少帅”，封卫国公，几乎将朝政交由其全权处理。致使一批无耻文人如廖莹中、甄凝、苟乐等竟为其编撰《福华编》（见《宋史》），纷纷将其歌颂为“擎天国柱”、“再造功臣”。故明知“索贡”是虚，此行

"议和"才是实。但不仅在"两汗相争"的有利情况下毫无作为，反倒听说郝经率使团前来顿时慌了手脚，生怕戳穿了其"再造宋室"的神话。故立即派甄、苟二人速赴真州（今江苏仪征），将郝经一行秘密扣押于手下爪牙的忠武军营中。对宋廷及对外均严格保密，竟还佯称不知有此一行人等。

忽必烈能不为此发"雷霆之怒"吗？……

一些"怯薛"将领也纷纷义愤填膺了，竟然喊出了什么"打狗还得看主人"呢！并争先表态："为雪此奇耻大辱，末将愿率轻骑前往讨伐之！"而忽必烈又是一位民族自尊心极强的蒙古君王，况且又面对的是自己亲如手足的臣子。这一下终于"拍案而起"急赴朝堂了，怒不可遏地传谕将士"举兵伐宋"，并特下诏曰：

> 朕即位之后，深以戢兵为念，故年前遣使于宋，以通和为好。宋人不务远图，伺我小隙，反启边衅，东剽西掠，曾无宁日。朕今春还宫，请大臣皆以举兵南伐为请，朕重以两国生灵之故，犹待信使还归，庶有悛心，心成和议，留而不至者，今又半载矣。往来之礼遽绝，侵扰之暴不已。被尝以衣冠礼乐之国自居，理当如是乎？曲直之分，灼然可见。今遣王道贞往谕，卿等当整尔士卒，砺尔戈矛，矫尔弓矢，约会诸将，秋高马肥，水陆分道而进，以为问罪之举。尚赖宗庙社稷之灵，其克有勋。卿等当宣布朕心，明谕将士，各当自勉，毋替朕命！
>
> （见《元史》之《世祖本纪》）

此份诏书虽仍采用了儒家笔法，尽显草原君王绝不"略输文彩"。但字里行间却处处透露出怨愤，似一道杀气腾腾的檄文。对共患难近臣郝经之情之义跃然纸上，然仓促起兵这又绝非是明智之举。此时又多亏了许衡、刘秉忠、姚枢、张文谦等藩邸儒臣挺身相谏了。力陈"只为传言、尚无实据，若当即用兵反而会将郝经置于死地。消尸灭迹，使我师出无名"！见忽必烈已有所动，遂更进而力陈“若此时用兵，宋尚有大西南可退据。战线必将拉长，时日必将久拖不绝。还不如继续施行包抄之策、安云南、抚西藏！从长计议，全盘布局，然后则可一举大一统天下矣！”（详见《元史》之诸臣分传）忽必烈是何等“度量弘广”之人，史称“闻后即曰：此即‘小不忍乱大谋也’！”遂罢兴师问罪，而改为“隐而不发”。即使到阿里不哥彻底归降之后，却仍不忘调整中枢、抚治云南、经略西藏，以为未来之大一统做准备。

此间，又再现了他昔日“选贤用能”的风采——

其一，任命安童为相。安童，蒙古族，原中原国主木华黎之嫡重孙。幼年即被其叔父霸突鲁带入忽必烈藩邸，师从许衡习儒。不仅与皇长子相善，而且稍长即“异于常儿”尤喜“指点江山”。如果说，历史演义中曾有的“周瑜一十三岁即为东吴八十万水军大都督”纯系小说家之言，那“安童一十三岁即成为四大‘怯薛台’之一”却是不争的史实。是为笼络以霸突鲁为代表的中原众多蒙族贵胄和勋戚，但安童确也突显少帅雄风，两次随忽必烈赴漠北征伐。而在阿里不哥归降次年（1265年），忽必烈竟又将他任命为内阁首辅——中书省右相。这使无论蒙将和汉臣均大感错愕，须知安童时年刚刚十八岁！但这前无古人的“创举”又确实反映了忽必烈用人之雄才大略。因为确立“国族”之布列台阁的现状已无法更改了，而采用此种特殊任命却可化解诸多矛盾以相对保持蒙将儒臣间的平

居庸关云台四大王浮雕

居庸关云台畏兀儿刻文

居庸关云台西夏文刻文

衡。而其间皇长子真金已被晋封为“燕王”执掌中书省全权，有自幼与他一同长大的安童与之搭配自然是绝佳人选。况且二人均从小学儒习儒深知汉地汉法，这样的蒙族绝佳搭配也必将受到汉地汉人的广泛欢迎。

难得的政治平衡术，果然效果奇佳……

其二，阿合马之被擢用。阿合马，色目人，原为察必之陪嫁家奴，后成为中国历史上遗臭万年的一代权奸和巨贪。但由此就将他视之为忽必烈政治生涯一大败笔似有点过分，似反倒可视之为忽必烈的另类“慧眼识珠”。因为谁也难估计到一个人未来的走向，而阿合马初期也确只表现出卓越的理财才能和干练之风。如从另一个角度看，能大胆擢用一个“家奴”似也不失为雄主的一种圣明之举。况且这阶段阿合马尚表现得唯命是从，使用起来也颇为得心应手，理财更突显政绩，竟为未来的大一统聚敛了大量的财富。尤为难能可贵的是，他对皇室那种“坚定不移”的效忠。据史载，皇长子真金因鄙视曾亲自动手打过他，平章政事廉希宪也因厌恶命人杖责过他，而他却均能“委曲求全”绝不去惊动皇上，依然“任劳任怨”地“恪尽职守”。至于后来和儒臣严重对立走上了一条弄权巨贪的不归路，似有多种原因，随后还将详加分析。

总之，擢升无错，初期尚为备战多有建树……

其三，赛赤典·赡思丁之治滇。赛赤典，西域人。据考，为伊斯兰教什叶派创始人阿里之后裔。成吉思汗时期即归附，因才智出众累任高官要职。忽必烈登基之后，更因其为人忠直被重用为理财的副相——中书省平章政事。坚定的“鼎新改故”派，颇知儒学汉法之要义。忽必烈因在藩王时就曾于1252年远征过大理，深知云南连川贵、通青藏，欲图天下必然使此成为阻敌之天然屏障。故阿里不哥归降后不久，即封庶出的皇五子脱哥赤为云南王，以掌控这块战略要地，并又改任赛赤典为“川陕行中书省平章政事”以作接应。后脱哥赤被原驻守蒙帅宝合丁下毒暗害，忽必烈悲痛之余很快便深刻认识到，单靠皇子出镇很难解决复杂的政治问题。遂于1274年任命赛典赤为“云南行省平章政事”，临行前并对他曰：“云南朕尝亲临，比因委任失宜，使远人不安，欲选谨厚者往抚治之，无如卿者！”（原文照录）而赛典赤也果不负“圣恩”，到任后即“广施仁政”。面对民族多、部落多、原始信仰多之种种特点，一改往日的“武力坐镇”，大力推行“文治抚滇”。利用原国主段兴智，行化解民族间矛盾之策；改部落林立而重设州路府县，渐使云南彻底成为大元王朝之一“行省”；后继而又在劝农使张立道协助下大兴水利扶植农桑，遂有了史称“耕民获利十倍”逐渐富庶之说。故在忽必烈灭宋前夕，事实上云南已成为阻敌之“铁壁铜墙”。而其所推行之仁政也果然“以德服人”，难怪赛典赤1279年病逝后，送葬的百姓竟“号泣震野”，祭文中甚至还有“生我育我，慈父慈母”之语（详见《元史》卷一百二十五《赛典赤·赡思丁传》）。

忽必烈为大一统之“使贤用能”由此可见一斑……

其四，伯颜之被留用与选帅。伯颜，蒙古族，原蒙古八邻人，世代为八邻左手千户长。祖父阿喇犯罪被诛，其曾沦为忽必烈所分得之奴隶。后因随旭烈兀西征留居波斯，渐显才华又累升为官。1265年，随使团赴上都觐见大汗，忽必烈见其“身躯伟岸，举止不凡”甚感惊异，后了解此人原为自己的藩邸奴隶遂留用于身边。见其谋划国事，颇有章法；处理政事，明智果断，便放手使用，大力提拔，竟然在几年间就完成了“从奴隶到将军”的全过程。1271年之后，又更被擢用为中书省左丞相、同知枢密院事（相当于总参谋长）。为让其更好地执掌军权，还让他先师从许衡习儒以了解历代名将故事。不仅仅如此，在此期间还以敕令主婚将安童之妹嫁与伯颜为妻。明眼人一看便知，右相和左相联姻，这明显是为彻底改变伯颜的身份从而使其名正言顺地列身于宗亲贵胄。但事后又将伯颜久久闲置不用，致使明眼人又开始犯了糊涂。而再看伯颜，却更加突显为人厚重，行事越发谨言慎行。从不显山露水，似生来就只知对圣上唯命是从……唯有姚枢一针见血地曾私下对群儒指出：此乃圣上欲效汉武之对卫青，实为灭南宋提前选帅也！事后证明，也果真如此。忽必烈自从压下“郝经事件”隐而不发之后，竟未因母地之承袭成功志得意满骄奢淫逸，而是用了近乎十年的时间为天下大一统积累财富和选拔人才。仅以选拔将帅而论，除了伯颜之外还特别注意培养新生一代。如张柔之子张弘范、兀良合台之子阿术、史天泽之诸弟诸子、色目巨无霸阿里海牙、汉族猛将郑鼎及董家兄弟等等。不拘一格，慧眼识才，既颇具魄力，又颇具耐心。高瞻远瞩，尽现圣祖昔日之雄风。

但更突现其雄才大略的还不仅仅于此，在此期间他的目光还紧紧盯着国之大西南！

绝不食言：“鼎新改故，务一万方！”

日理万机，为的就是大一统天下！

当然包括雪域高原……

【圣僧八思巴之抚治西藏】

从相关史籍所提供的史料中可以看出，西藏与祖国的关系源远流长。自从文成公主入藏与松赞干布汉藏联姻以来，这种关系似已变得世代相传密不可分了。（详见《汉藏史籍》）但真正确立它成为祖国不可分割的一部分，似乎还是在七百多年前的元王朝。据史载，早在窝阔台大汗时期业已经略西藏，并已与当时占统治地位的藏传佛教有所接触。只不过方式过于简单和原始罢了，竟把人家的教主萨迦班智达扣留于凉州久久不予放还。直到忽必烈南平大理时这种现象才有所改观，并从此结识了教主之侄——少年圣僧八思巴。别看他比忽必烈年龄小几乎二十岁，但对这位蒙古族皇帝却有着终身的影响。尤其在中统建元后，他促使忽必烈对大一统有了更弘远的理解。

佛法无边，后来八思巴竟被尊为“国师”……

一代圣僧，前面已有所介绍。在萨迦班智达圆寂后，他便继任为藏传佛教萨迦派之教主，成为藏区政教合一的主要奠基人。先被忽必烈奉为国师，后又尊为帝师。至今仍被藏族人民公认为“雪域圣僧”，当代史学家则更把他称之为“多民族统一国家的伟大推进者”。史有详载，忽必烈经两次“灌顶”之后已彻底皈依藏传佛教，而马背民族的宗亲贵胄开始也大多追随他改变了宗教信仰。一时间不但在两都喇嘛召庙甚多，甚至就连皇宫大内也多描金有梵文佛号。1264年，忽必烈专门设置了宣政院（原名总制院）之机构，以掌管“普天下佛教”并“兼治吐蕃之境”。首次以宣政院直辖的方式，将西藏纳入中央政权的支配之下。这显然得到了圣僧八思巴的支持，随之便首次在吐蕃建立了“以帝师为首脑的政教合一体制”（李治安语）。而此前忽必烈即在1262年，就曾派出一位得力蒙将为宣抚使前往吐蕃首次设立驿站和清查户口。此将名叫答失蛮，忽必烈并亲自下达圣旨对其曰：

答失蛮听旨，吐蕃之地，人民勇悍……现今吐蕃之地无王，仰仗成吉思皇帝之福德，广大国土俱已收归我朝统治。萨迦喇嘛也接受召请，担任我朝的上师。上师八思巴伯侄，本是一方之主，其学识在我等之上，如今也在我朝管辖之下。答失蛮，汝品行良善，速前往萨迦一次，使我听到人们传颂强悍之吐蕃已入我薛禅皇帝忽必烈治下……路上所需各种物品，俱由御库存官员拨给。自萨迦以下，可视道路险易，村落贫富，选择适宜建立大小驿站之地，仿照汉地设立驿站之例，立起驿站来。

（详见《蒙藏关系史略》）

一切都准备好！在答失蛮初步建好驿站（亦称驿赤）和查清户籍的基础上，1264年五月一日，圣僧八思巴携其弟恰纳多吉终于返回阔别近二十年的故土了。忽必烈不但派重兵护送，而且特别授予他一道“珍珠诏书”。全文如下——

长生天气力里，大福荫护助里，

皇帝圣旨：

晓谕众僧人及俗民等：

此世间之完满，由成吉思皇帝之法度而生，后世之福德，须依法积聚。明察于此，即可对佛陀释迦牟尼之道生起正见。朕善知此意，已从明白无误之上师八思巴处接受灌顶，封彼为国师，任命其为所有僧众之统领。上师已对敬奉佛法、管理僧众、讲经听法修行

八思巴宴见忽必烈

等罚明降法旨。僧人们不可违了上师的法旨，应敬奉佛法，懂得教法者讲经，年轻心诚者学法，懂得教法而不能讲经听法者可依律修习。如此行事，方合乎佛陀之教法，合乎朕担任施主、敬奉三宝之愿意。

汝僧人们如不依律讲经听法修习，则佛法又何在?佛陀曾谓：吾之教法如兽王狮子，体内不生损害，外敌不能毁坏。朕驻于通衢大道之上，对遵依朕之圣旨、懂得教法的僧人，不分教派一律尊重服事。如此，对依律而行的僧人，无论军官、军人、守城子官、达鲁花赤、金字使者，俱不准欺凌，不准摊派兵差赋税劳役，使彼等遵照释迦牟尼之教法，为朕告天祝祷着。朕并颁下圣旨使彼等收执。僧人之佛殿及僧舍里，金字使者不可住宿，不可索取饮食及乌拉差役。寺庙所有之土地、水流、水磨等，无论如何不可夺占、收取，不可强逼其售卖。僧人们亦不可因为有了圣旨而违背释迦牟尼教律而行。

朕之诏命于鼠儿年孟夏一日在上都写来。

在这份被称为“珍珠诏书”的重要历史文献中，忽必烈首次向吐蕃僧俗民众公布了：元朝皇帝已接受圣僧八思巴“灌顶”皈依佛法，并与萨迦教主结成了“施主”与“福田”的关系。更进而强调了“帝师之命，与诏敕并行于西土”，从这个意义上来说，“珍珠诏书”也是一道授权书。它授权八思巴在吐蕃建立一种隶属于元王朝，而又别具特色政教合一的统治体系。从此，“珍珠诏书”不仅为八思巴的治理西藏提供了政治依据，而且也使西藏彻底皈依了伟大的祖国。

而八思巴也果不辱使命，在此期间“居功至伟”……

史称，他佛学造诣极深，天生一副“庄严法相”，在藏族地区有着极高的威望和人气。而他本身的归来就更说明问题，顿使得“珍珠诏书”的分量倍增，很快便传遍了整个藏区。深受僧俗民众敬仰，皆认为此乃“大慈大悲、救苦救难”之举。不久，忽必烈又适时地封圣僧之弟恰纳多吉为“白兰王”，成为元朝方面委任的第一位吐蕃行政首脑，也成为八思巴在世俗界的代理人。从此，这位雪域圣僧虽仍在“苦修苦研佛法”，但对“珍珠诏书”却“照行不误”。不仅很快解决了教派和部族间的冲突，而且在政教合一的前提下设定了一套规章制度和相应的行政机构，颇具民族特色而又行之有效，从而结束了吐蕃地区各自为王内乱连绵的局面（详见《雪域圣僧——帝师八思巴传》，陈庆英著，中国藏学出版社出版）。更难能可贵的是，八思巴还经常往来于拉萨与京都之间，日渐加深蒙、藏、汉及其他少数民族间的了解和感情。似完全可以这样说，好像在七百多年前他已懂得在各民族间促进“我中有你，你中有我”，难怪后代学者将其称之为“多民族统一国家的伟大推进者！”

菩萨！真正的活菩萨……

而忽必烈对八思巴的每次到来，也均以极为隆重的礼遇欢迎，返归时则更是依依惜别情深义重。即拿1274年为例，竟命已经被册封为太子的真金亲自率军护送八思巴返藏。并代表自己充任“施主”，于曲弥举行的七万人大法会上给予每个僧人黄金一钱的“布施”。而早在此前，忽必烈已经免除西藏的一切岁贡。正如藏文史集中所说：“由于此上师（即八思巴）之功业，雪山环绕的吐蕃地方，不向皇帝之御库交纳贡赋、差税和兵役。”更何况为保护八思巴政教合一的体制不受侵犯，随后又派皇七子平西王奥鲁赤（即被害云南王忽哥赤的同母弟，均为朵尔别真皇妃所生）统兵驻跸于吐蕃之河州路保护。总之，恰如当代史家所言：“从此，忽必烈彻底皈依了藏传佛教，而西藏也彻底皈依了伟大的祖国！”

由此可见，忽必烈在跨江一统天下之前，在选帅、备战、用能、设围、理财、练兵等诸多方面，均突显了他的雄才大略。在历代少数民族帝王中，绝对堪称是“前无古人”的！

但八思巴难道仅仅是个忠顺的臣子么？否！君不闻在大一统的前提下尚有另一种说法：挥着战刀出，捧得藏经归！意蕴深远，似在以佛法为未来铺路。

而在此时却“后院起火”，竟使得忽必烈也再顾不得继续施展高超的平衡术了！

蒙制、汉法，两者必择其一！

不然将“前功尽弃”……

【行汉法之立太子与册封皇后】

这桩“突发事件”来得相当蹊跷，历经七百多年至今仍是个难解之谜。

中外史学家相关说法颇多……

忽必烈有三位嫡皇子（加庶出的共十二个皇子），而“子以母贵”，也只有察必所生的嫡皇子：真金、芒哥喇、那木罕有皇位继承权。其中以嫡幼子那木罕略占优势，因为如从蒙古祖制“幼子守灶”他当然占得先机。

但在中原汉地却唯崇“长子守灶”……

据史载，那木罕天生“英俊魁梧”，“尤善骑射”，似比两位兄长更具“统帅气质”。不仅被蒙臣蒙将寄予极大的期待，而且就连忽必烈从小对他也有所偏爱。故难免也养成一种自以为是骄横跋扈的习惯，致使察必也常为这个小儿子忧心忡忡。更不该的却在于，忽必烈由于爱幼子之情切，多年前“曾无意间流露出将由他（即那木罕）继承大位”。这或许只能算作一句应付或逗小

元太祖手诏

孩的话儿，却谁料那木罕长大后竟“一直都在怀着这个热切的愿望”。（详见拉施德之《史集》，引号内之用语均引自原文）

很显然，“后院起火”就是由此引发的……

但内幕到底是怎么一回事儿？却讳莫如深鲜见于正史。留下的似只有猜测，只有众说纷纭。有史者称，或许是那木罕依仗父皇的偏宠，自由地出入美女如云的大内制造了什么“宫帏秽闻”，有的史者道，或者是那木罕借父皇的“金口玉言”，在高级蒙古族将领中已拉帮结伙欲图谋不轨，更有人言之凿凿说，二者兼有，而且色目权奸阿合马似已见风使舵倒向了那木罕一边……上述各种说法虽无史可考，但在此期间确有“突然事件”引得后宫动荡不安。有史详载，此阶段察必确系“大病一场”。上海文艺出版社所出长篇历史小说《忽必烈大帝与察必皇后》对此有详尽描述。虽也为一家之言，但仍可供参考。

多亏忽必烈由震怒突然转变为久久的沉默……

沉默是金，重如泰山，这才使得这个历史之谜永远难以破解了。但有一点却是无法遮掩的：又是因为祖制“幼子守灶”权！而眼下正处于大一统天下的前夕，如果再不根除这种因循守旧的习俗，后果将不堪设想。须知，南宋虽早已腐朽不堪，但黎民百姓却大多均为汉族而崇信的是儒家之法。如果此时再张扬出什么“幼子守灶”之类老玩艺儿，这不是明摆着给南宋奸佞之“异族入侵”说提供借口吗？而只有名正言顺地入继华夏大统才能变之为“武王伐纣”！而现在似尚留有不足：要知道至今除了年号建都之外，为防止各大封王的反弹，国号却一直未改。朦朦胧胧十年了，似尚未列身于历代王朝之序列中。而史称忽必烈“从谏如流”，果然他在与安童、伯颜、姚枢、许衡等相商之后，决心为自己的一时失言而果断地迈出历史性的一大步。

宁舍平衡术，不舍大一统……

为此，忽必烈不顾部分宗亲贵胄的强烈反对，而从《易经》取“大哉乾元”之义以代旧有国号。“元者，大也！大不足以尽之而谓之元者，大之至也！”（详见《元文类》卷四十《经世大典序录·帝号》）似和旧国号中之“也客”（蒙语：大）也有一定传承关系，象征着从成吉思汗到忽必烈“历古所无”之“大业”，似也可对草原母地“有所交待”。据史载，“建大元国号诏书”是1271年十一月颁布的，忽必烈时年已五十七岁。诏文云——

诞膺景命，奄四海以宅尊；必有美名，绍百王而纪统。肇从隆古，匪独我家。且唐之为言荡也，尧以之而著称；虞之为言乐也，舜因之而作号。驯至禹兴而汤造，互名夏大以殷中，世降以还，事殊非古。虽乘时而有国，不以利而制称。为秦为汉者，著从初起之地名；曰隋曰唐者，因即所封之爵邑。且皆徇百姓见闻之偶习，要一时经制之权宜，概以至公，不无少贬。我太祖圣武皇帝，握乾符而起朔土，以神武而膺帝图，四震天声，大恢土宇，舆图之广，历古所无。顷者耆宿诣庭，奏草申请，谓既成于大业，宜早定于鸿名。在古制以当然，于朕心乎何有!可建国号曰大元，盖取《易经》乾元之义，兹大治流形于庶品，孰名资始之功。予一人底宁于万邦，尤切体仁之要，事从因革，道协天人。于戏!称义而名，固非为之溢美；孚休唯水，尚水负于投艰。嘉于敷天，共隆大号!

从此，又有一个新的王朝名正言顺地列身于夏、商、周、秦、汉、隋、唐等华夏大一统的王朝序列。一个蒙古人建立的王朝，在中国历史上有着重要意义的王朝。

忽必烈更是其间最杰出的代表性人物……

为“一统天下”之宏伟目的，不干则已，一干便益发不可收拾。就在已发动灭宋战争之际，据史载，1273年三月，他又严格依照汉制，正式将察必册封为大元王朝第一位大皇后，并上尊号为：贞懿昭圣顺天睿文光应皇后。当然在察必“内蒙外汉”的坚持下，伯要·兀真、塔喇海，以及早逝的帖木古伦均先后被册封为皇后，在上都开平和大都燕京的大内深宫里还保持着各自的“斡耳朵”，以示对祖俗的尊崇依然不变。然谁的尊号也没有那么多、那么长、那么寓意深刻，故察必的特殊地位是确定无疑的，在汉臣群儒们看来唯她才是真正意义上的大皇后！游牧帝国前所未有，察必实为第一个由大哈敦成功转型为大皇后的蒙古族女性。

其实，此时的察必已经渐渐淡出政治舞台了……

但经历过这一番改国号、立皇后之“大动作”，果然竟使得群臣眼花缭乱全忘了宫帏曾有过什么“突发事件”。倒似乎只听到战争的脚步声越来越近了，战鼓声也越来越急了。但忽必烈却好像觉得吸引人们眼球的力量仍不够大，随着封后封妃之余，又对嫡出或庶出的皇子一律重新加封。尤其对这次“突发事件”的制造者嫡幼子那木罕，似乎“欲盖弥彰”地更加宽容。不但未追究他的“出轨”或“闹事”，反而更晋封他为北安王加以重用。并命丞相安童作为辅佐，不日即将重返草原震慑漠北诸王。皇次子芒哥喇也被晋封为秦王，倒是在王相商挺的安抚下乖乖地就任去了。到最后就连其他后妃所生诸皇子皆都封了王并均都委以重任，却对皇长子真金在大战之前的安排仍只字未提。行百步而废于九十九步，难道大元王朝就是偏要拒立太子吗?

看来“幼子守灶”权还是根深蒂固啊……

但大出意料，不久忽必烈却突然召见汉臣曰：“自中统以来，诸儒一直建言朕‘早立储，固国本’!自郝经起，许衡、姚公茂等年年均有奏章。近日有琅琊人张雄飞果然是‘真公辅器’，竟直言谏朕‘闾阎小人有升斗之储，尚知付托’，何况江山社稷乎?并用蒙语反问朕‘向使先帝知此，陛下能有今日乎?’胆大妄为，然忠心可嘉，朕欲采用其言!而也有蒙臣蒙王进言曰：燕王真金仁儒体弱，意为汉化较深已非我蒙古之巴突鲁!左右为难，不知卿等当替朕如何着想?”众儒闻后顿时心灰意冷，唯后进之臣张雄飞用蒙语仍在据理力争。其曰：“名儒徐世隆曾言：陛下帝中国，当行中国事！（原文照录）据此，燕王又何错有之？遥想当年，其方十七岁便坐镇燕京力排危难，现更将近十年来为圣上代领中书省及枢密院事。历练多年，从未有违圣意。所谓‘仁儒体弱’乃托词也，难道圣上只中意太子仅一纠纠武夫?”或许是因蒙语说词更加能打动人心，忽必烈听后竟颇为振奋地哈哈大笑曰：“忠贞敢谏，乃监察御史之好料，着即日起即到御史台赴任!”似乎立储之事短期尚难有结果。但大出群儒意料的是，第二日忽必烈便堂而皇之将真金正式册立为太子。其册文曰：

咨尔皇太子，仰唯太祖皇帝遗训，嫡子中有克嗣服继统者，豫预，选定之。是用立太宗英文皇帝，以绍隆丕构。自时厥后，为不显立冢嫡，遂起争端。朕上遵祖宗宏规，下协昆弟佥同之议，乃从燕邸，即立尔为皇太子，积有日矣。比者，儒臣敷奏，国家定立储嗣，宜有册命，此典礼也。今遣摄太尉、左丞相伯颜持节授尔玉册金宝。于戏!圣武燕谋，尔其承奉。兄弟宗亲，尔其和谐。使仁孝显于躬行，抑可或不负所托矣。尚其戒哉，勿替朕命。

从此册文可以看出，忽必烈已对祸乱皇族几代人的“幼子守灶”等旧制下决心抛弃，而用儒家“仁孝”以确立接班人。但他却又得面对蒙室宗亲和“忽里台”等诸多问题，故在册文中又煞费苦心大加解释什么已经“下协昆弟之议”了。但这已使汉臣儒僚们大感满足了。不仅使姚枢、窦默等曾为师者感激涕零欣喜若狂，而且就连广大的汉地汉众闻听后也纷纷鸣炮庆贺。须知，还任命了后起大儒王恂为“太子善赞”(东宫首席大臣)，这说明新朝已完全遵从“圣贤体制”了。难怪有史记述，市井之中竟相互传告：“这回好了！立了皇太子，这才称得起中国大皇帝！”（取材于《元史》之《世祖本纪》、《裕宗传》、《张雄飞传》等相关传记）

是绝对有助于大一统，但树欲静，风不止……

原来，忽必烈这一系列令人目不暇接的封后、封妃、封王，以至于册封皇太子，首要的目的即吸引臣众眼球使人无暇想到还会有什么“宫帏内幕”。然后再利用这系列张扬汉地汉法的效果以实现其更进一步的图谋。因为即使算“秽闻”放在草原上并不算什么，而在汉地汉法之下却很可能毁了整个皇族和他为之奋斗一生的大业。不知是否曾受八思巴之指点，但忽必烈在处理这件事上却表现出了高度的政治智慧和豁达大度的胸怀。

但那木罕竟把父皇的宽容当作了“无知”……

据史载，他既不像二皇兄芒哥喇那样洒脱和知趣，说走就走。又不像大皇兄真金那样忠厚仁儒，从来就是循规蹈矩。随之在当众正式册立皇太子之后，那木罕闻知竟失去了理智，甚至不顾自己屁股下面有屎，竟敢暴怒地冲进后宫反而质问起父皇。波斯史学家拉施德在其《史集》中曾有过这样的描述：“合罕(指忽必烈)生了气，把他大骂一顿，从自己身旁赶开，并说道：不许再来见我!他(系指那木罕)过了几天就死了。”无论中外均是为尊者讳，大骂了一顿什么也仅一语带过。但从忽必烈将那木罕“从自己身边赶开”，并令其“不许再来见我”，也绝非仅为不同意大哥当太子而引发的。积怨之深，愤怒之极，很可能是牵扯到了什么“宫帏秽闻”，甚至可能触及到某个深受宠爱而又野性十足的小嫔妃。更何况敢于公然跳出，也是不知深浅地在破坏大一统的总体战略部署。难怪火气是如此之大，以致几乎引发“父子绝情”……拉施德记述中唯“他过了几天就死了”不实，查史可见那木罕乃死于1292年。但似乎也可作这样理解，那木罕在被戳穿怒斥后吓了个半死，随即大病不起。而拉施德正奉命重返伊利汗国，道听途说遂有此“死了”的记载。

但对于一个“壮怀激烈”的蒙古帝王来说挥之即去……

很快便又只剩下了“胸怀天下”，只剩下了号令千军万马指向“天下大

元大都河韵

一统”的宏伟目标。建国号、封皇后、立太子已使他侪身于历代王朝的序列，他要以此来实现历代北方少数民族雄主“逐鹿中原”从未实现过的梦想：入主华夏，成为第一个治理天下少数民族的帝王！

忽必烈的目光重又盯上了那“滚滚东逝的长江水”，重又盯上了岸那边最广袤而又最富庶的鱼米之乡。

动员的是无数铁骑，高扬的是“仁义”大旗！

数风流人物还看今朝！

他开始行动了……

第七辑

【本辑提要】从1260年中统登基，到1271年改大元为国号，历经十余年忽必烈方引着马背民族从游牧汗国中“脱颖而出”。随之便是册封皇后立太子，以跻身于历朝历代序列而“问鼎天下”。忽必烈在此展现雄才大略似已一一准备好了，只好像尚缺一个向南宋“兴师问罪”的借口。而这时郝经竟意外地“鸿雁传书”过来，最终使元王朝得以“名正言顺”地全面伐宋。而南宋小朝廷的腐朽不堪乃导致自身灭亡之源，最终使忽必烈成为了第一个大一统中华的少数民族大皇帝！但大也有大的难处：随着草原上诸王的逐个叛乱，随着因科举考试和儒臣产生的矛盾，随着阿合马的从中钻营日渐坐大，忽必烈似又走上了一条“好大喜功”、“嗜利黩武”之路。

已近年迈，偏遇多事之秋……

【忽必烈之从容部署与南宋之风雨飘零】

国号：大元！年号：至元！

大哉乾元！这从另一个角度，也充分反映了忽必烈那种血脉中与生俱来的征服者的追求。“大不足以尽之而谓之元者”，更充分展示了他欲构建一个超越前人的伟大王朝，而且应当将其权力扩张到极至之追求！

万方来朝，蒙汉皆服，无处不显“水到渠成”的态势……

据史载，早在阿里不哥归降之后，忽必烈即开始策划对南宋用兵。1267年便接受贾似道逼害来降的南宋名将刘整之建言，知其“主幼臣悖、腐朽不堪”，早开始动手了。同年秋天便选年轻将领阿术及刘整为“征南都元帅”，采取“舍川蜀直逼襄樊”之策已使南宋君臣惶惶然不可终日了。而这也只能算忽必烈因“内政待修，国库未盈”之小小练兵，然“业余用兵”竟能达到如此效果更足可见其之军事天才了。

而现已万事俱备，只欠东风了……

然而，在汉人汉地当皇上，既有他的好处也有他的难处。儒臣太多，动不动就爱个劝与谏。哪如在草原上来得利落，一声呼啸，千万铁骑便义无反顾地随之而上。尤其对于战争，这些儒臣才不管“大一统”不“大一统”呢!只要一提打仗，他们就敢头顶“仁义”进行死谏。比如国子学祭酒许衡这位老夫子，刚一听到一点风声，便头不是头脸不是脸冒然声泪俱下地跪谏曰：“当修德以致宾服!若以力取，必戕两国之生灵以决万一之胜负!”忽必烈不高兴地问：“朕当如?”许衡竟慨而言之曰：“统一天下，以德不以力!”忽必烈又问：“历代开国君主何人曾如此?”谁料许衡还是有理曰：“即从我主开始!”(见《元史》之《许衡传》)真令人啼笑皆非，忽必烈似也只能摇头不语。须知，这些迂腐的老夫子又大都正直无私、清贫自守、不畏强权、恪尽职守。就拿许衡来说，他竟敢藐视阿合马之高居相位，与其整整苦斗了十几年。而且这些老夫子又皆为一时大儒，不仅人人桃李满天下，而且个个均在汉人汉地极具影响。难以动之，否则十数年“善善恶恶”用臣之功将毁于一旦。(详见《元史》之《许衡传》)这使得忽必烈烦恼不断，他绝没想到自己所独崇的儒学，现在竟渐渐转化为自己实现“大一统”雄心壮志的障碍。为此，他对儒臣们这种自命清高、崇尚空谈、不务实际、碍手碍脚之风，越来越加不满，曾私下对近臣曰：“汉人唯务课赋吟诗，将何用焉?”(见《元史》之《世祖本纪》)这也可视作为一种游牧文化和农耕文化之冲突，随之忽必烈便和儒臣们更渐行渐远。虽仍不忘对最初对察必皇后辅政时“绝不妄杀儒臣”的承诺，但已逐步采取“敬鬼神而远之”的对策了。

天助我也！此时却陡然传来个令人震惊的消息……

天哪！生死不明的郝经终于有了下落。这似乎更像一个神话传说，竟颇似对汉代“苏武牧羊”故事的翻版或抄袭。但确有史可查，有史可证。郝经一行自被贾似道谎报战功秘密扣押以来，至今已将近十五年了(1260—1274)。一直过着“拘于边郡，蔽幕蒙覆，不使进退，一室之内，颠连宛转，不睹天日，绵历数年”(郝经语)之囚徒生活，直至随从们一个个不堪折磨大多死去。郝经之凄苦可想而知，似只能和偶然拾得的一只伤雁相伴苦度岁月。没想到大雁伤好后竟想要“鸣之欲去”，郝经在将悲别之余竟突然也联想到了汉苏武之“鸿雁传书”，遂裂帛写下一首盛传百世的名诗，诗毕又写下“中统十五年九月一日放雁，获者勿杀”!并落款为“国信大使郝经书于真州忠勇军营新馆”。系之于雁足，放飞于高空，心思虽伴大雁北上。但希望却仍十分渺茫。却不料河南开封有一人“射雁金明池”竟恰好获得此雁，一见诗文哪敢怠慢，随即快马上交朝廷。到忽必烈收到帛书之时大雁尚且存活，竟敢面对圣上鸣叫不已似在邀功。故有学者称“南方飞来的小鸿雁”之歌声即起始于此，不然现在之比兴实在无法诠释。而忽必烈阅帛书后虽早已泪流满面，却强忍悲痛仍命许衡当着群儒汉臣一遍又一遍地诵读之。其诗云——

霜落风高恣所如，归期回首是春初；
上林天子援弓缴，穷海垒臣有帛书!

大有深意!果然老夫子许衡也边诵边唏嘘不已，最后竟在儒臣们的悲戚声中曰：“计年仍按中统，竟不知早已改年号至元矣!足可见其不见天日之苦，更可见其历经磨难之忠!此即仁，此即义，老臣当请圣上为如此贤臣速动仁义之师以救之!”似有矛盾，又不矛盾!当对方有如此“不义之举”，且又伤及同类，儒僚汉臣们当然也会一个个义愤填膺了。

忽必烈也终于达到了目的……

因为察必也经历过同甘苦共患难这段生活，召见群臣后忽必烈即返后宫将帛书持与她看。察必闻知郝经现尚幸存于人世，竟也感动得两眼落泪。因为这么多年来就是她奉命差人照料着郝经的妻子儿女，还为他的两位老人送了终。这也是蒙古人的一大性格特点：只要他把你认定为“安达”(即朋友、挚交、知己)，他似乎更和你模糊了民族界线，剩下的也好像只有炽热的真情。忽必烈虽贵为天子却也不例外，如对郝经、赵璧、董文炳兄弟以及巨无霸郑鼎等，似就从未把他们当作“异族”对待。甚至把伴驾的蒙古亲军反而交董文炳统领，就连睡觉也常令他陪护于榻下(见《元史》之《董文炳传》)。故忽必烈见察必垂泪即拍案愤然曰：“吾卿暂莫垂泪，朕当代卿以解此心头大恨!择日即下令千万铁骑渡江兴师问罪，踏灭南家思以洗刷此奇耻大辱！”说毕，他竟匆匆走了。但察必明白他绝不会再去重复上次的冲动，而肯定会首先想到是如何救人。现在他虽然越来越少进入自己这座“斡耳朵”了，但她还是那么深深了解他的为人。

其时，这对老夫老妻似已只剩下了思想上的交流……

据史载，1274年在截获鸿雁传书不久，忽必烈当即便派出了礼部尚书廉希宪、枢密院都事郝庸(即郝经之弟)等出使南宋就此事进行质问。行动极为迅速，目的又严格保密，再加上廉希宪又是处理难题的干练能臣，故一到临安便把南宋君臣“打”了个措手不及。证据确凿，事实清楚，隐匿地点更难以再瞒下去，致使南宋君臣理屈辞穷顿时陷入了一片慌乱。他们似这才知道了贾似道暗订和约谎报战功等种种事实真相，然更令他们恐惧的还是江北大元王朝强悍的军事实力。为了有时间擦干净自己的屁股，随即便立刻答应释放郝经及幸存者北返，并卑恭屈膝地特派大内总管段佑以礼相送。知君莫如臣，廉希宪也见好就收，唯恐影响了忽必烈全盘的用兵大计。

元朝文化艺术繁荣，出现了畏兀儿字蒙古文、八思巴蒙古文及阿拉伯文各种文史巨著。散曲和元杂剧空前兴盛

忽必烈接驿马快报不由得暗笑了……

这里当应先插叙一笔，忽必烈随着国土的扩张已深知通讯的重要。据史载，到1274年他已以两都为中心，建立起无数四通八达的驿站。史称“驿赤”或“急递铺”。建构之严密、速度之快，均是史无前例的。在通讯史上当时确可称之为“前无古人，世界第一”。(详见《元史》卷一百一《兵志四·站赤》)故忽必烈所接之驿报，肯定要比早已被折磨得体虚多病之郝经快得多得多。而这位蒙古皇帝恰好又是一位天才的政治家和军事家，他所想利用的也正好是这段时间以实现其“一石多鸟”之计：其一，在道义上占得上风，毕竟江南也是汉人汉地；其二，揭露真相，迫使贾似道垮台，彻底让南宋政权陷入一片混乱；其三，抢时机进行军事部署，并适时选帅以统领全军加速灭亡南家思!尚须指出，大都在刘秉忠与张柔合力下已初具规模，而忽必烈也早开始实行冬夏两都巡幸制。现正在大都宏伟的宫殿里张望着一张巨大的羊皮地图，以使天下大势的变幻尽在自己的掌控之中。眼下郝经已确保无虞了，正好是选一杰出统帅总领三军一举拿下江南的时刻。其实这个人早就呼之欲出了!不仅圣僧八思巴用佛家禅语已向他预示过(见《元史》之《八思巴传》)，而且就连汉地最著名的汉世侯史天泽也曾向他着力推荐过(见《元史》之《史天泽传》)。然更重要的还在于，他早已于心中有数，正在暗中大力培养他。已先后任命其为左丞相、掌枢密院事(最高军事权力机构)，并命其就学于姚枢与许衡门下苦研儒学及历代名将事略(见《元史》之《伯颜传》)。好钢用在刀刃上，此刻是“扬眉剑出鞘”的时候了!

忽必烈所指的这位杰出统帅就是伯颜……

伯颜（1236—1295），前面已有过介绍，而他也果不负忽必烈的心力，已日益显现出杰出的“统帅之才”的才能。再加上伯颜乃与“百雁”同音，南宋当时已有民谚“江南欲破，百雁来过”，“北风三吹百雁来”等，这岂非天意?而蒙语中伯颜又为大富之意，更焉有不胜之理?(详见《马可·波罗行记》也有此说)遂未雨绸缪，大胆任用，最终进入了大元王朝军政界最高的核心层。据史载，1274年夏，元军在诸多后起之秀的杰出将领，诸如兀良合台之子阿术、张柔之子张弘范、史天泽之子史家众将、董文炳兄弟以及旧将阿里海牙与郑鼎等的合力下，终于将长江的天然屏障襄樊先后拿下，南宋最后一位能征惯战的能将吕文焕似也只能投降。至此，渡江灭宋的时机业已成熟，此时再不置帅统领三军大举进攻更待何时?

由此可见，史称忽必烈“知人善任”绝非虚言……

但即使至此，这位蒙古大皇帝却仍不忘再行儒法。绝非忘了“敬鬼神而远之”，实乃这位蒙古皇帝要突显自己深得儒学要义一点也不比老夫子们差!要知道孔夫子圣裔之一支，金灭北宋后就一直被移往临安作为“镇国之宝”。今日针锋相对也必须“以儒制儒”，方可尽显我大元王朝入主华夏之正统性与合法性!为此便又充分利用“郝经事件”大作文章，未曾出师便于1274年六月向全军颁布了兴师问罪于南宋的诏谕。无师自通地大肆利用“软实力”，先声夺人发出了战争的动员令。诏谕云——

> 爰旨太祖皇帝以来，与宋使介交通。宪宗之世，朕以藩职奉命南伐，被贾似道复遣宋京诣我，请罢兵息民。朕即位之后，追忆是言，令郝经等奉使往聘，盖为生灵计也。而乃执之，以致师出连年，死伤相藉，系累相属，皆被宋自祸其民也，襄阳既降之后，冀宋悔祸，或起令图，而乃执迷，罔有悛心，所以问罪兴师，有不得已者。
>
> 今遣汝等，水陆并进，布告遐迩，使成知之。无辜之民，初无预焉，将士毋得妄加杀掠。有去逆效顺，别立奇功者，验等第迁赏。其或固拒不从逆敌者，俘戮何疑。

今人细读之，也可以看出这似不仅仅是给蒙汉三军颁布的，而更重要是说给南宋将士听的。“政策性”极强!除了“无辜之民，毋得妄加杀掠”外，似乎也包涵了“胁从不问，立功受奖，顽固到底死路一条”等诸多当时可称之为时髦的内容，颇令人浮想联翩。但忽必烈却仍嫌不够，随之为把处于前沿各

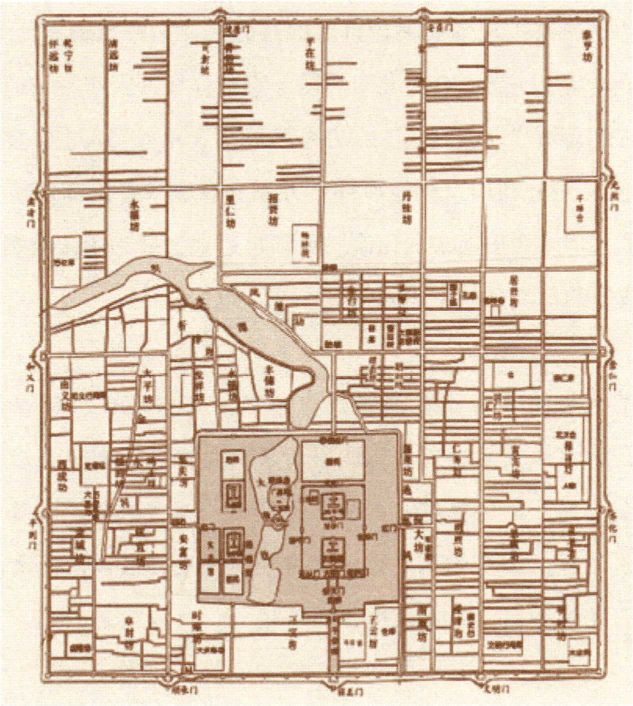

元大都平面示意图

自为政的多路人马置于统一指挥之下，竟把全国最高的军事机构“枢密院”设在了灭宋的最前沿。很明显伯颜将是蒙汉将士皆服的统帅人选，但居高临下的忽必烈在此时又有惊人之举。据史载，出人意外地，他仅把伯颜任命为副帅，而把汉人左丞相史天泽任命为正帅。

运筹帷幄，总不乏神来之笔……

须知，史天泽为大元王朝中书省左丞相，这次特殊的任命也等于把半个中书省搬到了前线，极有利于协调文臣武将统一灭宋之计。而更重要的原因却还在于，说到底长江以南仍还是汉人汉地。前面是说过，历经辽金两代二百多年的统治。这种民族意识在中原汉地已逐渐淡漠了，甚至因多年来的相互骚扰和战争，南北双方处于长期隔阂下竟改变了称谓：南方人将北方人统称为：北鞑子!而北方人也将南方人统称为：南蛮子!相互歧视，根本谈不上什么共同的民族意识。忽必烈此次“启用”史天泽，明显地是想进一步淡化这种矛盾，以使这场战争彻底转化为一场仅仅是改朝换代的战争。

或许还有更重要的原因：他从史天泽身上看出了什么……

据史载，史天泽天生“仗义疏财”，自幼即爱“行侠仗义”。一辈子似乎就和一个“义”字打上了交道，故以“诚”以“信”在中原汉地极具人缘儿。再加上他绝不像汉世侯刘黑马与张柔等那样“唯崇武力”，政治智商极高且又颇尊孔孟之道。随之便被忽必烈发现，后即“以其人之道还治其人之身”，渐又把他推向了丞相的高位。在平时或许尚可“难得糊涂”，但面临南宋的即将覆灭他心头那个“义”字却在作祟了。毕竟是个年近七旬的老人，已不可能如张弘范这一代彻底与过去一刀两断。往事悠悠，焉能数典忘祖?为此，在灭亡南宋这件事上，他既不想对蒙元王朝不忠，又不想对江南汉地不义。经过反复的思考，似唯有一条路可走：躲避!从种种相关的《元史》资料中均可看出，他虽未像许衡那样挺身直谏，但对灭亡南宋确实十分消极。先是告老，后又称病，随之更闭门拒客。但忽必烈是何等精明的一代雄主，又岂能放过手中这张回避“异族入侵”的“王牌”?而史天泽似乎也有应对之策，今日举荐安童，明日举荐伯颜，一副病病歪歪的模样儿仍在坚持“此次灭宋当应以‘国族’为统帅”!(见《元史》之《史天泽传》)然而，他又绝非是忽必烈的对手，最终还是被“就是抬也要抬”往了长江前线。

帅旗猎猎!上头大大篆书了个“史”字……

忽必烈双目如炬，私下不由得窃笑了。后代史家曾有不解：人口很少的蒙古族为何能先后灭掉比自己强大许多倍的金朝和宋朝?原因尽在其中，即充分动员和利用了汉地的人力和物力。其实忽必烈用的也只是他这块招牌，私下早就把统帅的实权全部授予伯颜了。但史天泽虽年迈体弱被折腾得真病了起来，却似乎为了那个“义”字仍在拼死挣扎。据史载，1274年秋元朝大军从襄樊发兵南下，史天泽又一次称病主动上表“请求辞归”。而忽必烈也自有应对之策，特遣使持御用葡萄酒慰问。皇恩浩荡，影响巨大。圣谕曰：“卿自吾父祖以来，躬环甲胄，跋履山川，宣勤劳者多矣。忽以小疾暂阻行意，便为忧扰，可且北归，善自调养。”(见《元文类》卷五十八《中书左丞相史公神道碑》)同意北归，似有悖初意。其实不然，此乃见好就收。忽必烈视其任帅之效果已充分发酵达到目的，还真怕这老头子突然死了给自己带来那“未曾灭宋先折帅”之晦气。好在旗号依旧迎风猎猎，汉军见之莫不欢欣鼓舞。而自己又可放手任用中意的蒙古族杰出将领，何乐而不为呢!

史天泽终于“如愿以偿”了……

以现代目光看来，这位曾不可一世的汉世侯之所为似乎有些可笑或可悲。既要对新皇讲“忠”，又要对旧主讲“义”，似特别矛盾而又无聊之极。但若换一个角度去想，或许正是这种可笑而又可悲之举保护了那潜藏的民族意识。据史载，史天泽不久便叶落归根病逝于故乡真定。临终前竟安详地对子孙曰：“知为父者，当今圣上也!使吾终不负大义，死而瞑目矣!”史称，忽必烈闻之大恸，并令皇太子真金代往祭奠。只不该消息传往前沿时，却换来的是汉军汉将人人奋勇争宠。(见《元史》之《史天泽传》)

但在元大都的巍峨宫殿里却是另一种阵式……

此时，忽必烈已正式任命伯颜为平宋大元帅，以节制全军。而提任阿术为副帅，以默契配合。至此，灭宋战争整体部署完毕，只待新帅用兵如神尽快一统江山。这一天，伯颜离京赴任时再一次觐见皇帝陛下，忽必烈特意召集汉臣名儒同时予以接见。大有深意!明明是当着一位蒙古族骁勇的统帅，却偏偏向他大讲“仁义之师”与儒家之道。也可称之为“活学活用”或“现贩现卖”，目的却似乎又不仅仅是在于游戏或卖弄。除深深地多看了一眼姚枢与许衡之外，竟独对觐见的伯颜告诫曰：“曹彬不嗜杀人，一举而定江南。汝其今体朕心，故效彬事，毋使吾赤子横罹锋刃!”(见《元史》卷一百二十七《伯颜传》)意在向群儒说明：朕比你们更懂仁义，别一提战争就拿这个堵人!不就是宋初大将曹彬不妄杀一人灭南唐的故事吗?今朕这就也给你们树一个蒙古人的曹彬让尔等看看!一箭双雕：既挫了群儒们的锐气，后伯颜也果然遵旨减少了杀戮破坏并加快了进军速度。

民谚的预言就要应验了：江南欲破，百雁来过……

先说过“百雁”，再来说说那只“孤雁”。据史载，1275年初，也就是伯颜统帅三军跨江全面展开灭宋不久，郝经一行历经颠簸终于回到了已经阔别十五年的大都。久别相逢，忽必烈竟执其手热泪盈眶。充分展示了这位蒙古族大皇帝具浓厚人情味这一面，致使相随的文武百官莫不纷纷跟着落泪。是夜，忽必烈与察必又设盛宴为郝经接风洗尘，与汉臣群儒们欢聚于大内延春阁。察必皇后亲自为郝经斟赐马奶酒，而忽必烈则抚其背曰：“汝与朕非一般君臣关系，乃生死之交之‘安达’也！”又现蒙古人淳厚之一面，顿使郝经感动得伏地泣不成声。只不该随之便口吐鲜血扑倒在地，从此便一蹶不振昏迷不起。也难怪！连续十五六年的囚徒生活和归途之劳累，已耗尽了他全部的体力和心力。虽忽必烈调动了全部御医名家，但不久郝经便悄然离了人世。而忽必烈在悲痛之余，则顿足不止非常惋惜。特命以王侯之礼厚葬之，并亲临凭吊。故有的史学家也称，郝经的故乡也因此多得关照。皆因郝经临终有嘱，唯愿“仁泽乡梓”而舍谥赐!故三晋之地多受元初晋籍名臣惠及绝非虚言。(详见《元史》之《郝经传》)

当然，忽必烈将他的怒火还是发泄向了南家思……

随之，在一片“兴帅问罪”的呐喊声中，南宋小朝廷更日渐陷入一片风雨飘零之中。已明知贾似道是丧权辱国的罪魁祸首，但可悲的是，因群臣纷纷推脱似还只好靠其独撑危局。而伯颜也果不愧忽必烈精心培养出的统帅，在突破长江后更尽显其天才的军事才能。金戈铁马驰骋于江南的河湖港汊之间，战旗猎猎，三军已势如破竹一般直逼临安。忽必烈似每日光听频传的捷报都忙不过来了，谁料这一日却又罕见地御驾亲临察必在深宫之“斡耳朵”了。

显然又有重要的心事，尚需“唯卿妻也”了……

原来，在灭宋节节胜利之际，草原母地这辽阔的后院又起火了。全是老祖宗留下的祸，窝阔台的孙子海都竟又重提是拖雷家系夺了窝阔台家系的“汗位”，早已从暗中蠢蠢欲动变为公然挑衅了。而那位久蓄异志的原三皇子昔里吉，也早以蒙哥大汗的“嫡传”自居，也公开在向忽必烈的正统性提出挑战。现在他们均声称“忽必烈是在替汉人打天下”(海都语)，正在互相拉拢聚集兵马，大有“星星之火可以燎原”之势。忽必烈毕竟是由大草原走出的君王，又在为此日夜忧心不已了。为此，他甚至曾有过这样的想法：调回伯颜，先彻底剪灭这些“汗位觊觎者”再说!(见《元史》之《世纪本纪六》)而每逢这种关键时刻，他总会下意识地想到察必那超人的政治智慧。

现在忽必烈不再注重“色”，而急需“见识”了……

察必已不再年轻了，但她却仍保持着一种高贵的魅力。似乎她总能随着年龄的增长扮演好每个阶段的角色，故她在听后只轻柔地回答了一个古老的谚语：“陛下!恶犬虽然狂吠，驼死照样前行!”忽必烈回问：“此当何解?”察必这才缓缓道：“圣上苦心经营多年，岂可闻此而前功尽弃?南宋江山指日可待，调良帅无功而返万万不可!思大有为于天下者当视海都昔里吉之流为疥癣，一统天下后再疗此小疾为时不晚矣!”忽必烈却仍忧心忡忡曰：“朕乃唯恐养痈成患啊!”察必断然回应道:“不会!此等人皆贪婪成性，为了一根骨头尚可争夺得我死我活，何况汗位乎?现那木罕与安童深入漠北已教训他们多次，今只需再派老将昔班前去威慑即可!臣妾唯虑者乃那木罕，他尚难服众……”忽必烈沉默不语了，似解开了心头的一个忧结。但为了做到万无一失，还是派快马急使专门召回伯颜再加垂询(详见《元史》之《伯颜传》)。谁料所答竟和察必如出一辙，致使忽必烈颇为感慨曰：“真大皇后也!”遂事事均依其计而行，唯可惜那木罕却未从谏调归。

伯颜很快便又重返江南前线，南宋的末日就要到了!

水陆齐进，各路大军直逼临安!

察必却又渐渐隐退了……

【腐败，终使南宋小朝廷“寿终正寝”】

风雨飘摇，临安城内“主政”的竟然会是个年老昏庸的女人……

若从两个王朝最高层的架构来说，这又似乎是一场截然不对称的战争。蒙元方面的大皇帝真可谓“烈士暮年，壮心不已”；而南宋方面的小皇帝则“年方四岁，世事不知”。蒙元方面有一位能干贤德的大皇后却早已“退居深宫，极少参政”；而南宋方面也有一位庸碌无能的老太后则必须“临朝决断，面对危局”。

这就是史称“南宋亡国之后”的谢道清……

这可真称得上一桩天大的历史冤案，纵观她一生的遭遇似即可一窥南宋覆灭的全过程。她和宋理宗的结合并不像察必与忽必烈那样“郎才女貌，志同道合”，而纯属一种“权臣操纵，皇室内斗”之结果。史称其貌“皮肤黑而粗

糙，一目尚患白内障”。立其为后纯属政治需要，以抑制宋理宗的“荒淫无道，欲立妖姬”，此即指贾似道之姊贾贵妃而言。虽后来又史称其因“出疹蜕皮”而全身变得“细嫩白皙”，经御医治疗白内障也已拨除，但宋理宗仍不喜欢这位皇后，依然对贾贵妃宠爱有加。爱屋及乌，纨绔子弟贾似道就是这时逐步进入政坛高层的。后来虽然贾贵妃早夭，但宋理宗却又宠爱上了闫贵妃。好在谢道清虽贵为皇后，却也深知自己的“先天不足”。甘居冷宫，从不争宠。对于政事毫不过问，后来倒也稀里糊涂地落下个“贤后”的好名声。1264年，宋理宗在纵情酒色中当了四十年皇帝终于“驾崩”了，宋度宗继位后却继续荒淫无度仍不改“先帝遗风”。除了还是仍重用谎报战功已官至宰相的贾似道之外，并因谢道清“贤后”的好名声将其尊之为“皇太后”。又过十年，宋度宗也“驾崩”了，又立年仅四岁的赵㬎为恭宗。贾似道此时已在南宋一手遮天权倾朝野了，随之为笼络人心又将谢道清尊为“太皇太后”。或许是因为“这草包倒是一堵挡风的墙”，进而还被首次供奉于朝堂开始“垂帘听政”了。

皇后，皇太后，太皇太后，多么辉煌的一条女人路……

但造化总是在作弄人，似乎就连有“经天纬地”之才的察必奋斗一生也从未达到这个高度，但她却在庸庸碌碌中“得来全不费功夫”。然而，察必留下了“杰出蒙古族女政治家”的美名，她却背上了“亡国之后”的骂名而成了历史的替罪羊。其实，这个可怜的女人很可能连自己皇帝丈夫的边儿也没沾过几次，又怎么能让她替南宋历代帝王权相的荒淫腐败、擅权乱政承担罪责呢?详查《宋史》，事实上就从南宋第一位皇帝赵构重用权相秦桧开始，这种祸根已经深深种下了。历代帝王莫不倚重权相，而历代权相又莫不擅权乱政。从赵构时的秦桧，到理宗朝的史弥远，直到度宗朝的贾似道达到顶峰，这种纵情声色、贪腐成风的君臣关系始终在延续发展着。据史载，南宋有个掌故，晚上凡有嫔妃宫女陪皇上过夜者，次日尚需进宫面圣“谢恩”，并由主事者详书其日月和姓名。而这一天早上，进宫向宋度宗“谢恩”之美女竟多达三十余人。何其雄健?只可悲除此之外竟将江山社稷全交予权相贾似道祸害。他称他为“明君”，他称他为“师相”，配合得相当“默契”，终使南宋王朝这种“昏君奸相”的传统发挥到了极至。

眼看就要玩完了，最后还要拉上个老太太当垫背的……

实在令人惋惜!好端端的大好河山眼看就要被这一代代昏君奸相折腾毁了。要知道，南宋当时的科技水平和生产力均处于世界前列。据英国科学家李约瑟考证，在当时的人均GDP竟远远超出了西欧。而且是人才辈出，无论在“软实力”及“硬实力”上整体均优于北方的蒙元王朝。即使单论军事也不示弱，尚有七十余万常备的军队。况且更不乏于钓鱼城大败蒙哥大汗的王坚此类的帅才和良将，而只可叹在昏君们的眼中却唯有“师相”等奸臣“扭转乾坤”之功。随之，造假之风大炽，腐败之风盛行。上贪下效，无官不贪，以至“不贪者很难立身于官场”。卖官鬻爵，明码标价，以至“正人端士，作罢殆尽”。诸如原潼川宣抚使刘整、襄樊守将吕文焕等有名将领，均是因贾似道“嫉功害能”先后被逼投降了蒙元的。就连状元出身的文天祥及李芾这样正直的士大夫也纷纷遭到了排斥和打击，朝廷之中也就只剩下了贾似道一伙蝇营狗苟无耻之徒。到南宋覆灭前几年，度宗仍在夜夜玩他的女人，众臣竟将贾似道齐呼之为“周公”，继续把偏安一隅的小朝廷搞得“贿赂公行，腐败成风，个人生活也相当腐朽”。似乎要的就是这种：在腐败中加速沉沦，在沉沦中加速腐败。从客观上讲，好像从旁为忽必烈一统华夏也在助“腐朽之力”。

贾似道尤值一提，此人乃南宋腐败之集大成者……

史称其整天除贪污受贿迫害忠良外，便是只知吃喝玩乐。在临安西湖边之葛岭上修筑豪华亭堂，题名曰“半闲堂”，并“塑己像于其中”。强娶宫女叶氏及庵堂中之美貌女尼为妾，并广纳临安名妓多人于其中。“日肆淫乐”，口味奇特，似意欲与“明君”一比高下。又建“多宝阁”，强迫臣众为其尽献奇珍异宝。听说“余玠(南宋名将)有玉带，求之，已殉葬矣，发其冢取之!”而且除了玩女人之外还特别喜欢玩蛐蛐儿。整日对养蛐蛐尤其是对斗蛐蛐乐此不疲，尚著有一部传世大作《蟋蟀经》(详见《宋史》)。当然，他还常鼓励无耻文人为其“歌功颂德”，专呈给度宗御览以显其“周公之贤”。然而这种上行下效竞相攀比的穷奢极欲的腐朽生活，除需更加贪污受贿之外，势必也会大量地榨取民脂民膏。为此，田产被夺，房舍充公，货币狂贬，物价飞涨，已日渐把江南百姓逼得苦不堪言。而贾似道之流却仍在巧立名目横征暴敛，甚至连打点醋买根线等都得上税。真可谓“万税!万税!万万税!”最终还是将老百姓逼上了“卖儿卖女，家破人亡”的绝路。故当时南宋著名学者黄震就曾概括出四大弊端：“日民穷、日兵弱、日财匮、日士大夫无耻!”(原文。日，系指“日益”或“一天比一天”)文化腐败与文化堕落也赫然列入其中，足可见就连“软实力”也丧失殆尽矣。而当时有一江南名士吴潜则进而总结曰：“耕夫无一勺之食，织妇无一缕之丝。生民嗸嗸，海内汹汹。天下之势如以淳胶腐纸粘破坏之器，而置之几案，稍触之，则应手随地而碎耳!”(详见《宋史》)但昏君权臣该腐败照样腐败，该穷奢极欲照样穷奢极欲。直至宋度宗因受过多美女之“谢恩”而死，直至伯颜统帅蒙元大军已快兵临城下，贾似道之“谎报战功、蒙蔽圣上”种种罪恶方被揭穿。其下场是不太“完美”，竟于流放途中被义士郑臣用重锤击毙于木棉庵中。但留下了五六十岁的老太太和一个四五岁的小娃娃，面对将倾的危厦又有何用呢?

元代纸币

至元通行宝钞

故史称：江南沉沦，遂使伯颜成名……

但未必全然如此。伯颜乃忽必烈精心选拔和培养的南征统帅，其之一举一动必然反映的是忽必烈的高度政治智慧和军事意图。如在伯颜统兵攻入南宋腹地后，就一直严格奉行忽必烈的“奉行宽大，抚戢吏民”之政策。有史可考，确实大体做到了“如曹彬不妄杀一人”。须知，此时草原母地的一些叛王也业已“趁虚而入”频频兴风作浪，而忽必烈却未采用清初的“扬州十日，嘉定三屠”之法以求速战速决，而是几经思考“从容应对”，仅派名将昔班前去平息漠北叛乱。初衷不改，仍命伯颜高扬“仁义之师”的大旗。而身为统帅的伯颜对“圣上旨意”贯彻得又是既坚持又彻底，遂节节胜利终于在1276年正月，三军会合包围了临安城。本可一声呼啸即可拿下这南宋京都，但伯颜却围而不攻按兵不动唯着重于劝降。致使老太太与小皇帝被困于深宫之中，先是“钱塘江上雨初干，风入端门阵阵酸；万马乱嘶临警跸，三宫垂泪湿铃鸾。”后来似也只能背负“亡国之后”的罪名，如诗所云——

乱点连声杀六更，荧荧庭燎待天明；
侍臣已写归降表，臣妾签名谢道清。

是一场莫大的悲剧，但也总算结束了南北一百多年的分割局面，自辽金以来又一次实现了长江南北之一统天下。这在历史上少数民族帝王入主中原是从未有过的，而且忽必烈在处理南宋灭国事件上确也突显“大家风度”。据史载，伯颜于临安受降之后也绝对秉承“圣上旨意”：首先下令严禁纵兵进入临安城，更不得烧杀掳掠，违者以军法从事!其次即张黄榜向城内外庶众宣谕，提示切勿自扰乱了日常生计。随后更连小皇帝的列祖列宗都照顾到了，当即下令严禁侵扰损毁宋氏山陵墓地。这在封建社会确被视作一件至高无上的“大德之举”，顿使得临安臣民“化敌为友”渐渐踏实下来。而忽必烈似觉得还不够，竟于1276年二月十二日，又亲自颁布对临安新近降附的府、州、司、县之官吏以及士民军卒人等的安抚诏谕。明确云——

尔等各守职业，其勿妄生疑畏。凡归附前犯罪，悉从原免；公私逋欠，不得征理。应抗拒王师逃亡啸聚者，并赦其罪。百官有司，诸王邸第，三学、寺、监、秘省、史馆及禁卫诸司，各宜安居!

忽必烈果不愧和儒家打了几十年的交道，对汉地汉法简直可以说是琢磨到家了。不但使大多数汉族皇帝相形见绌，而且似乎还能从这份诏文中看到某种似曾相识的“现代意识”。但好像这又和他逐渐“轻儒”的种种做法有所矛盾，其实不然。须知南宋或许才算得上是真正的纯汉人汉地，一个胸怀壮志者绝不会因鄙夷儒者的某些作为而对儒法弃之不用。况且草原母地已连续“后院起火”，一些野心勃勃的后起宗王们竟敢先后阴谋作乱觊觎汗位。江南河山是如此之富庶，不施儒法如何能尽得其利以平海都及昔里吉之叛乱?

先把好话说在前头，先一统天下再说……

果然又效果奇佳，就连伯颜在给忽必烈呈奏的“贺表”中也说：“九衢之市肆不移，一代之繁华如故。”有史可考，这大抵是当时临安“鸡犬不惊，四民晏然，街市如故”的写照。随后忽必烈还有更加高明之举，竟委付南宋降臣在江南推行“安业力农”之诸多政策，将自己在中原“重农桑”之经验也广施于宋室故地。“重农桑即儒学之本也!”忽必烈是渐疏远了姚枢，但对这句话却仍在念念不忘。(以上诗取自宋人汪元量。其他引言和史迹可见《元史》之《世祖本纪六》或《元史》之《伯颜传》等)但不管怎样，七百多年前的一位少数民族君王，就能如此“掌握政策”毫不扰民地进入被灭国的都城，已足令人浮想联翩也实属历史罕见。而至此，绵延三百余年的大宋王朝也就此灭亡了，唯留下文天祥、张世杰、陆秀夫等民族英雄仍在无力回天地做着最后绝望的努力。

但为时晚矣!大宋江山早已被腐败蛀蚀得无可救药……

而令人感到惊诧的是，在七百多年后中国稍有起色时竟又有所谓“外国学者”大肆赞扬起“宋代模式”。其人乃日本专栏作家土谷英夫，文章更堂而皇之地刊登在《日本经济新闻》上。中国的《参考消息》也曾转载，题目改为：“宋代模式”可资当今中国借鉴？”反问得特别好，其人其文显然是别有用心，处处均可见其阴暗图谋。文中丝毫不提宋朝的腐败架构，却反而明目张胆地赞扬：“宋代没有威胁辽(契丹)和西夏，而是每年向他们赠送大量的银和丝织品，和睦相处。”随之更公然指导当今中国说：“看上去宋朝推行的是卑躬屈膝外交，但正是用金钱买来和平，才使经济和文化达到了空前繁荣。”“奇文”共赏析!七百多年后尚有外国人为秦桧至贾似道之流“腐败外交”歌功颂德，却不见谢太后与小皇帝就是因此被掳往北国去称臣请降去了。腐败的外交，腐败的内政，腐败的官场，腐败的文化，只能造就腐败的亡国梦!

以史为鉴!万勿再上这种蛊惑腐败的当……

似还是要学雄才大略的忽必烈，放眼四海纵观天下大势之变幻。有史可考，他不仅是中国历史上“一统天下”的少数民族帝王之第一人，而且也是中国历史上“不仅靠血与火”取胜的少数民族帝王之第一人。文韬武略全面展示，故也被后代史家推崇为“多民族统一国家推进者”中的少数民族帝王第一人!

大哉乾元!忽必烈的历史功迹是绝对无法抹煞的!

首先应该看到，他这个“大一统”比起汉唐王朝来，绝对只有过之而无不及。故近代有些史学家称：“只有到了忽必烈的统一，才使国家浑然成为一个整体，再也没有办法分割了。基本上保证了中国元明清以来的大统一，历史上再也没出现过分裂割据的状况。”(见《元史论丛》)据史称，大元王朝统辖的面积为：“北逾阴山，西极流沙，东尽辽东，南越海表。”(见《元史》之《地理志序》)大体上与清朝乾隆全盛时期之疆域相等或有过之。从此奠定了中国统一的多民族的坚实之国家基础，使之成为一个屹立于世界难以撼动的整体。

大元王朝的全貌终于展现在世人的面前了!

马背民族无愧于圣祖成吉思汗的遗愿!

而忽必烈也踏上了人生的巅峰……

【再创历史之辉煌与阿合马之坐大】

一个旧王朝的覆灭，一个新王朝的崛起……

中国的历史也就此掀开了前无古人的一页，第一个由少数民族入主华夏的封建王朝终于将南北江山大一统了!

从未有过的历史辉煌，从未有过的盛极一时……

为即将到来的南宋君臣“纳土称臣”之盛典，举国上下、满朝文武、宗亲贵胄、市井黎庶早已等着纵情欢庆了。特别是蒙古族的骁骑悍将更莫不迫不急待地挥戈欢呼、纵酒高歌了。其中，尤以阿合马显得特别“受人瞩目”，他似乎正在不惜掷尽天下财富只为此一时之“旷世盛典”。用心之良苦，安排之周密，仅从“长街无处不披彩，宫阙无处不挂锦”，便可看出其忠君之“虔诚”。似目的只有一个：唯求“龙颜大悦”！

但这位蒙古族的华夏帝王却又让人大出意料……

据史载，1276年五月初一，忽必烈刚等天亮，便带着几位亲随私下来到了太庙——外史称乃八顶祭祀祖先的洁白阔大蒙古包，又称“八白屋”。但忽必烈并未因已列身于“秦皇汉武，唐宗宋祖”而喜不自禁，却久久长跪于圣祖成吉思汗的神主牌位前，热泪盈眶伏地不起。无声，他的思绪和祈告似也只能算后人的推测：“圣祖在天之灵啊!多亏您对孙儿这一生的激励!现南宋已亡，群臣皆降，总算不负您的遗愿‘入继中华大统’矣!然前程漫漫，大元王朝将何去何从?还祈圣祖示知!”遂伏地泣听，长达半个时辰……而几乎与此同时，南宋众多的降臣也簇拥着四岁的小皇帝及其母亲金太后和其他太妃与宗亲，先行到象征黄金家族太庙的“紫锦罘思”(即城角之屏，象征着远天的草原母地)向北叩祭过了，以示对圣祖成吉思汗及历任大汗的降服。五月初二才是忽必烈正式接受小皇帝觐见的日子，正规的“受降大典”似也只能从此刻算起。拂晓，即见得留梦炎等众多无耻降臣已经开始忙乱了，先是“铺设金银玉帛一百余桌”于元上都皇宫大殿前，作为小皇帝及其母亲和随众“觐见进贡”之礼品。史载，随后忽必烈是在大安阁接受他们觐见的。大安阁是元上都皇宫中举行重大典礼的正殿。忽必烈和察必并坐在大殿的宝座上，太子真金率诸王贵胄文武百官列坐于两旁。在一片威严庄重的氛围中，四岁的南宋小皇帝一见两旁铜塑石雕般的蒙古武弁，竟吓得顿时率先尿了裤子。好在降臣之首留梦炎曾是南宋状元，降表倒也不乏文彩总算应付了下来。

说完就完，绵延近三百年的大宋王朝眨眼间就这样覆灭了……

是曾有过一个阶段的兴奋和激动，前面曾说过的“一统全席”就是这种心情的代表作。面对亡国的老太后和小皇帝，尽显蒙古大皇帝的豪放和大度。天上飞的地下跑的什么山珍野味都端上来了，再加上“镟铲引酒吸长虹”，“葡萄酒酽色如丹”，那就更可谓“美不胜收”了。更何况！尚有“乐指三千响碧空”，“拍手高歌舞雁儿”，那再吃着熊掌嚼着驼峰气魄就更大了去了。场面是如此豪华盛大，更足以体现新王朝那“大哉至元”的宏伟特点。

但就在这尽显帝王胸怀高潮时，忽必烈却突然隐身不见了……

有史可考，随后的诸多宴请及探视活动便均交由皇后和太子去处理了。其间理由不难理解：大一统是大一统了，但大一统后江山并不稳固。作为一位杰出的少数民族君王，忽必烈似突然感觉到肩上的担子沉重起来。从此，大安阁上再难听到“莺歌燕舞”，而是那些累建奇功的勋将，诸如伯颜、阿术、张弘范、阿里海牙、郑鼎等均又会聚在他的周围。

须知“高处不胜寒”，大也有大的难处……

首先，便是草原母地的“叛王迭起”。最具代表性的人物便是窝阔台大汗的嫡孙海都、蒙哥大汗的庶皇子昔里吉、成吉思汗幼弟的嫡系后裔乃颜等等（注：乃颜当作为一个特例。他不仅是唯一反叛的东道宗王，而且是在忽必烈已平定草原与江南之乱多年后才又起兵的。为使对草原汗权之争有更

高丽青瓷龟形砚滴

全面的了解，特提前将他与海都与昔里吉之乱一并详述）。由上不难看出，他们大多和汗权或“幼子守灶”似乎都沾着边儿，均纯属和忽必烈有着血缘关系的近亲们。这些叛王谋反的主要原因有二，史载之乃颜被擒后的“招供”就颇能说明问题：其一，“你总是要改行汉法，用汉人的制度和法令来约束我们。又要加强中央集权，说不定什么时候你就会把我们的封地或封国夺走！”其二，“我们都是黄金家族的子孙，大汗之位总不能让你们一系老去坐吧？”（详见于拉施德之《史集》等，原话照引）总之，在1276年忽必烈跨江统一全国之际，这些叛王们竟借口改国号为大元是“就连大蒙古都不要了”，而趁后方空虚纷纷趁机作乱，一时间东西各道封王哄起，只把草原母地搅了个“周天寒彻”。到最高峰时刻，昔里吉竟能以诈降方式又诱捕了前来平叛的北安王那木罕与安童并献与叛王海都以示盟好（后在大兵压境下又被送回）……然而前面已经说过，忽必烈同时也是个特别重视这种草原承袭关系的蒙古族大汗，甚至更认为这才是他的根，他的本。因而在中原完成一个大皇帝一统天下的历史任务之后，随即便将重要兵力俱又挥师北上，以维护自己汗位的正统性和权威性。这种平息内乱的战争几乎贯穿了他的整个晚年，时断时续，此起彼伏，却始终没有动摇过他那二元文化的“大皇帝”兼“大可汗”之顽强斗志。据史载，至元二十四年（1287年），忽必烈时年已属七十三岁高龄了。但为了平息这最后一个叛王——乃颜之乱，似也只能不顾“年迈力衰与腿足关节之肿痛”而去“御驾亲征”。又一次动用了象阵，而此次乘坐象舆却纯属因行动不便。而关于此次草原激战，马可·波罗在其《马可·波罗行记》中曾有过绘声绘色之描述。为再现马背勇士们的凶悍，为再现烈士暮年之悲壮身影，更为再现七百多年前古代草原战争的真实场景，现特将有关部分摘述于下。其文云——

> 大可汗率领全队人马前进，经过二十天，到达一个大平原，乃颜和他的四十万骑军已经在那里驻扎了……大可汗在四只象背上所负的小楼中，站在小山上，左右围以弓弩手。旌旗飘扬在他上面。旗上有日月形象，高插空中，所以各处都能看见。这四只象都盖以

极厚的熟牛皮，牛皮上面又盖着丝和金制的布。他的军队排列成三十队。每一队有一万人，全都带着弓箭。大可汗分自己的兵力为三组，两翼展开极长……在每队前面，有五百带弓和短矛的步兵。每当骑兵冲锋时，那步兵就跑到靠他最近的马的臀上，坐在骑兵的后面，两人共同前进。当马停止时，他们跳下马来，用他们的长矛去戮杀敌人的马……大汗确然如此排列他的人马成为许多分队，去包围乃颜的营塞，要和他去决斗……以后人就可以看见和听到许多乐器声(特别是那二弦的乐器，有最愉快的声音)，也能听到许多喇叭的吹奏声，和许多的歌声。因为你们必须知道鞑靼人的风俗如此。当他们已经摆布和排列成队伍，在去打仗以前，他们一定要等待领袖的罐鼓声……当双方都预备充足后，大可汗的罐鼓开始发出声来了。先在右翼，后到左翼，罐鼓的声音开始发作，所有阻滞即刻停止。他们用弓箭、矛、锤子和长枪(后者是很少的)，冲上前去厮杀。但是步兵都有强弩和许多其他的武器……这战争开始，是非常残暴和凶猛。到处都可以看见箭的飞射，空中全充满了，好似雨的下降。现在又可以看到骑士和马倒在地上死了……奋勇战斗从早到午……最后，大汗得胜了。当乃颜和他的战士，看见自己方面将不能再支持了，于是他们开始逃遁。但是这也不能帮助他们什么。因为乃颜已被捉了。所有他的达官和臣民带着所有武器，全来投降大汗了……

有箭矢如雨，有丝乐如鸣，有金戈铁马，有罐鼓敲击，当然更有血流成河，还有横尸遍野。总之，一场带有野性气息的古典草原战役就此结束了。为了防止再有人敢于觊觎汗位，忽必烈就此废除了黄金家族“免死”的特权。在他的命令下乃颜被处以死刑了。但忽必烈却为了“不愿让天空、土地和太阳看到黄金家族后人的鲜血”，又特命人将乃颜密裹在一块大毡里活活拖死（详见《世界征服者史》等著作）。从此，便再没人敢于对汗位的权威进行挑衅……

但这一切还只能算作后话，要知道刚刚一统天下之后似面临着比这更多的巨大的难题。

当时确是：白日接受颂扬，夜晚面临危机……

有史可考，当忽必烈将大元王朝列身于夏、商、周、秦、汉、晋、隋、唐、宋诸华夏历代王朝序列时，他已经年过六十三岁了。似乎也曾想过就此“偃兵息武”，专心于“选贤用能”，“以仁治国”。但刚经过举国欢庆的“一统大宴”之后，便难得再继续“莺歌燕舞”了。除上述的海都、昔里吉、乃颜等已开始觊觎汗位纷纷作乱外，江南的宋室遗忠也在前仆后继地奋起抗元救亡。比如民族英雄文天祥、陆秀夫、张世杰等均仍在舍生忘死地“勤王扶宋”，致使皇室虽降江南却处处高举义气依然顽强抵抗。这就是历史！大元王朝一统天下具有划时代的意义，但信念和气节的浩然之气也应与世长存。然而，对于第一位入主华夏的少数民族大皇帝忽必烈来说，当时确实面对的也只有草原和江南久久难以平息的反叛和战乱。若要想“从头收拾旧河山”，那就需要的不仅仅是胆略和勇气，而更需要的还是人力、物力，尤其是取之不竭的财力资源。

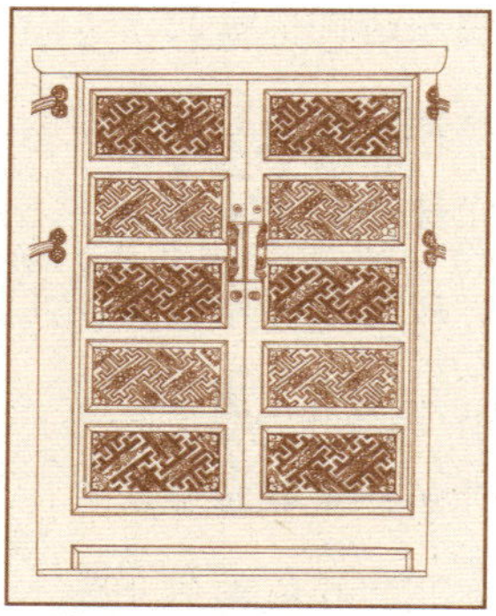
万字纹图案的蒙古包门

马头琴

平南镇北！忽必烈开始气势恢弘地加以应对了……

据史载，其时灭宋的正副统帅伯颜和阿术刚刚因战功升任为中书省的左右丞相，便又立即奉命率领十数万铁骑赴漠北平息海都与昔里吉之乱（当时东部宗王乃颜尚未反叛）。随之又派张弘范、刘整、阿里海牙、郑鼎等众将帅继续转战江南，穷追不舍地扑灭义军刚刚点燃的救亡火焰。而更应指出的是，忽必烈绝不仅仅是个嗜血的镇压者，而且也是个深谙“两手都要硬”的“治国论者”。向北，他随精锐的铁骑派出了许多蒙古族的治世能臣；向南，他随强力的镇压也开始设行省加以抚治。比如由阿里别与忙兀台等行省江淮，阿里海牙的经略湖广等等。实在人手不够用了，就连执掌中枢的平章政事廉希宪也被抽到江南去应一时之急。

朝堂要员几乎被抽空，唯剩阿合马于身畔独挑大梁……

前面说过，忽必烈能敢于把一个家奴擢升为理财大臣并不为错，错就错在随后乱世中对他的过分依赖和放纵。也难怪！就连自己的血脉族亲也在草原纷纷聚兵谋叛，而昔日藩邸汉臣们也在趁乱哄提“开科取士”意欲取代“国族”。似在此期间，也唯有这个昔日的色目家奴对自己“忠贞不贰”，“唯命是从”。像一条肚里的蛔虫似的总能及时“体察圣意”，更像一条忠犬似的又总能“急圣上之所急”。平云南、抚西藏，以至时下之大一统，哪一处没有他及时提供财力和物力之功？更何况眼下还急需“待从头收拾旧河山”，虽早知其被群臣所不齿，但一时尚难再找到使来这么“得心应手”的干练奴才。

权且继续放手使用，待将来再辨忠奸也不迟……

据史载，随着忽必烈在漠北平叛打得海都叫饶远遁，打得昔里吉被迫再次归降流放于孤岛，再随着江南也渐渐剿灭了救亡图存的各地义军，色目家奴阿合马也因“敛财”之功终于“位极人臣”了。虽表面上尚有右相伯颜与左相阿术在其之上，但因常年统兵于漠北均都形同虚设了。详查《元史》，在此期间，他曾先后斗败了藩邸旧臣张文谦、畏兀儿平章政事（副相）廉希宪、蒙古族儒相安童，最后就连忽必烈派来监管他的贴身亲信大臣董文炳也中途英年早逝了……致使他“权倾朝野”不可一世，“恃宠专权”竟把执掌中书省的太子真金也敢不放在眼里。顶峰期间，虽名为中枢内阁平章政事（副相或丞相助理），实际上已成为“一人之下，万人之上”的首辅大臣。当时仅在中书省及所属六部之中竟罗织党羽多达七百一十四人，其中不但有色目人、蒙古人甚至还包括多位汉儒无耻文人。而其子侄也大多外放为诸行省封疆大吏，无恶不作、见财必贪、奸人妻女无数。甚至就连自己曾为家奴阿合马的家奴的忽都答儿其人，史称也亦可“久总兵权”。

难道作为一代雄主，忽必烈竟对此一无所知吗？

对此，古今中外已有多位史学家进行过探索：一说，忽必烈在此期间已“垂垂老矣”，深居大内很少出宫，而阿合马又“极善掩饰”，见之必“谨言慎行”，唯唯诺诺只作“忠顺家奴状”，故“蒙蔽圣心”更加深受宠信；一说，忽必烈乃老而弥坚更欲突显文治与武功，非不知阿合马的贪赃枉法乃欲充分利用其敛财之能。正如阿合马自己所言：“色目臣众人少，虽贪却从不敢反！”好在“肉烂了在锅里”，况且自古明君哪一位不找一个替自己挨唾弃的臭痰盂？而更重要的一说则是，忽必烈深得华夏文化之精髓，早已知管仲谏齐桓公“善善恶恶”用臣之要义。没有奸佞何来明君？没有对峙何显圣裁？育肥了再宰也不迟，要知道儒臣们从来就是只反权奸不反皇上的。总观上述观点，也有史者称“阿合马之坐大，此三说或兼而有之”！

除此之外，似还有儒臣们另类的“相助之功”……

比如，在忽必烈调兵遣将兼施文韬武略的情况下，好不容易才把草原和江南之乱暂时平息下来。但一些重要的儒臣们却容不得人家喘一口气，便又纷纷前仆后继地为“尽早开科取士”轮番进谏了。甚至还把太子和东宫的儒臣们也推出来，一块儿“里应外合”地起这个“哄”——确有此事，据《元史》载，真金也是力主“开科取士”的。这使得忽必烈颇为恼火，竟对这批藩邸儒臣昔日帮自己打天下的动机也开始怀疑起来。

这绝对有助于阿合马巩固自己的权位……

主要的文臣武将尚留在漠北和江南进一步稳定局势，阿合马对付这么几个迂腐的老夫子还是绰绰有余的。首先便是动员投靠自己的汉臣爪牙连上奏章指出：“名为广纳天下英才以仁治国，实为以华制夷之借尸还魂！若天下皆是儒臣治国，将把‘国族’置于何地？”几乎与此同时，阿合马还买通了留守两都的高级“怯薛”将领，利用他们对儒臣汉法的抵触情绪专戳忽必烈的心窝子。几乎有机会就向他提及“北魏之鲜卑、辽之契丹、金之女真之被消融之遗恨”，并不时地还重提“我马背民族一离开战马即失‘国族’天性，唯不断扬威于天下方可葆我民族永存！”当应指出，阿合马这一轮暗中操纵的“文奏武谏”效果奇佳！不仅重又激发起忽必烈与生俱来的征服欲望，而且与他原有的“深谋远虑”似也“一拍即合”。

当然，有了战争，阿合马也就有了独享专宠的土壤……

而更为可悲的还在于，那些根本不懂二元文化的老夫子们，还在不识时务地为“以仁治国，开科取士”力谏着。

没完没了，碍手碍脚，似反倒给阿合马无形之中更帮了大忙。

朝堂中竟日渐形成了两大阵营：义理派，功利派！

更可怕的是，还牵扯到了察必皇后和太子真金的安危！

矛盾进入了皇宫大内，问题变得更为复杂严重起来！

功利派最终占了上风，而义理派几乎全军覆没！

这还算忽必烈“颇念旧情”……

蒙古军押送战俘

第八辑

【本辑提要】忽必烈在一统天下之后，似尚来不及“备受尊荣”便面临着重重难题：既有来自漠北和江南的叛乱，又有儒臣“力谏开科取士”带来的纷扰，甚至还有宫帏深处动向引发的远忧……种种矛盾均由阿合马的“坐大”而引发，终于导致了他日渐疏远曾助他打天下的众多儒臣。并因此和天下众多儒生结怨甚深，日久天长竟为后世留下了“九儒十丐”之说。而忽必烈却置若罔闻，仍继续展现着马背民族特有的“义无反顾”之性格。不仅放手不按常规地大胆经略天下，而又启动了向邻邦和海外新一轮的征服战争。只可悲儒臣们还在为“开科取士”力谏，为“息战养民”力谏，最终竟将察必皇后拖入了绝境。

她将面临着什么？又将如何抉择……

【忽必烈和儒臣之渐行渐远与殃及后宫】

“好大喜功，嗜利黩武”！各类史籍常如是说……

其实，对忽必烈作出这样的历史评价是有欠公允的，似乎也是不够全面的。起码说来，他是为永葆自己民族不被消融的少数民族帝王之第一人。如果说能抛开副作用来看，他的种种做法确保了蒙古民族至今仍能有着自己鲜明的民族属性。这是在北方曾经崛起的少数民族中从未有过的，而且就连后世盛极一时的大清王朝也未能作到。

千秋功过，任人评说，但马背民族的特性却得以永存……

即便就以和汉儒的冲突而论，似也不能仅以“用真儒一统天下，而治天下则不用真儒也”来简单概括。有史可考，忽必烈自一统天下以来，从未在大江南北放弃或中断过“汉法治汉”，也从未放弃或中断过“兴办儒学”及诸多祭孔之举。宋朝灭亡之后，他不仅保留了宋朝的机构和全部行政官员，而且还尽一切努力得到了当时任职官员们的个人效忠……”这凭什么？难道其中的“保留”和“尽一切努力”不值得更令人深思么？只可叹！“严肃”得似乎有些过了头，而且好像在“数风流人物，还看今朝”上也有点操之过急。而儒臣们却仍坚持那种“文死谏”的最高境界，难怪忽必烈会越听便越加抵触，竟与他们渐行渐远了。好像矛盾的焦点并不在于“孰是孰非”，似更在于两种文化不同的大背景下民族性格之差异所形成的冲突。

豪放的勇往直前与拘谨的老诚守业……

其实，姚枢、许衡、王鹗、商挺、廉希宪、张易等诸多藩邸儒臣，已追随忽必烈出生入死二三十年了。人人均为能生逢这样雄才大略的“明主”而庆幸不已，岂能有一丝半毫的“心怀叵测”？既曾为一统天下而“泪飞顿作倾盆雨”，那就必须再为明主献上“治国之策”以尽臣道。当务之急似应学唐太宗之“天下英雄尽入吾彀中”，随之便有了“开科取士、广纳贤才”之建言（最后发展成为“力谏”）。这本来就是儒文化的一大传统，历朝历代帝王初定大业之后莫不以此来笼络人心。但忽必烈作为一个蒙古族君王却自有自己本民族的传统，似只顾了调兵遣将平息南北之乱，竟越听越烦。也难怪！正如当代元史专家所言：此时的忽必烈已由“早期的学儒用儒”，转而进入了“鄙夷空言义理，强调经世致用”的阶段。颇看不起群儒只知诅咒王文统和阿合马，自己却推举不出个像样的理财能人来。再加上儒臣们那种经常“吟诗作赋”以显自己的“高雅飘逸”，也颇令忽必烈反感并进而视之为向“国族”的一种“文化示威”。总之，当时双方似“杠”在“科举考试”这个焦点上了。一方越听越烦，一方越烦越谏。再上有阿合马调动顽固势力的从中挑唆，当然儒臣们这种“欲与天公试比高”之举只能是自讨没趣、自找倒霉了。

随之，世上便流传开了“九儒十丐”之说……

详查史籍，“九儒十丐”的说法系出自于南宋遗民郑思肖之《大义略叙》。原文为：“鞑法：一官、二吏、三僧、四道、五医、六工、七猎、八民、九儒、十丐。”一些学者认为这只不过是“按职业户计的胪列”，并不能全面反映忽必烈时期儒生的实际地位，而且他们尚可免除差役，享受选拔充当教官或儒吏等待遇，虽顶多不过“从八品、正九品”大多皆为“品外流”，但薪俸每月尚有“米三石、钞三两以下”(见元·《庙学典礼》卷二《学官职俸》)，与“九儒十丐”之说大有出入。但深加探索，却又可发现这很可能是忽必烈一统华夏之一大败笔。这不仅堵死了大多儒士“学而优则仕”之门径，而且也反映了他对自唐宋以来“开科取士”这项重要汉地汉法的蔑视。阿合马的横征暴敛本来就造成了民怨沸腾，再加上儒生们满嘴的牢骚则更可能使他的历史形象沾满污点。果然，那位汪元量又有诗讽世曰：“释氏掀天官府，道家随世功名；俗子执鞭亦贵，书生无用分明!”(见《增定湖山类稿》卷二《自嘲》)元人孔齐则说得更加明白：“世祖(忽必烈)能大一统天下者，用真儒也!用真儒以得天下，而不用真儒以治天下!”(见《至正直记》卷三《世祖一统》)似有些过分，但确也反映了自李璮之乱后忽必烈对儒生的态度前后变化极大。似放松了软实力，科举考试竟成了他最终的绊马索。

唯可叹的是，他竟把这种怨愤引入了深宫……

有史可考，忽必烈在此期间并未因此怒杀过一个藩邸旧臣，也未因此种流言蜚语大搞过什么文字狱。任阿合马之流再挑拨离间累进谗言，他仍保留着蒙古民族“海纳百川”的胸怀。但在阿合马之流那不怀好意的“柔性提示”下，比如“后党”之说，东宫“鼓动”之说等等，致使忽必烈对未来不能不考虑，对“后院起火”更不得不严防。如果能更深入地研读相关《元史》的浩繁史籍，或许就能从赞颂“后妃之德”或“帝王之俭”篇章中听出某种“弦外之音”。相当矛盾，似乎已呈现出对自己皇后和太子有所怀疑的种种蛛丝马迹。

首先针对的是大皇后察必……

据史载，早在1276年南宋君臣前来“纳土称臣”时，忽必烈就对这位“佐夫终成帝业”的大皇后“初感不满”了。《后妃传》中曾有这样的记叙：就在那百年不遇的“一统大宴”上，诸王贵胄与文武百官均举杯喜庆狂欢时，唯独她却表现得郁郁寡欢。忽必烈有些纳闷，宴后私下问其曰：“我今平江南，自此不用兵甲，众人皆喜，尔独不乐，何耶？”察必这回竟立即恭恭敬敬地回禀：“妾闻自古无千岁之国，毋使吾子孙及此则幸矣！”她是想提醒该“未雨绸缪”，忽必烈却颇觉扫兴。再看皇太子也唯默默，而众儒臣更是为此“肃然起敬”。这还不算，过几天又有南宋所呈献的珍稀国宝在御殿展示，忽

忽思慧饮膳正要

必烈又唯准大皇后可任意选取。却谁料察必这回还是态度依旧，为“不违圣命”竟略看一眼便匆匆离去，还有感而发说：“宋人贮蓄以遗其子孙，子孙不能守而归于我，我何忍取一物耶？”（此间对话，均原文照录）致使太子与儒臣相继效法，也均“何忍取一物”。这一下问题可变严重了！如果说上回只觉得是扫兴，那这次却骤然化作生疑了。

知夫莫如妻！多亏了察必自觉地彻底隐没了……

也难怪忽必烈生疑，藩邸旧臣大多对这位蒙古族大皇后有一种特殊的敬佩亲近感。这不仅是因为她深受儒学的薰陶且又极具女性的人格魅力，同时也应看到在过去的二三十年里藩邸旧臣似乎和她相处的时间更长。忽必烈还曾经去平云南、战长江、应对汗廷、扼守雄关、两次北伐漠野，而察必却始终坐镇后方与群儒共度时艰，日渐成为他们的主心骨。感情颇深，关系颇近，这是事实。但如果把察必当作群儒力谏的总后台，这似乎就有些过分了。而这似乎就是历代帝王共有的一个通病，越功成名就便越善变多疑。所幸这位蒙古族中国大皇帝只“怀疑一切”并不“打倒一切”。忽必烈为了自己两个小孙孙（其中之一便是后来的元成宗）得到一种超级的关爱，见察必隐退得倒也及时，和诸儒断绝得也算彻底，遂只准备先破破她在群儒心目中“圣洁无比”的神话而已。

这就是《元史》上有名的“世祖崇俭”之故事……

一次，察必为两个小孙孙缝制衣服，从掌管后宫用物的太府监“支取了缯帛表里各一”。这对于一个总管六宫的大皇后来说，似乎并不“逾制”，也很正常。但在忽必烈看来，这可总算抓到一个合适的“把柄”了。史称，忽必烈闻知，当即责备察必曰：“此军国所需，非私家物，后何可得支？”（原文照录）很可能史官和随从也在一旁，若不然两口子之间的私语也用不着尊称“后”。但这番“义正词严”却又似乎很难和“崇俭”沾上边儿，要知道这“缯帛各一”比起纵容阿合马疯狂敛财实在算不了什么。但效果奇佳，顿时便使对“开科取士”的“力谏”消声匿迹了（他们本来还要力谏“息战养民”）。从此诸儒们再不敢以功臣自居或倚老卖老了，似只顾心头滴血看着

"母仪天下"的大皇后替自己背这份儿黑锅……但察必毕竟是察必！她没有一句分辩，竟在七百多年前就深知"虚心接授批评"。而且"虚心接受"后还能"以实际行动"去改，随之便有了《后妃传》中所记载的种种"贤良之举"：开始率领宫女们亲自去从事纺织和缝纫，收集了许多旧弓弦"缉捻为线"，织成衣服其坚韧细密"可与绫绮比美"，同时还从主管宫廷膳食的宣徽院废弃物中，专挑选那些羊前肢上将要丢掉的小皮块拼接为地毯或坐垫。毛色搭配组成绚丽的图案，竟一时间成了抢手的奇货。忽必烈常用此御赐四方觐见者，致使其声名远扬又将"帝德崇俭"推向了一个全新的高度。这才算得"夫唱妇随"，忽必烈为之好不高兴。

只有群儒知道，大皇后内心深处有多么苦楚……

为了化解忽必烈心中的块垒，为了缓和君臣间日渐激化的矛盾，更为了仁儒的太子真金前途无忧，似乎也只有自己吞下这难咽的苦果，自觉而又彻底地退出历史舞台。从此，一位杰出的蒙古族女政治家在大元王朝中渐渐隐没了，正无声无息地悄然走向人生的黄昏……但也不能说只是屈从和牺牲，最终还是换来了忽必烈的"度量弘广"：许衡、姚枢、窦默等一味"崇义斥利"的儒臣虽被逐出政坛枢要，但仍保全诸儒的面子改任国子监祭酒、大司农、翰林学士等闲职；对于太子真金虽仍嫌他过于"仁儒软弱"，却也看在"他娘的面上"更严禁议及"易储"；而且虽"拒绝科举"却仍"热心于儒学教育"（李治安语），并在此期间又专门设立了"国子监"（与国子学不同，国子学似国立大学，国子监似国家教育部）。似乎也是一种相互妥协的结果，同时也体现了马背民族"不忘旧情"鲜明的性格特点。

只可惜！谁都没有注意到察必的日渐衰弱……

本来，马背民族对生死的观念就相当豁达，均认为只要长生天没有召唤那就说明还没有尽完责任。而现在忽必烈似只顾了"老当益壮"地尽自己的"天职"，对比自己还要小十几岁的察必就难免有些忽略了。也难怪！儒臣的噤若寒蝉使他解除了一切羁绊，阿合马的横征暴敛为他提供了突显抱负的财源。随之，他便唯我独尊、天马行空、睥睨一切，为所欲为，尽情地去施展他的雄才大略——

鼎新革故，务一万方！壮怀激烈，毫不动摇！

推行汉法，注重农桑！尊孔祭圣，却又决不受儒臣拘束！

战争！战争！依然是连年的战争！无论是对南宋的反抗，还是对草原迭起的叛乱，他都绝不手软！何惧一时的咒骂，要的就是“天可汗”和“大皇帝”的声名共扬！

白釉刻花小罐

征服！征服！继续永无休止的征服！攻安南，侵缅国，跨海征爪哇，舟师十万毁飓风……但也不妨试试汉家“和亲”之策，遂也有了将女儿嫁与高丽国主之另类征服！谁让胸膛里沸腾的是圣祖之血，为的就是让马背民族在征服中永生！

鼎新！鼎新！在改故中不断鼎新！无论对什么新鲜事物，他都好奇，他都探索，他都敞开胸怀尽情容纳：

从单凭骑兵奔袭、到步兵、炮兵，乃至扬帆海上的水兵！

从宗教信仰，到天文历法、兴修水利、建筑泥塑、驿站通讯、开辟海运、引进西技等等，他均多方涉猎，并均有所建树！务一万方，绝非虚枉之言！

白瓷铁锈花龙纹香炉

他甚至命八思巴创造了一种新的蒙古文字，如用其拼音甚至可以拼记多民族的语言。虽其义不懂，但已可看出其追求之博大！

但这所有的追求似乎和他的年龄总有所矛

盾，竟使他在七百多年前也有了类似的感慨：“一万年太久，只争朝夕！”

血染的黄昏，于是他又在忘却一切中继续追梦！

他顾不了阿合马那只贪婪的手正在伸向太子！

他顾不了自己相濡以沫的伴侣已病入沉疴！

宫帏是那么华贵，却又那么寂寞！

只有察必还在挣扎着想……

【察必之死与阿合马之位极人臣】

古代的后妃们毫无例外，随着年老色衰大多是空留下难言的孤独和寂寞。而君王们就不一样了，无论再老迈年高身旁却永不乏一茬又一茬妙龄少女。

似乎忽必烈也不例外……

据《元史》有关宫帏制度的记载：“除四皇后外，上还需在弘吉拉部选拔大量嫔妃。”到底选过多少，史无明确记载。但对选拔的过程，却有多种史书尽有详述。大体情况如下：弘吉拉草原以盛出蒙古美女闻名于世，就连马可·波罗也盛赞“其人甚美”。但即便这样，挑选仍然极为严格。先是由专业人士“检查其肤、发、面、眼、口、唇等部位是否与全身相称”，然后再用“打分之法逐个加以筛选”。但在来到两都进宫之前，还要根据美的等级再甄别一次。这还不算！即使入选后，也尚需“与宫中老妇共寝一榻，审视其有无隐疾，肢体有无缺陷，卧后有无鼾声，气息有无恶臭，身上有无秽气”等等。最终入选后，则“六人为一班，轮番侍奉圣上。每班侍奉三天三夜，另一班则候于邻室听候吩咐。如此轮换，周而复始”。这种做法表面看来是对祖制的一种延续，而其更重要的实质的意义却在于种族血脉之“永纯”。而据多种史料分析考证，忽必烈虽“好色”却并不“荒淫”。他把这一茬茬娇美少女大都分给四位皇后管辖，只有生儿育女者才被晋升为嫔妃。故在马可·波罗的笔下，才有了下述记述——

他（指忽必烈）有四个妻子。这四个妻子他都认为正室，她们全叫做皇后，再加上各人特殊的名字。她们每一个都有自己的宫。每一宫至少也有三百个最美丽和娴雅的宫女。她们也有许多太监来做侍仆，和许多其他男女仆人。因此每一个皇后都有一万人在她的宫中（按祖俗后宫也称“斡耳朵”）。

由此也不难看出，忽必烈也是位颇重“情义”的男人。初婚的帖木古伦大皇后已死去许多年了，但他却在两都仍为她保持着宫帏的建制。但更重要的还在于，他通过这种“轮幸”也牢牢掌控着各位皇后及诸皇子的动向。比如说有关察必的情况，她送来的少女也大都像她那样“文雅贤淑”。即使皇帝大展雄风时，也总能谦恭地有问必答：大皇后福寿安康，整日里以调教小皇孙为乐。现已又拼成另一种坐垫图案，所织弓弦绫衣又够赏十余位勋将功臣了……忽必烈“政务繁重”难得亲自前往眷顾，当然闻大皇后如此般已“成功转型”也只有“深感欣慰”了。

其实，此时的察必已日益“病情沉重，渐难支撑”了……

宫帏深处静悄悄的！由于她与生俱来的特殊人格魅力，似乎整个“斡耳朵”的人们都愿遵从她之命绝不轻易去“打扰圣上”。后来忽必烈似也若有所闻，并亲自几次前来探视，但均被察必轻妆淡抹起身相迎掩饰过去了。或许是因为忽必烈“日理万机”太忙，也就只命御医加紧为“皇后调养”便匆匆离去了。随后又命太子妃阔阔真“代朕陪护”，从此便绝少再在这座“斡耳朵”露面了。这已算一种很难得的“特殊恩宠”，似要怪也只能怪大皇后的“好强”。

但有谁又能够理解此刻察必的心情呢？

这位大皇后对三位嫡子都十分疼爱，但却只认为唯有长子承继大统才能彻底避免历史性的“手足相残”。知子莫如母！她看中正是真金那种自幼习儒所形成的“仁厚宽恕”之天性。上次当众受斥之“忍辱负重”，显然也是为确保真金的太子地位不受伤害。虽因此抑郁致病“终至不起”，但她还是庆幸太子和藩邸旧臣又躲过了一难。然而，她不仅是个慈爱的母亲，同时也是一位多情的妻子。在病痛的折磨中，她似乎在备受责难中却更理解了自己那曾经相濡以沫的丈夫——忽必烈：他有多么难啊！他正在经营着一个如此庞大的帝国，真可谓“前无古人，后无来者”！西至中亚、南亚、甚至东欧；东至穷海；北至极地；南至西沙、南沙，或者更远……好大一个天下，绝对早已超越秦皇、汉武、唐宗、宋祖！但当大皇帝兼天可汗又是如此之难，似也只能老当益壮继续“挥斥方遒”。

但愿父亲创业，儿子治国，群儒们也终得尽展其才……

为此，察必严禁宫人将自己更加病重的消息再禀告圣上，即使对自己“斡耳朵”当去“轮置”的少女也必亲自详加密嘱。目的只有一个，绝不能因为自己的疾患再次引发宫帏动荡而影响了父子间的平衡。她明白，只要自己在，真金的太子地位就相对安全，藩邸的旧臣们也不会就此彻底沦落飘零。因为她太了解忽必烈了，她深知在他的心目中仍还有着自己，若不然真金和他的儒僚们的处境早就不堪设想了。

她还想活，久久地活，以维护这种平衡……

只可叹！此前那些足以威慑阿合马的能臣谋士已先后相继辞世：至元十一年(1274年)刘秉忠病死了；至元十二年(1275年)史天泽亡故；至元十三年初(1276年)唯一可影响忽必烈决策的元勋贵胄霸突鲁也魂归草原了；至元十四年底(1276年)就连忽必烈最倚重的中枢要臣赵璧也英年早逝。随之，又传来了巨无霸郑鼎于江南舟覆溺水身亡的消息……似天助奸佞阿合马从此就变得更加有恃无恐。大肆排挤汉臣儒僚，致使追随忽必烈数十年的原“金莲川幕府”人员下场均十分凄凉。而更可悲的是，就在她越病越重期间，又传来了一个个更令她悲痛欲绝的消息，继最早的藩邸儒臣赵璧、刘秉忠等幕僚相继故去后，金莲川幕府的故旧们于郁郁寡欢间还在先后死去。至元十五年(1278)曾助世祖谋定天下的首席谋臣姚枢离开了人世，同年，曾助世祖平抚云南之董氏三兄弟之一儒将董文忠也死了；至元十六年(1279)燕京大儒兼能臣杨惟中阖然辞世；随之，累立奇功的平南统帅张弘范也英年早逝了。至元十七年（1280年)曾助世祖勇登帝位而立下汗马功劳的元勋廉希宪罢相后也离开了人世，年仅五十岁；之后，太子的老师窦默及儒家能臣李德辉也死了；还有藩邸的旧臣宿卫孟速思、赡思丁、牡戈、昔班、阔阔、张耕等等，均先后弃世离她而去了……遥想金莲川，追忆毡帐王城，昔日群英荟萃，今已寥若晨星。

察必突然感到一种从未有过的凄苦和孤独……

但阿合马却觉得机会来了，“项庄舞剑，意在沛公”，竟又在蓄意挑起事端。史称，此时的阿合马已不可一世，早倚仗他“掘地三尺”为老皇帝实现雄才大略的“敛财之功”，而成为中书省“专横跋扈、为所欲为，内通货贿，外示威刑，廷中相视，无敢论列”说一不二的超级权奸。而此时的忽必烈已属年迈，大多时间均于深宫大内处理天下大事。故而史称，阿合马“授引奸党郝祯、耿仁，骤升同列，阴谋交通，专事蒙蔽”。但又“唯圣上之命是从”，“所需财资无不及时以供”，这似乎比“蒙蔽”更具有作用（以上引语均录于《元史》卷二百五《阿合马传》）。发展到最后，竟然公开指称一代大儒、国子监祭酒许衡“名为清廉，实为谋反”！当着中枢内阁群臣，还进而声色俱厉地发出质问:“公实反耳！人所嗜好者，势力、爵禄、声色也！公一切不好，欲得人心，非反而何？”（见《元史》卷一百五十八《许衡传》）颠倒黑白到如此地步，显然是又在发出一个讯号：昔日的家主察必皇后已经被借皇上之手整得悄然隐退，现在似已经到“打狗给主人看”的时候了。目标明确！直指尚在总领中书省事的太子真金，他要除掉头上最后一道紧箍咒！

而几乎与此同时，忽必烈却又进入了人生又一辉煌时刻……

据史载，进入1279年，南宋的一些残余的抗元力量已被剪灭殆尽了。虽有民族英雄文天祥、张世杰、陆秀夫等的率众奋力反抗，但昏君奸相放纵腐败蛀空了的江山社稷早无力回天了。在忽必烈施展雄才统筹全局的指挥下，到年底便先是传来了张世杰为保新立的小皇帝指挥战舰突围，遇风浪船沉而死，后又传来了陆秀夫宁死不屈背幼主蹈海而亡等消息。都很悲壮，致令忽必烈闻之也“肃然起敬”。（见《元史》之《世祖纪六》）到1280年初，就连大义凛然的南宋末代宰相文天祥也被押送至了大都，至此忽必烈彻底“南顾无忧”了。

但虽令人振奋，却更令人棘手，很显然文天祥是想借此洒一腔热血唤醒大江南北之民族大义。而蒙古民族一向是崇尚英雄的，尤其是对那些铁骨铮铮敢于孤肩担道义的人物。为此，当忽必烈听到文天祥那千古名句“人生自古谁无死，留取丹心照汗青”之后，敬佩之余更是决心将其不惜一切纳入自己麾下。先是命将文天祥安排于国家之馆驿中，享受上宾待遇，谁料文天祥却“义不寝处”而只愿过囚徒生活。无奈忽必烈只好把他改而关押在兵马司空宅内，并谕旨“且令千户所好好与茶饭者”(见《元史》之《世祖本纪》)。权臣阿合马欲抢头功曾首先前去劝降，没想到竟首尝文天祥“正义凛然，严词以拒”之屈辱，归来即启奏忽必烈曰：“不如杀之弃市，以镇反徒!其不识时务，不应世势，留之何用?”而忽必烈当即怒斥以答：“汝愚蠢也!与其相比，汝人味尽失给他提靴子也不配!”随之，忽必烈为了争取这位“旷古之忠义奇才”，竟采用了蒙古人“驯马”的办法。时而力伏，时而软降。颇为大度，颇有耐性，当然没有时间再去理会朝臣间这种蝇营狗苟的“斗嘴”小事了。

陶俑

但这种“小事”却必然会很快传进后宫……

因为这不仅仅说明了察必在蒙汉百官中均极有亲和力，而且也说明阿合马在朝中的“一手遮天”也早引起“国族”的愤怒了。太子妃阔阔真来后宫侍奉婆婆也越来越勤快，显然带来得更多的是太子和东宫诸臣如王恂和不忽木等的忧虑。但察必听后却出奇地镇定，只是要御医如实告知自己还有

陶俑

多少时日。随之便给了阔阔真一个更加神秘的任务，而后便是在病痛的折磨中静候着事态的发展……只可悲！忽必烈此时仍认为察必尚比自己小十几岁，觉得她怎么也不会走在自己前头。除特别恩准所余不多的藩邸旧臣可以进宫探视外，便为排解“日理万机”的疲劳改为“狩猎议事”去了。这并不奇怪！史称元代“朝无常制”，皇上的三大任务即：征战，游猎、飨宴！所需议及之事，均在此期间个别谈话或协商便议定了。据说，还是阿合马泣告当应以“龙体为重”，才特殊安排好这次“观沧海以舒怀”之游猎的。好在马可·波罗在《马可·波罗行记》中曾有过此类记述，为突显特色现特详录于后——

当大可汗远征到临近大洋海的时候，打兽打鸟的美丽景致，是不缺少的……大可汗常常坐在一个美丽的木头寝室中，四只象抬着室走。室中用锤金制成的布匹镶里，外面盖着狮子皮。当打鸟时，因为他有痛风病，所以他常常留在室中。大可汗在室中常常养着十二只好的鹰。里面也有许多贵官和妇女来引他快乐，和他作伴。当他在那放在象背上的寝室中，站起散步时，你们必须知道，如有骑马在他左右的贵官大声喊，“陛下，有鹤飞过去了”。他听到后，即揭开寝室的遮盖物，来看鹤。他叫把所要的大鹰拿来放出。这些鹰最后和鹤争斗，常常的把它们捉住。大可汗在窗上看见这种景致，觉得非常快乐和欢娱。

果然“美不胜收”，令人“留恋忘返”，致使为阿合马留下了足够的时间和空间。遂在当众诬陷许衡的清廉“乃公实谋反耳”不久，便又对太子所倚重的亲信汉臣狠下杀手了。崔斌，今山西大同人，乃藩邸群儒后起之秀。蒙汉语兼通，在灭宋中多有抚治之功。为人刚正忠直，曾累累弹劾阿合马之“横行不法，朋比为奸”。言之凿凿，迫使忽必烈也不得不下旨彻查。此次太子复掌中书事更显形势岌岌可危，阿合马遂罗织罪名迅雷不及掩耳地提前将这位儒臣给诬杀了。据史载，太子真金闻知崔斌被诬杀的消息时正在就餐，遂凄

然丢落了手中的筷子，又急派使者阻止行刑，可惜为时已晚矣!(见《元史》卷一百七十三《崔斌传》)》

而察必闻知此事时，似已只剩奄奄一息了……

但令人惊讶的是，在闻听此讯后竟似突然“回光返照”起来。作为一代卓越的蒙古族女政治家，她似乎也要同时在政治上“回光返照”。好像已不仅仅为儿子的皇储位置，目的仿佛更在于绝不能让忽必烈一生所创的伟业毁在这个奴才的手里。或许还有更深层次的想法：那就是也只有除掉这个奴才，朝政方能彻底“改弦易辙”……随之，便是秘密的“两个女人世界”。太子妃阔阔真，不仅后来也是一代贤后，而且她和真金的结合本身就是一部曲折的传奇故事。但现在尚顾不得详说，因为察必皇后眼下最需要的就是一位甘愿为大元王朝赴汤蹈火的人！

似乎她已考虑好了，但却要先接见所有藩邸余臣……

但此时她已衰弱得只能仰卧在眠榻之上，而任太子妃阔阔真代她应对一切。似要当着藩邸余臣，也就此交接班。“金莲川幕府”七零八落的旧臣们是应诏来看她来了，但大多都是叩拜之后唯有默默无语“相对泪千行”。只有一人例外，此人即三晋交城人张易！在“金莲川幕府”时尚且年轻，似与太子等均有过交往。史称其“通术数、有权谋”，曾任中书省“平章政事”且颇有作为。后因遭阿合马诬陷被排挤下台，然其那种“坦然不辩、安之若素”的态度却引起了忽必烈的注意。随之便被任命为“枢密副使”，执掌京都的宿卫兵权。（详见《元史》之《张易传》）此次觐见慰问察必唯他有话要说，刚待跪下便猛叩一头伏地曰：“臣愿为大皇后肝脑涂地！”没头没脑，颇令人莫明其妙。察必却听懂了。但随后所发生的一切便鲜见于史了，似只留下一个千古之谜。

察必本来为此会多活几天的，但谁料随之便是致命的一击……

据史载，1280年冬，秦王芒哥喇薨，王相商挺也跟着遭人诬陷入狱。察必痛失年仅三十二岁的次子，显然加速了她迈向死亡的进程。她大口大口地吐血，无休无止地垂泪，深陷的眼眶里却依旧溢满了心事。像一只耗干了油脂的红烛，但那残余的烛心还在挺立着。临终前的意识是完全清醒的，她好像还在顽强地等待。好在阔阔真依照她的指点，终于派人找回来那个酷似当年的“自己”。随之，察必便是紧紧抓住阔阔真的手不放，似还在用目光叮嘱着什么。阔阔真早泣不成声了，谁料察必却突然又开口说：“你们的父皇是……是一个举世无双的大皇帝……他、他没有滥杀过一位功臣……更、更没有屠过一座城……他、他是个真正的男人、一个真正的蒙古男人……若有来生，我、我还要跟定他……”

再没话了，似只顾瞪大眼睛在等待什么……

也难怪!当步入人生的终点时，人们总会发现似有什么值得自己如此留恋。而察必对忽必烈即如此，她早发现自己竟对他是如此的难割难舍。似乎往日的恩恩怨怨并不重要了，眼前就连他的种种失误似都具有一种坦坦荡荡的特殊的男性魅力。难道不是这样吗?他本来就是从茫茫无际的大草原跨马冲杀出来的，所思所想所作所为当然会和从独门小院走出的儒臣们有所不同。草原般

元大都—国子监

的胸怀当然难忍“独尊儒术”之拘束了，而“天马行空，海纳百川”也未必不能创造奇迹：意大利人马可·波罗来了，尼泊尔的神奇工匠阿哥尼来了，波斯的技艺侍臣札马鲁丁和史学家拉施德来了，以至阿拉伯、欧洲、中亚诸国的能人高手都纷纷前来愿为他服务。不仅筑起了大都的白塔，建起了当时堪称天下第一的观象台，而且还第一次实地勘测了黄河，并及时颁布了流芳百世的《授时历》……即使就拿用人来说，除了祸国殃民的阿合马之外，他不是知人善任也提携了一批国之栋梁的人才吗?如伯颜、阿术、张雄飞、程巨夫、不忽木……总之，在此即将永诀的时刻，察必对忽必烈竟感到是如此的依依不舍。往日的恩恩怨怨是是非非顿时全都化解了，似乎只留下了初识时那春情萌动，新婚夜那缠绵缱绻，成家后那恩爱无比，患难时那同舟共济，创业时那齐心协力。和他做夫妻这一辈子真累啊!但他最终使一个少女朦胧的幻想变成了现实，她成了大元王朝的第一代入主华夏的大皇后!真没有和他在一起待够啊，真没有和他在一起待够!此恨绵绵无绝期，但愿还有来生……但她毕竟是个杰出的蒙古族女政治家，她也知道这有多么虚幻。她早把一切都准备好了，只在临终前渴望再见上他一面。

据史载，忽必烈闻知后竟在错愕中几乎栽倒……

这位日理万机的大皇帝本以为，宫帏深处久久无人前来告急，而自己又延请了天下名医，比自己小十余岁的大皇后应在逐步好转。更何况皇二子芒哥喇的突然辞世给他造成的“椎心之痛”，使他陷入悲伤尚未能解脱出来。再加上自己钦派前去辅佐秦王的赵炳随后也莫名其妙地被人暗害了，随之他便听信阿合马之谗言将商挺当作主要疑犯拘押回京下狱审问。显然是悲愤交加只顾此事了，竟然将争取被俘的“南宋绝代贤相”文天祥之事也暂放一边。而就在此时，后宫又慌忙前来报此凶讯，并泣告了察必的濒危之语。据史载，忽必烈闻之大恸，竟当着众臣捶胸而呼曰：“汝不能弃朕而去!唯卿妻也，唯卿妻也!”

但此时的察必将闭上眼睛，似只有进气而没出气了……

等忽必烈赶来时气氛相当凝重，似已无可救药了。忽必烈却紧握着察必的一只手，还在悲泣中不断地呼唤曰：“唯卿妻也!唯卿妻也……”突然，察必挣扎着似乎又有了声音。但可悲的是那只是她最后的永诀之语："要、要善待太子……不、不要轻易言废……"随之，任忽必烈再捶胸顿足地答应，再悲天怆地地呼唤，察必却已安详地合上了眼，再无一丝声息了（以上史料取自于《元史》与志费尼的《世界征服者史》等）。

史称，忽必烈大恸，一夜间竟老了许多，好像变了一个人似的。

相传，人们都目睹了一只圣洁的白鹿闪着光芒跃上了夜空。

崇高的人格，伟大的母爱，超凡的政治智慧！

走了，终于走完了她传奇的一生。

唯留深深怀念在人间……

第九辑

【本辑提要】察必之死是大元王朝之一大悲剧。正值人生盛年，如果她能活着看到父子顺利地交接班，肯定展现给后人的会是完全不同的历史篇章。但即使如此，她临终前的种种安排还是显示了一位杰出的蒙古族女政治家的深谋远虑。史籍是从未指出过阿合马暴毙的幕后主谋，而从种种史料提供的讯息来看作如此论断也绝非是捕风捉影。处处均有史为证，似事实已托出了历史真相。但更值得一提的是忽必烈在处理此事时显现出的卓越的政治家风范；翻手为云，覆手为雨，竟把历史遮掩得严严实实而且“皆大欢喜”。只可惜智者千虑必有一失，察必死后她那替身的出现反倒激发了忽必烈旺盛的活力，使他更像一株参天的大树，而太子在他的浓荫下却只能扮演一株战战兢兢的小草。

怀才不遇，最终提前枯萎了……

【权奸之暴毙与文天祥之大义凛然】

在这惊人的噩耗中，最幸灾乐祸的莫过于阿合马了……

据史载，察必大皇后死于至元十八年(1281年)春末，时年约五十多岁。她的悄然辞世显然是对汉臣儒僚最沉重的一击，难怪均“如丧妣妣、悲泣不已”。一代大儒许衡就是在这种状态下随后忧愤去世的，临终竟命子女不得请谥，墓碑仅写“许某之墓”四字即可，绝望之情可见一斑(详见《元史》之《许衡传》)。

而阿合马闻此竟在国丧期举杯哈哈大笑……

对这位权倾一时的奸相来说，似乎还不仅仅乐观这位与自己恶斗了十几年老对头之死。而更重要的还在于，他还亲眼目睹了大皇帝竟因“丧偶之痛”一夜间老了许多，就像变了个人似的。而皇太子真金正在外地巡视，闻母丧归来后早失魂落魄似成了扶不起的阿斗。确实如此!据史载，真金闻母死讯悲痛欲绝，一连三日水米未进而只顾日夜兼程赶回宫里。为母守灵时竟扑倒在地瘫作一团，似从此便被抽掉了主心骨。许多中外史书均称：“阿合马于朝中唯惮太子也！”当然这种状况下他更“乐观其成”。须知，阿合马当时已权倾朝野，爪牙党羽已密布天下。而大皇帝时年已六十七岁，太子真金又过于仁弱多病。宫帏之乱作一团，绝对有助于他进一步独揽朝纲，玩老皇上与病太子于手掌之中，从此昔日的家奴或将成为真正的主人！

只不该他太小瞧察必的深谋远虑了……

忽必烈痛心疾首一夜间似老了许多，一直沉浸在对察必的回忆之中。多日之后似精神尚很恍惚，但太子妃阔阔真还是谨遵母后的遗嘱，适时向忽必烈呈上一封察必留下的密函。还是用那种只有夫妻间才能懂得的私语写成的，果然忽必烈阅后便当即挣扎而起，摇摇晃晃向察必昔日所居的宫帏走来。侍臣绝不敢阻拦，只以为此皆因情困扰所致。但忽必烈还在惘然地走着，似乎要去追逐察必给他留下的一个神话。却谁料正当他哀思戚戚地步入时，眼前竟又重现了昔日的辉煌：烛光摇曳，香烟袅袅，如梦如幻，处处弥漫着一片可人的温馨。再看纱帏之内，竟隐隐闪现出一位婀娜多姿的身影。忽必烈惊呼了：“谁?”这时却恍若坠入幻境，有人竟掀开纱帏应声而出了。只见她头戴着大皇后的“罟罟”，盛装着大皇后的服饰，明眸、皓齿、笑靥，与少女时期的察必一模一样，分明是她“浴火重生”又再次回到了自己身边。忽必烈喜极而泣惊呼曰：“察必!朕之察……”又不料那少女却跪迎道:“那是我的姑母，臣妾南必！”宫帏静悄悄的，人们均目瞪口呆了。（取材于多种野史笔记）

有了南必！后宫的情绪迅速在改观……

切莫以现代思维评价此事，要知道在七百多年前这完全是符合民俗民风的。十九岁南必的出现，不仅果然又重新激活了忽必烈，而且也使仁儒的太子从此更“内顾无忧”了。这说明察必大皇后的别具深谋远虑，阿合马在这方面绝非自己女主子的对手。为此，她早已为防自己出现“万一”选定了亲侄女，不但与自己相像而且又极具教养。尤为重要的是她了解男人，更了解忽必烈。他现在尚不能跟随自己一起离去，大元王朝还需要他那雄才大略稳定政局。况且自己设计的那秘密的“清君侧”也还在进行，唯留下真金也很可能难以面对此波大风大浪。史称察必有“经天纬地”之才，由此可见绝非虚言。

死诸葛吓死活司马，历史故事似乎马上又要重演了……

阿合马当然会大失所望了。他所期望的宫室瘫痪不仅未曾出现，而且面对着新皇后他仍得自称为“家奴”。据史载，不久南必即被正式册封为皇后，入继了姑母的“斡耳朵”开始执掌六宫。也颇有政治头脑，行事大有察必之遗风。着力保护并以身作则地尊重着太子，致使汉臣儒僚又恍若看到了希望。家族内部承袭，阿合马当然面对着这位十九岁的大皇后也只有唯唯诺诺了。

但其仍不知死期将至，却仍在朝中横行不法……

至元十九年(1282年)三月，据史载，忽必烈“照例北上巡幸，驻跸于察罕淖尔，太子真金从行”，而“左丞相阿合马与枢密副使张易奉旨留守大都”。也就在这种特殊的情况下，一件惊天动地的大事发生了。表面看来，果然是“燕赵多慷慨悲歌之士”，以王著与高和尚为首的众多民间豪杰终于开始行动了。王著，山东益都人。曾投笔从戎，当过代理千户长。史称其“嫉恶如仇，沉毅有胆气”。高和尚，又名高菩萨。自称有秘术，“能役鬼神为兵”。而马

百眼窑壁画宣教图

可·波罗在其《马可·波罗行记》中却只说："高和尚的母亲、妻子、女儿都被阿合马奸淫了。他在盛怒之下，与王著合谋杀掉阿合马。"也可算权相恶贯满盈，王著与高和尚竟很快便在身旁聚集了众多愿"杀身成仁"的民间义士。只因阿合马也深知自己罪孽深重必须严加防范以备不测，故面对其"出没无常、行踪诡秘、夜眠则换地再三"，再加上宿卫众多，为此竟久久难以得手。而后者显然得到幕后高人指点，遂才有了趁皇上太子均不在大都的惊人之举。

明目张胆，假扮太子，组织严密，诈开皇城……

从各种中外相关史料看来，这次行动显然是一次"大家手笔"。虽已入夜，但皇城上下火把通明，巡查仍很严谨，但假扮太子、侍臣、众宿卫，却仍可从容镇定。无论从装束到扮相上，朦朦胧胧中都几乎均可以假乱真。然而再是"大家手笔"也必有漏洞，比如来到皇城根竟不知太子平时从何门而人，张九思等臣已"惑其伪而拒开西门"。多亏了王著之机敏，伪太子之沉着，这才急速改向了南门。也合当阿合马该死，因平时"朝中唯惮太子"，正亲率百官在外恭迎真金。随之便如史书所述："先是唤中书省官员上前，叱责数语，王著即牵起阿合马，以袖中铜锤猛击其脑，当场毙命!"历代义士均是反权奸不反皇上的，随后王著即弃锤哈哈大笑曰："天助我也!我王著虽死而无憾矣!"

结果可想而知，就连高和尚等众义士也纷纷束手就擒……

据元·郑所南所著《心史》载：阿合马被击身亡后，"军民尽分脔阿合马之肉而食，贫人亦莫不典衣，歌饮相庆，燕京酒三日俱空。"足见世人对这位权奸仇恨之深。而在察罕淖尔巡幸的忽必烈闻知后却只有震怒、暴怒、以致狂怒，竟认为此乃"汉人造反"，遂命令蒙族枢密副使孛罗与司徒霍礼合孙紧急赶往大都"严厉镇压"。三日后，即将王著与高和尚及其同党近四百人，全部押于大都街市当众诛杀，致使血流成河，头颅遍地滚落。但大多义士均慷慨赴义，而王著尤显突出。竟沿街高呼曰："王著为天下除害，今死矣，异日必有人为我书其事者!"(以上均详见《元史》二百五《阿合马传》)王著时年仅二十九岁。

当然，作为禁卫军的首领，张易也因'失职'被拘审了……

而忽必烈毕竟是位了不起的政治家，数百颗人头终于从震怒中换来了他的冷静和沉思。眯起一副老而狐疑的眼睛，反复召见王思廉等汉臣谈话，似想从中套出什么阴谋来。但王思廉等深知后果之严重，均婉转应对只暗示“王著等人此举唯反阿合马，并不反圣上”。不仅讳言张易，更对其他汉臣绝不涉及。其实有史可查，张易与王著等早有来往，并曾举荐过他们。(见《元史》卷十一《世祖纪八》)为此，据野史载，忽必烈曾秘密提审过张易，追问过：“是何人令汝如此大胆？”张易却答：“臣自少即追随陛下创业天下，皇上即臣之至上，皇后即臣之至尊，皇太子即臣之至要。无须问也!臣甘愿以此头颅为陛下换回百年盛世，叩请圣上请速诛臣下以传首四方!”忽必烈若有所悟，但张易却早把察必留给他的那道赦命诏旨焚烧灭迹了。临被押下，尚伏地泣奏曰：“大皇后临终唯向臣留两嘱，一乃文丞相当尽快成全其志；二乃商挺绝非下作之人，若此焉能无兵即可解除我主西顾之忧?臣再无他言也，临终尚能见圣上一面，足矣!”儒者所谓的“高风亮节”，在张易身上得到了充分的展现。随之竟含泪退下，致使忽必烈目送间，也不由得泪眼朦胧。

但最关键的还是与不忽木的彻夜长谈……

别看这位新皇后方才过了十九岁，但却果真继承了其姑母的遗风。她虽然初次走出弘吉拉草原，但已从太子妃处早知了朝堂的风云变幻。见老皇上久思不语，便按早有的安排请出一位特别的人物——康里人燕真之子不忽木。由于其父与忽必烈自幼即一起长大，而他从小又是太子真金的伴读，君臣关系颇为特殊，故忽必烈待之竟如子侄一般。但平时深受太子拘束，生怕他多嘴多舌给东宫惹出祸来。而现在好了，有小皇后和太子妃作主似可一吐为快了。但也规矩甚严，绝不允许他涉及太子和东宫一字！果然，忽必烈看他到来也不见外，顿时便向他打听起朝野之议论。而不忽木也就此侃侃而谈，随之，便大量转述了蒙古与色目众臣对此事的反映：人们早对这位权相恨之入骨，闻之被王著以锤击毙莫不欢欣鼓舞！而确有史可考，阿合马后期也太专横拔扈无法无天了，不仅敢擅杀太子的亲信重臣崔斌，竟敢公然蔑视在蒙古族中有着极高声望的元勋功臣，比如灭宋统帅伯颜凯旋归来，阿合马竟敢拦路索要宋室珍宝。未成便反诬伯颜藏宋之国宝图谋不轨。忽必烈闻之大怒，竟将伯颜置于狗圈之中以辱之。(见《元史》卷一百二十七《伯颜传》)副帅阿术也因相同原因，更“皆受囚系”。(见元·郑思肖《大义略叙》)虽后均真相大白，但阿合马却未受到任何处理。故此次这位奸相之被击毙，同时也受到了蒙古族上层极多有识之士的欢迎。有些人竟“主动施于海东青衣袄三千件，焚烧而祭奠王著等”。(见元·《秋涧集》卷八十《中堂纪事》)就连一些色目仁臣，也对阿合马之擅权无耻极为反感，遂早就形成了“各族共讨之，朝野欲诛之”的态势。而忽必烈闻不忽木伏地忠心坦言，竟在久久的沉思中突然开口自语曰：“朕不能与此厮同队阿鼻地狱!”几乎与此同时，南必也不失时机地进言道：“先大皇后也早有遗言在前——”谁料忽必烈竟伸手掩其口曰：“勿言!朕已心领神会矣!”

遂行事之风大度，一夜间来了个一百八十度大转弯……

从此，绝口再不提“汉人造反”，更彻底停止了对张易“同党与主谋”的彻查。据称，乃因有人密告，阿合马竟将商人献给皇上的一颗巨钻和南宋献上的两颗特大珍珠，均私自扣留据为已有。而遣使前往其宅搜取，也果然从其爱妾居处获得。又据称，忽必烈闻讯“大为震惊”，痛心疾首之余竟当着众臣不无自责叹息连连。似乎在告诉众臣：绝没想到二十年来非常顺从听话的阿合马，竟敢利用自己的信任如此大胆妄为地欺骗自己!而众臣也诚心诚意地相信：皇上一贯圣明，今日之事皆因阿合马奸诈蒙骗所致!随之，忽必烈也又再现明君风度，当即命太子真金主持中书省更进而彻查阿合马之种种罪恶。此举真可谓一箭双雕!不仅使汉臣儒僚们又彻底放了心，而且也彰显了皇室内部之合力齐心。而太子真金也命枢密副使孛罗及时向圣上禀报进展情况，故忽必烈得知阿合马背着自己所犯种种令人发指的罪行后，终于若有领悟地说出了那句话：“王著杀之，诚是也!”（见《元史》卷十二《世祖纪九》）

难怪史称：“宠臣”即“蠹臣”……

阿合马也确实是太无法无天了。其长子忽辛曾任大都路总管、潭州行省左臣，次子莫速忽曾任杭州路“达鲁花赤”，侄子别都鲁丁则为河南行省参政。就连马可·波罗在其《马可·波罗行记》中也称：“他（指阿合马）有二十五个儿子，都居高贵的官职。有几个用他们父亲的名义，在他的保护下，同他一样去奸淫妇女和做出许多凶猛残恶的事情。”而其本人，《元史》则更称之“专横暴虐，贪赃荒淫”，妻“四十余”妾“四百余人”。在察必皇后去世后，更网罗群奸肆无忌惮地打起了太子甚至是皇上的主意。得意忘形，死有余辜！

顺应民意，绝对要让天下百姓宣泄个够……

本来阿合马被击杀后已经极其隆重地埋葬了，而随着他的种种罪行暴露忽必烈终于怒不可遏了。遂下令将阿合马重新从坟墓中挖出来，不仅“剖棺戮尸”，而且将其尸体“脚下系绳，拖至市街，任车马从其身上往来驶过”，最后“纵犬食之”。不仅如此，忽必烈还下令籍没阿合马的全部家财。据史载，在搜查其另一爱妾家藏时，竟“得二熟人皮于柜中，两耳具存矣!”忽必烈闻之几近怒发冲冠，当即下令“活剥了阿合马之子忽辛、阿散等人之皮”。并且将其全部家财充了公,“四十个妻子与四百个妾”也均充了公全都“分配”了。尚有“大快人心事”!还将其抢占的民女下令还给原主，阿合马的爪牙与党徒也得到相对彻底的清算。果不愧一代雄主，软硬两手均施展得十分到位。致使无数黎庶均奔走相告，击掌相庆。(以上史料均见于《元史》卷二百五《阿合马传》)

而儒臣似仍担心着对张易的处置，还尚有商挺……

要顺应民心就顺应个够，果然忽必烈要做好事也做到底了。不失时机地采用了缓和汉人汉地的舆情，竟采纳了太子真金的主张，将张易的罪名改为“应变不审”而免于“传首四方”。出了这么大的娄子该杀还得杀，若不然不顾王法只念私情也该露馅了。但对于一些有牵连的人或家属却一概不予追究，这已足使张文谦与赵良弼这样的藩邸老臣彻底放心和感恩不尽。藩邸旧臣不剩几个了，这又得牵扯到商挺。好在忽必烈还在继续“圣明”，仍命太子真金彻查赵炳被害一案。这一查才知道，主因乃赵炳过于“忠直刚愎”、“驭下甚严”得罪了部下郭氏兄弟这对转运使。因惧其严惩，遂借安西王突然辞世造成的混乱将其杀害。忽必烈闻之内情遂将商挺释放出狱，并抚慰其曰：“此皆因阿合马之诬也!然朕早在思忖，商孟卿(即商挺)若如此下作，焉能成为一代名臣兼名将?今得以证实，朕当仍重用也!”(详见《元史》之《张易传》、《商挺传》、《赵炳传》等)

但再查史书，商挺好像从此再无任何大作为了……

据史载，到至元十九年(1282年)十二月初，忽必烈已“借力使力、因势利导”，最终化解了大元王朝有史以来最严重的一场内部危机。现在似该轮到处理那位“文丞相”(朝野均以此尊称文天祥)的时候了，须知他之正义凛然似正在唤醒沉睡数百年北方之汉民族意识。而忽必烈又在混乱之中成为了一代明君，当然会想到及时处理掉这颗“烫手的山芋”。放，曾是他的选项之一，以彰显大度，并可暗中继续怀柔之。谁料竟遇到曾为南宋状元，也曾为南宋宰相，现为降臣的无耻文人留梦炎之坚决反对，若以现代话来说，即把文天祥描述为一颗随时可引爆之“人体炸弹”。当然，还有更重要的原因，那就是通过张易所转述的察必遗言:“成全其志!”为此，历时三年的劝降即将告一段落，1282年十二月八日忽必烈亲自出马做最后一次争取工作。颇为尊重，颇为耐心，见文天祥被押至并不要求其下跪，即循循善诱曰:“汝以事宋者事我，即以汝为中书宰相!”绝口不提“投降”二字，而仅以“事我”相劝，宰相高位乃为突显重其人品也!然文天祥却断然拒绝道：“天祥为宋状元宰相，宋亡，唯可死，不可生!”忽必烈又曰：“汝不为宰

居庸关

白塔寺

相，则为枢密!”意思是说，我把最高军事统帅权都交给了你，还信不过我的一片诚心诚意吗?谁料文天祥的回答还是:“一死之外，无可为者!”忽必烈敬佩他的忠贞，似仍不忍杀他，权且先让他退下。这表现了蒙古人自古崇奉英雄的一种品质，后多亏了又有一批大臣奏言:“文天祥不愿归附，当从其请，赐之死!”忽必烈这才最终予以批准。(详见《宋史》卷四百一十八《文天祥传》等)

一代民族英雄终将慷慨就义……

据史载，至元十九年(1282年)十二月九日，文天祥在大都被押往了柴市口刑场。沿途其“过市扬扬，颜色不变”，“且吟且行，悠然自得”。而“观看者，送行者如堵”。到达柴市口刑场，则更显“从容自若”，临刑前尚索笔写下了最后两首七律绝笔。气贯长虹，笔走龙蛇，其平静浩然之气令围观与送行者莫不“泪如雨下”。其诗云——

昔年单舸走维扬，万死逃生辅宋皇。
天地不容兴社稷，帮家无主失忠良。
神归嵩岳风雷变，气哇烟霞草树荒。
南望九原何处是，尘烟黯淡路茫茫。

衣冠七载混毡裘，憔悴形容似楚囚。
龙驭两宫西江月，神鹿万灶海门秋。
天荒地老英雄丧，国破家亡事业休。
唯有一腔忠烈气，碧空常共暮云愁。

写毕，则掷笔于地，向市人问清南北方向，“南面再拜而就死”。长歌当哭，时年仅四十七岁。据说，忽必烈曾命使者传诏停止用刑，但为时已晚矣，唯见遍地送行者之跪泣。欲用不能，欲杀不忍，足见忽必烈颇为复杂的心态。而此时文天祥却已义薄云天地撒手而去，唯留“一片丹心照汗青”。(诗见《庐陵文丞相文山全集》卷十四，“引语见《申斋集》卷十三《文丞相传》)总之，文天祥已将古之所谓的“文人风骨”又推向了一个更高的境界。

然而，忽必烈在其间也表现得相当不俗……

他之所作所为深刻地表达了：不必非白即黑，非正即邪，非善即恶，非忠即奸，甚至简单化地互作对立面。忽必烈就在这方面做得相当出色。据史载，在他巡幸经晋北雁门关时，闻知关下即杨家将故里。因早知其“一门忠烈”，故下旨敕建“杨家宗祠”，以示敬仰。现赴山西代州，仍可见其敕赐之遗匾。而对文天祥，他更亲自下令于大都建“文丞相祠”。一码归一码，古人似比现代人更高明。

当然，这其中也包涵了在无师自通地运用“软实力”……

总之，忽必烈在处理这次因阿合马被杀引发的政治危机中，既显示了他博大的政治胸怀，又展现他高超的政治手腕。或放或收，掌控自如；或扬或抑，游刃有余。既借“不明真相”，果断出手，残酷镇压，三日内便将王著与高和尚等成百上千民间仁人义士一网打尽斩草除根，又借“幡然大悟”，及时转向，重审权相，数日内便将阿合马剖棺戮尸尽把天下之怒气齐引到这恶奴身上宣泄；既宣扬“宫室内睦”，推皇太子出面主持彻查，以抚慰汉臣汉儒汉地汉民之心，又抑“起事内因”，对张易及所有受牵连的人一概免于深入追究，尽掩事实真相唯求宫室内外一片祥和。黑脸白脸一人兼扮，但最后换来的却是朝野共呼：大皇帝圣明!

果真圣明!但他的内心深处却对汉人汉法越加警惕……

察必似乎并没有死，她那卓越的政治智慧仍在后宫中处处可见：南必新皇后始终牢记着姑母的临终密嘱，始终在维护太子真金的独特地位。而太子妃阔阔真本来就很贤能，再加上有同是弘吉拉草原来的新后之支持更日显干练。

但智者千虑必有一失！察必似乎只注意了“后顾无忧”，却忘了一位小皇后所激发出的旺盛活力又意味着什么。

而忽必烈又绝不是那种沉缅于酒色的君王！

当然会：烈士暮年，壮心不已！

他的目光又望向了世界……

【忽必烈的壮怀激烈与太子的英年早逝】

而忽必烈这一放眼不要紧，随之便是“天翻地覆慨而慷”！

据史载，至元二十一年(1284年)正月，诸王百官为忽必烈七十大寿上尊号曰：宪天述道仁文义武大光孝皇帝!此时，太子真金早荣任“监国”，表面上已代理年迈的父皇开始“执政”。其实忽必烈仍紧紧控制着所有大权，龙骧虎视地观察着太子的一举一动。

他仍在为圣祖成吉思汗子孙的未来殚精竭虑着……

用现在的话来说，他唯恐太子以“小农经济”的目光来治国。他要的是儿子也能施展“雄才大略”以继承圣祖之伟业。再加上阿合马之死如李璮之乱一般，本能地使他对汉人汉地更严加防范，对汉儒汉臣也更颇多猜忌。为此，他还为儿子特别任命了一位蒙古贵胄、宿卫大臣霍礼合孙为中书省右丞相，主持朝政。霍礼合孙，即用残酷手段镇压王著等诸多义士者，原任“蒙古翰林学士承旨”。忽必烈本以为此人“文武双全”，必会“深察朕意”，谁料霍礼合孙上任后竟反而又和汉臣儒僚搅在了一起，还与何伟与徐琰等儒臣一起听太子训示：“汝等学孔子之道，今始得行，宜尽平生所学，力行之!”(见《元史》卷一百一十五《裕宗纪》)这使忽必烈大为失望，只因还念父子之情尚能强忍继续观望着。

居庸关云台浮雕

居庸关云台过街塔刻文

政见不同造成父子间的矛盾，情况相当复杂……

这倒不是说，他放弃了汉地汉法和儒家学说，而只能是说他嫌太子“小家子气”!忽必烈自己深信儒学是博大精深的，他只是鄙夷儒者之“空言义理”动辄“诗词歌赋”。而太子则无视他们不懂“经世致用”，却只跟着儒者“言必称孔孟”尽受条条框框约束。更重要的是自己虽很热衷于儒学教育，从有了“国子学”一直到专设“国子监”。但那是“为我所用”，利用其“君君、臣臣、父父、子子”之说永固大元王朝一统江山。而太子却总在时时暗示当“开科取士”，难道他竟不知如此下去将来天下会“谁主沉浮”吗?李璮之乱，汉人！击杀阿合马之教训更该铭刻在心，蒙古人绝不能再像辽之契丹人、金之女真人那样被滚滚洪流吞没了!

流水不腐，户枢不蠹，似还需要征战!征战!征战!

忽必烈想到此又开始热血沸腾了，虽已年过七十却早已又在“雄心壮志冲云天”了。这也和马背民族的生死观有关系，他们一向对生死看得极为豁达。只要不死，他们就认为长生天留你在世上必负有更大的使命。年纪越大越是如此，以老而推辞将是亵渎神灵。为此，即使有妖娆温柔的小皇后常伴身旁，他还是大气磅礴地越来越坐不住了。他还有很多事要做：亲手建立的驿站还得继续延伸；开辟海运还得继续扩展；外来能工巧匠和西技还得继续应用；陆上和海上的丝绸之路还得继续繁荣……更何况，尚需一雪跨海东征遇飓风失败之耻，对安南缅国也需扩大用兵，跨海征爪哇还得扩大战果，对高丽除了下嫁公主尚有更多的事要做……夜不安寝，夜不安寝!一万年太久，只争朝夕!

而眼前的一切，却似乎均很令人失望……

尤其是宰相霍礼合孙，虽面对王著等众汉人义士出手凶狠，原来也只是唯尊一个“忠”字!其实这位蒙古族骁将实质上乃一个彻底儒化了的蒙古贵胄，自上任以来竟循规蹈距只按孔孟之道行事。为安抚大江南北的人心只顾做了三件事：其一，彻底惩治阿合马之党羽，层层审计核查尽将贪渎之财“收归国库”，忽必烈尚很满意；其二，裁减冗官，废罢阿合马从中央到地方滥设的官署一百七十一所，忽必烈尚可予以批准；其三，重用儒士汉臣，竟又重新奏请“开科取士”。忽必烈终于忍无可忍了。如以历史眼光来看，这纯属一位“贤相之举”。忽必烈若能稍加“甘于寂寞”，大元王朝从此或许另是一番景象。但是，他却对霍礼合孙“唯重儒术”而“讳言财利事”大为不满，尤对其动摇蒙古贵族入仕特权之举更为恼火。于是在霍礼合孙上奏不到一个月，竟将这位可能扭转乾坤的贤臣“罢相”了。(以上史料均见于《元史》之《世祖纪八》、《世祖纪九》及《裕宗纪》、《霍礼合孙传》等)

故态重萌!但对太子真金还算客气……

这对传统的义理派汉儒和受儒家影响的蒙臣均是一次沉重的打击。改革彻底失败，忽必烈又把朝政拉回到以“理财”为中心的旧有轨道。并且也再不甘居于二线了，一跃而重新现身于第一线。

烈士暮年，壮心不已，他又在筹划着一场场战争……

而不断地征战就需要源源不断的财力物力加以支撑。为此，朝中的“义理派”又空欢喜了一场，“息战养民”的追求也就重新化为了泡影。而阿合马虽已“遗臭万年”，但“功利派”却又“借尸还魂”了。忽必烈此后又相继启用了两位理财的权相：一为卢世荣，今河北大名人，是受掌管佛教的总制院使桑哥推荐和支持而登上高位的，也是一位“擅权乱政”之小人，但最后居然“胆大妄为”竟敢触动“蒙古权贵和色目权商”之利益而下场悲惨。再一位便是桑哥，原吐蕃葛洛部族人，通晓蒙、汉、藏、畏兀儿多种语言，因充当过帝师八思巴的译吏，故颇受忽必烈的注意。史称，桑哥其人“狡黠豪横，办事干练，好言财利，圣上欢心，日渐器重”，故在卢世荣理财失败后便“亲自出马”了。他之主要敛财之法便是“钩考”，胁迫地方官吏，对黎庶更加“敲骨吸髓”。借天子之恩宠并假圣僧八思巴之名“无恶不作”，甚至命其党徒伪称蕃僧横行不法于江南，杨琏真加就是颇具代表性的一个。1276年围困临安时，忽必烈为争取民心，曾下令不得侵犯南宋历代皇陵。但尚不到十年（即1283—1284年），权奸桑哥却密令他的爪牙杨琏真加，假征战急需之名掘陵取宝。为得宋理宗口含之一颗夜明珠，竟将其遗体倒悬于树三日“以沁其腹中水银”。并将其他皇陵也劫掠一空；还将历代帝后尸骨与兽骨杂堆一处。上筑一塔，起名镇南塔。（见《南村辍耕录》卷四《发宋陵寝》）致使南人处处又现反相，忽必烈之苦心经营几近毁之于一旦。而他们所利用的也正是“忽必烈日益老迈年高，似也只能于深宫大内指点江山”，所使用之策却如出一辙，仍是“蒙蔽”。故早在元代，时人即曰:“桑哥之贪暴残忍，又十倍于阿合马！”（详见《南村辍耕录》卷二十二）只有一点尚可肯定，他们从未使皇上的战争断了财源。

太子真金的日子从此又变得越来越不好过了……

这倒不是因为于至元二十一年(1284年)，叛王海都终于被打服了，就在此前便早已放归了安童与三皇子那木罕。绝无易嫡迹象。然忽必烈出于一种莫名的愤懑，对这位嫡幼子虽封王晋爵却始终拒而不见。(详见拉施德《史集》)而那木罕经过了多年的磨难似也意志消沉，归来后也唯愿侍奉父皇和太子，仅为一名出征的兵帅。闻母后已死，兄弟俩相拥而泣反倒更加亲密了。问题不在这儿，问题竟然来自于那些把他当作希望的儒士汉臣们。他们绝不甘心于霍礼合孙的被“罢相”，竟不管他艰难的处境，又进而更有了迂腐的惊人之举。至元二十二年(1285年)，江南御史台有一位监察御史竟上封事说：忽必烈“春秋高，宜禅位于皇太子，皇后不宜预外事”!(详见元·《菊潭集》卷二《平章政事致仕尚公神道碑》)

而这对于太子真金来说，简直就像一道催命符……

多亏中央御史台尚有一位明白人，即神道碑中所提之“尚公”尚文。时任御史台“都事”，见此奏章深感关系重大，便将其暗中悄然压下。却谁料阿合马残余的党羽达吉古阿散却似有早有所闻，遂以种种借口要求彻查御史台所有文牍。而尚文也算得一代精明儒史，就是执意扣留拒不交于此辈。达吉古阿散如疯狗狂咬一般随即上告，致使忽必烈大怒，亲自派人前来索取。情况越来越危急，尚文似也只能向御史大夫玉昔帖木儿禀明愿承担一切责任，并进言曰：“此乃上危太子，下陷大臣，流毒天下庶众之阴毒计谋!而达吉古阿散乃阿合马余党，赃罪狼藉，证据确凿!依臣所见，不如抢先揭发，以戳穿其阴谋！”玉昔帖木儿从之，忙与归来即接任中书省丞相的安童商议。原来二人均倾向于太子真金的政见，虽身为蒙古族重臣却都是坚定的汉法派官员。于是二人便入宫主动奏明事情原委，并呈证指出“达吉古阿散乃阿合马之余孽也”！然忽必烈仍大为震怒，当面质问二臣曰：“汝等无罪耶?”但安童却颇为平静进奏道：“臣等无所逃罪，但此辈名载刑书，此举动摇人心，宜选重臣为之长，庶靖纷扰！”（引自《安童传》原文）意思是说，我等并不想回避什么罪责，而这帮想把事情闹大危及太子的人才值得注意。御史台也接到许多揭发他们的奏章，他们均想借此谋害太子为阿合马复仇！当务之急是应派能臣彻查，以固国本以安天下人心！对于忽必烈这样一位杰出的政治家来说，有这样发自肺腑的提醒已经足够了。随之便“从容纳谏”尽皆采用了安童和玉昔帖木儿的建言。不久即对达吉古阿散及其同伙以奸赃罪处死，南台御史之禅位奏章之事也就不了了之。(见于《元史》卷一百一十五，《裕宗纪》卷一百七十《尚文传》等)难得糊涂，似七百多年前就已被一位衰年的君王掌握了。

只是太子真金似乎再也支持不下去了……

从小就受汉族乳母哺育，六七岁就在名师指点下饱读儒家经典，十七岁就被封为燕王出镇幽燕，三十一岁才被正式册封为太子，三十六岁又被御批为代父执政的监国……眼见得一步步走向人生的顶峰，但他却在年迈父皇狐疑目光无所不在的逼视下渐渐支撑不住了。过多人对他寄予了期望，但父皇却永远对他失望。别人总以为他是“大树下面好乘凉”，但他却无时无刻不感到“泰山压顶难伸腰”。尤其是这次的“禅位奏章”事件，更使他惶惶然不可终日。坦然以陈不是，故作不知也不是。他深知父皇的性格，谁要阻碍了他“雄心壮志”的施展，他是绝对不会顾及什么坛坛罐罐和儿女情长的!悠悠万事，唯祖业为大!

果然，父皇悄然开始对东宫动手了……

这倒不是说忽必烈已有什么“易储”的打算，反而似乎应视之为一种“舐犊情深”的体现。他绝对忘不了察必“善待太子”的临终遗愿，更无心否定真金辛劳问政的仁厚之风。只是因为在李璮叛乱和阿合马被杀之后，他竟突然发现太子过于儒化和文弱了。近朱者赤，近墨者黑，看来改造东宫已势在必行了。随之，便将真金身旁的汉臣儒僚先后调出，并调入了一个个性格鲜明的蒙族大臣充任东宫各级宦吏。意在“淬钢”，使自己未来的继承人永不失圣祖子孙的鲜明本色!在他看来，这是“亡羊补牢，犹未晚也”，但在东宫内部却引得人人自危，惶惶然不可终日。“太子善赞”王恂首先忧愤而死，其他儒臣更难免“兔死狐悲”地含泪告别“旧主”而去。唯一留下的只有从小为太子当“伴读”的不忽木，那也是因为他不属于汉臣。也算一种关爱，以免怯懦的太子一时感到孤单。

但在这种特殊的关爱下，真金还是病倒了……

空怀满腔的治国理念竟招致这样的结果，似乎他已再无力挣扎了。如果父子间能有一次彻底的坦诚对话，本来可怕的后果是可以避免的。但父皇却抢先动了手，再加上他从小就敬畏父皇如神，似乎一切都变得“无可救药”了。东宫寝帐旁除了相濡以沫的妻子阔阔真，似也只剩下了从小一起长大的不忽木。但泪眼相对又能说什么呢?似乎也只能在“禅位奏章”事件的阴影下等候命运的摆布。要知道，禅位之奏显然是对父皇的公然蔑视和大不敬，随后更可能演变为“谋反”、“逼宫”!自己或许侥幸逃过此劫，但幕后主谋的恶名还是难以躲过的!还是自己先走了吧，以免无数的仁臣儒僚跟着自己人头落地!

空怀一腔大志，真金终于有苦难言病入膏肓了……

到南必皇后赶来悄悄探视时，他已经病到一个“新的境界”。当听到

蒙古贵族下象棋

南必告诉他说“禅位奏章”事件已经“转危为安”，东宫调动也只不过“淬钢”而已时，真金却只是说:“父皇圣明!父皇大度!而儿臣累矣，心血已耗干矣……”再没话了，但那幽愤的目光却依然似在说:“父皇是一棵参天大树，儿臣只不过旁边之一株小草……然即是小草，也是圣祖之苗裔……儿臣也无愧于为圣祖子孙，儿臣也想使我大元王朝永葆长治久安……”

极为罕见地面露绝望，似已预示着不祥?

果然，太子妃阔阔真已泣不成声，而真金仍在久久凝视着南必嘴唇不断蠕动着。已听不清说什么了，似也只能从他的嗫嚅中大体猜测为：“唯对不起皇后……您为我挡下了诸多迂儒之奏章，化解了父皇一次又一次的震怒……然您却留下了‘干预外事’之诬名，此、此也算得‘舍身成仁’……我、我已将后事尽托于阔阔真，还、还盼皇后今后多加扶持……但、但愿就此一了百了，无、无须再问罪于东宫臣僚……儿臣去矣……”在太子妃阔阔真悲痛欲绝的恸哭声中，大元王朝的第一位皇太子就这样走了。死时年方四十三岁。

从此，汉法儒臣派彻底失掉了依托……

这也可算作古代“两条路线斗争”的一个结果，随着太子真金的辞世，残余之汉法改革派官员似早溃不成军了。从此便是桑哥等“功利复旧”派权臣奸相的更加横行不法，阿合马似乎又“借尸还魂”了。难怪业已年迈的契丹儒臣耶律铸竟悲愤不已，蘸泪赋诗悼念真金太子云——

象辂长归不再朝，痛心监抚事徒劳；
一生威德乾坤重，万古英名日月高。
兰殿好风谁领略，桂宫愁而自萧骚；
如何龙武楼中月，空照丹霞旧佩刀。

就这样，继睿智多谋的察必大皇后辞世之后，皇太子真金也终于撒手西去了，致使得深宫大内一时间变得“冷冷清清，凄凄惨惨戚戚”。从小即为太子“陪读”的东宫色目儒臣不忽木竟为之泣血，捶胸顿足仰天悲号：“天灭吾曹!天灭吾曹……”而丞相安童闻知，思及童年往事更当即晕倒在地。

史称，真金自幼习儒，过于汉化。其实不然，又有多方史料可证实他也是个颇有抱负的太子。似早已从辽金两代难成气候中汲取了教训，对民族振兴与国家命运均有自己宏远的构想。

只可惜!父皇的身影太伟岸巨大了。

他终于撒手走了……

作战图

第十辑

【本辑提要】大皇后察必先他而去了，太子真金也先他而去了。而次子芒哥喇更是先他而去，唯一留下的嫡幼子那木罕却又被下令“永不得朝见”……虽然说忽必烈身旁照样有以南必为首的诸多美女，有以桑哥为首的诸多歌功颂德的媚臣，但那种“高处不胜寒”的孤寂似乎只有他心里体会最深。然而，自己酿就的苦酒也只能强咽下去，况且他已经“骑虎难下”了。为此，在人生的最后时刻，大元王朝的政治舞台上仍闪现着他伟岸而悲壮的身影。既要以古稀之龄去平定“乃颜之乱”，又要经失子之痛重新去培养皇位继承人。但最难能可贵的还在于，他临终前那义无反顾的“衰年变法”。这不仅反映了各民族间从“磨砺”到“融合”的复杂曲折过程，也反映了忽必烈那马背民族特有的豪放和恢弘之气质。

一个伟大的少数民族君主，一个前无古人自觉走下神坛的蒙古族帝王！

他为中国历史掀启了全新的一页……

【自觉走下神坛的“千古一帝”】

忽必烈年纪越老，似越陷入了可怕的孤寂之中……

先是与之奋斗一生历经磨难共创大业的妻子离去了。虽说有惟妙惟肖的小皇后陪伴于身旁，但只有他内心能感受到其间的差距有多少大。

现在皇太子又继可爱的芒哥喇离去了……

这使他陷入了一种前所未有的悲苦之中。他曾老泪纵横狂怒地诅咒过真金不该“弃父皇而去”，但很快便陷入了久久的沉默之中。似有回忆，似有怀念，好像还有深深的自责。当他再开口说话时，人们惊讶地发现他竟总重复着一句话：“是朕活得太久矣……是朕活得太久矣……”意蕴深远，老年丧子之痛展现无遗。

其实，此时他已骑在虎背上难以下来了……

据史载，忽必烈也曾为白发人送黑发人“悲恸不已”，但作为圣祖成吉思汗杰出的子孙他又很快便振作起来了。放眼于两位一直在身边长大的皇嫡孙：甘麻剌与铁穆耳，他这次要亲自动手培养自己心目中当有的继承人。忽必烈一改昔日让子女“从儒受教”之做法，竟把两位少年皇孙尽早封王而置于大漠荒原锤炼，在亲信大臣辅佐下早早便统兵镇守漠北及中亚一带，以使他们一扫其父“仁儒”之风。他一生经营着一个如此庞大的帝国，真可谓“前无古人，后无来者！”但当大皇帝兼天可汗又是如此之难，似也只能拖着年迈的身躯极力支撑了。

但在此期间，他似乎也出现了反向思维……

据史载，越老他便越思及藩邸旧臣，常常自觉或不自觉地当众议及当年姚枢智谋之高明、郝经料事之精准、廉希宪用兵之必胜……尚有野史称，他还常常梦见他们以及许衡、窦默、赵璧、张易以及随后死去的商挺等诸儒还在向他“进谏”。他们似在地下仍向他力陈“马上得天下，马下治天下”之种种要义，甚至还公然向他指出“鱼与熊掌二者不可兼得，唯‘以仁治国’方可光耀千秋”！而他听着似乎也不反感了，竟在梦中也能对他们真诚地回应说:“快了！快了！吾当后顾无忧以‘仁’治天下矣！”似乎他终于想到了转向，想到了回归。

足可见！由“磨砺”到“融合”也是个颇为曲折艰难的过程……

但新的挑战却还在考验着年事日高的忽必烈。前面已经说过，势力最大的头号叛王海都已被打得远遁中亚蛰服了，第二号叛王昔里吉也被迫归降，死于流放的孤岛上了。按说，如果到至元二十四年还有人敢于公然向忽必烈挑战，那就显得有些不自量力，似在“以卵击石”了。但偏偏就有，这就是也在前面已一并提到过的“乃颜之乱”。此役虽已在“平定草原内叛”有关章节综合说过了，现仅略微补充几句。乃颜，塔察儿大王的嫡孙，成吉思汗幼弟斡赤斤·铁木哥是其先祖。史称，由于塔察儿大王居“拥戴首功”，故忽必烈曾给予这个家族丰厚的封赏，遂使他的子孙成了东道诸王之首。由此看来，乃颜的反叛不但有点“忘恩负义”，似还在犯其老祖宗斡赤斤于乃马真监国时“自投罗网”的老毛病。但这似乎也给了忽必烈一个“绝佳”的展示机会，他要“御驾亲征”彻底为大元王朝铲除最后这股顽固的“复辟势力”！

意蕴深远，似在为自己的身后事铺路……

以史载忽必烈年表计算，至元二十四年（1287年）他已是七十三岁高龄了，但他却不顾“年迈力衰与腿足关节肿痛”非要“御驾亲征”不可。如晚霞般的瑰丽多彩，巍然高乘于象舆之上又再现了伟大统帅的雄风。结果是可想而知的，随之，便出现了前面已引述过的马可·波罗所记叙的那震撼人心的场景。最后的亮相，最精彩的谢幕！但高乘在象舆之上大获全胜的忽必烈却并未豪情溢于言表，而是任银须飘然，在沉默中远眺苍凉的茫茫荒原。

确有多种相关的史料佐证，随后之事便不可逆转了——

忽必烈“高高在上”，越走便越被眼前的惨景强烈震撼了，也没有谁敢来打破这死一般的寂静。到处都是倒毙的战马，漫山遍野都是累累的尸体和白骨。秃鹫和乌鸦正在放肆地啄食，还有那流淌出的血正在变黑和凝固……蓦地，便见得一位老妇人，衣衫褴褛，白发飞舞，双目深陷，正迎风站在尸体之间，挥动着枯柴般的双臂向苍天凄凉地泣号着：“长生天啊!再不能打了!草原上的男人们都快死光了：淹死在大海里，热死在雨林里，横死在箭矢里，病死在瘴气里，还相互拼杀，自己死在自己人手里……不能再打了，母亲没有了儿子，女人们没有了男人，男孩子刚出生就准备去战死，女孩儿刚出生就准备没有丈夫……大汗

订亲仪式

在哪儿?大汗在哪儿?我、我要告诉他，再打就连人种也快没有了……”

显然有人认为这是冒犯，随之竟有一支冷箭射了出去……

忽必烈下意识地闭上了眼睛，但那老妇人的声音还是传到了耳中:“谢谢……”再睁眼一看，那老妇人已安详地倒在尸堆里了。忽必烈大怒，但那忠诚的射冷箭者却再也找不出来了。恍然间，耳边似响彻了无数亡灵的咒骂，从此他就陷入了一种不祥的预感之中。

忽必烈将此视为长生天召唤之征兆……

归来，他就隐没于大内深处，从此就再没有迈出大安宫一步。而臣下却以为这只是因为他老了，累了，毕竟已经迈入古稀之年了。但无论是“义理派”和“功利派”均不盼望他早死，因为或许只能凭他崇高的威望和娴熟的政治手腕姑且能稳定政局的平衡。故而没人能理解他在宫帏深处那痛苦的反思和痛苦的抉择。

似乎只有南必皇后尚能微微觉察到……

她已看出了身为大皇帝的忽必烈在功成名就后竟落得如此孤独寂寞。会常常沉思不语，又常常像似在和谁对话。时间久了南必才发现，他最多的还是向察必大皇后倾述，还有时会问次子芒哥喇的“治秦之法”……终于有一天，他似乎在和太子真金对话了，好像总在问：为什么?为什么?……南必感觉时机已到了，一咬牙终于把太子临终前那些“唐突的表现”告诉了他。忽必烈果不愧为一代雄主和明君，听后蓦地一怔便急速地回转到现实中来。当即召见真金从小的陪读不忽木，似要问问自己这个怯懦的儿子是否真也曾有过雄心大志。

而不忽木并不知圣上用意何在，倒好像是为赴死而来……

显然他是甘愿为太子真金辩诬赴汤蹈火的，未经发问便跪伏于忽必烈脚下滔滔不绝地泣奏起来：从“货币贬值，通货膨胀”(原文。见《元史》卷九十三《食货志一·钞法》)到“士卒苦战、民不聊生”等种种可怕现实，统统一股脑儿端在了忽必烈眼前。多亏了南必的及时提示，他这才知道皇上是为了解太子的政治主张召他而来的。但既然是准备前来“舍生取义”的，故也就豁出去了，详加阐述了太子的种种设想：息战、养民、抑豪强、重农桑，以

“仁”治天下。即使是“开科取士”也是“蒙汉分开，各自录取”，岂有汉儒独领风骚之虞？随后并进而转述了太子“于漠北永葆游牧，以利我蒙古人世世生息繁衍”以及“圣祖之子孙不但能马上打天下，而且能马上治天下!一统华夏仅仅是开端，而更重要的乃是使大元王朝永葆长治久安”等等主张。奇怪的是忽必烈紧闭双目危襟正坐，似听非听脸上竟毫无表情。

久久无语，不忽木看南必手势只好战战兢兢暂且退下……

但出人意料的是忽必烈竟听之任之，侍臣似乎也只好等待“于无声处响惊雷”了。但没有。第二日他又似突然想起早已被“罢相”的安童，并命人立即把这个“病秧子”召进后宫。也难怪，安童虽十三岁任“怯薛台”(高级将领)，十八岁便拜相，但一生的经历也太坎坷了。陪皇子那木罕镇北被骗俘，一过半囚徒生活就是十几年。归来后虽曾官复原位，但却因儒臣身份累受三代权奸阿合马、卢世荣、桑哥的打压和排挤。最后终因“不识时务”被彻底罢了官，因精神和肉体饱受摧残已早成“病秧子”了。虽然年龄刚刚跨过四十，却早已憔悴不堪、咳血不止仿佛提前进入老年了。这也是位愿为太子正名不要命的主儿，正巴不得临死前能“一吐为快”呢!而他和太子的关系颇为特殊，故满朝文武均猜测：昨日召见不忽木，今日又召见这个“病秧子”，莫非“太子党”眼看要大难临头了?只能是人人自危，提心吊胆地听候着大安宫内的动静。却谁料两天两夜竟不见安童出来，遂都估计凶多吉少太子将死难安寝了。

但大安宫内依然是静悄悄的，还是没有任何讯息传出……

只有南必在一旁听得明白，这一君一臣两个蒙古人，似乎从未提及太子，交谈中只是围绕着已逝的察必大皇后转，有热泪，有泣诉，最终还是归结于她曾说过的一句话：“草地大了什么牲口都会有，国家大了什么乱子都会有!适可而止，当专于治……”两天两夜了，始终谈论的就是这个“治”。随之，安童竟由此向圣上列举了一件令人发指的事件：即杨琏真加等毁掘南宋皇陵“吊尸取宝”等诸多恶行。安童最后说：“至今江南人心不稳，暗乱不断，我主十年心血几近毁于一旦。由此可见，实现圣祖‘一统天下’之遗愿今后当专于‘治’也……”南必看到，忽必烈听后并未立即震怒遣恨于他人，而是面孔抽搐着不断自责地长长叹息。一连两天均是这样：听多语少，只是在久久的沉默中痛苦地反思着，艰难地抉择着，以至他的头上白发骤然多了许多。但南必感到留在心头的却只有敬、只有爱，她几乎就要失声高呼了：只有我们蒙古人，才能产生这样襟怀坦荡豪放豁达的君王!

是的!忽必烈正是在痛苦的反思中开始自觉走下神坛……

第三天，满朝文武是看着安童被抬出大安宫的，据是因为“呕血数升”。正当众臣惊恐不安时，却又传来一个更令人惊诧的消息：不忽木被召进宫内成为圣上首席贴身重臣!忽必烈就是这样，他不会像汉武帝那样下一道“罪己诏”了事，更不会像某些帝王那样“永称圣明”。临终前仍保持着马背民族特有的坦荡胸怀，从容纳谏只争朝夕地为大元王朝的未来铺路。身后功过任人评说，眼前是非必须及时理清!

这是忽必烈生命最后展现的辉煌：清醒、睿智、果断及祥和……

他开始行动了，于1287年先是处死了理财的权臣卢世荣，于1291年又诛杀了理财的蕃相桑哥，绝不手软，致使人心大快。同年，又重组了以不忽木为核心的中书省。虽完泽名为右丞相，却大量重用了一批太子真金的亲信儒臣，如何祖荣为右丞、马绍为左丞，贺胜、高翥为参知政事等。并将当年被贬的御史中丞崔彧、监察御史周祚等彻底平反并重新启用，而且还将大批汉臣名儒如姚燧、王恽、高道、程钜夫、赵居信等等也纷纷调回朝中委以重任。这是个明显的讯号：从此将“息战养民”，一心“以仁治国”了。很可能《新元史》中所说的“纪纲法度，灿然明备；致政之隆，庶几贞观”就出现在这个阶段。只可惜姚枢、许衡、窦默、廉希宪、刘秉忠、赵璧、张易等等藩邸旧臣均早已先后逝去了，没有等到他重又回归到儒学汉法的道路上来。(详见《元史》之《世祖本纪十四》)唯一可重用的藩邸旧臣安童，却因彻底长谈后竟渐渐病入膏肓了，无法再主持中枢，并死在忽必烈前头(1293年)，时年也只不过四十七岁。(见《元史》之《安童传》)

这里必须要再次强调一下不忽木……

不忽木，康里人燕真之第二子，属当时之“二等公民”色目人。其父即藩邸元老，曾在最关键时刻提醒忽必烈应向蒙哥大汗请战。不忽木乃太子赞善(东宫主持大臣)王恂的学生，而王恂又为刘秉忠之学生。王恂曾受刘推荐为真金“侍读”，少年不忽木也跟着当了真金的“伴读”（侍读与伴读乃两个概念：前者必须有学问，后者乃陪着读书的小伙伴而已）。总而言之，不论师徒父子均是围绕太子从一个“窝儿”出来的。由于从小就是亲眼看着长大的，就连察必也将他视若己出，故忽必烈因思念真金，爱屋及乌晚年竟对不忽木日渐宠信。病重期间更破“非国人勋旧不得入卧内”之规矩，特命其以近侍身份“日视医药，不离左右”。忽必烈本来是要以不忽木为相执掌中枢的，但不忽木却以“非国族勋旧，且资历尚浅”婉辞之，并力荐为官清正而倾向汉法的蒙族元勋完泽为右丞相，耶律铸为左丞相。实际上还是不忽木运转着中枢内阁的一切，乃事实上的宰相。完泽开始还卖弄老资格有点不服气，但经平南统帅伯颜说明真相他也就心服口服了，与其相处甚谐，故史称“完泽、不忽木为相”。其实，不忽木当时的名义仅为“平章政事”而已，但其意义重大，故当时的汉臣儒士代表人物王恽闻之即喜极赋诗曰：“学术自初希圣哲，羽毛今果见云霄；心存经济开公道，天予精神一本朝!”(详见《元史》之《不忽木传》)

但关键还在于忽必烈的“知人善任”和“从谏如流”……

进入至元三十年(1292年)岁末，久处压抑状态的三皇子那木罕也在悔恨郁闷交加中悄然辞世了。这显然对忽必烈又是致命的一击，似现在方觉得均可理解但悔之已晚矣。内心痛苦的煎熬可想而知，到次年年底，这位华夏历史上最杰出的少数民族帝王终于“一病不起”了，致使群臣均以为他难度年关。

但尚有许多亟待解决的问题摆在眼前——

比如，谁是临终的顾命大臣，这绝对有关未来政局的走向。

比如，南必新后未来将扮演的角色，这绝对影响皇室的安危。

而更重要的还在于：到底谁是皇储?

忽必烈又有惊人之举……

蒙古民族在草原上继续创造着引人瞩目的历史和文化

【最后的亮相与精彩的谢幕】

总算熬过了年关，到了1294年的正月初一……

忽必烈显然又创造了一项新的纪录，年过八旬，寿数已远远超过了秦皇、汉武、唐宗、宋祖，在此前的华夏历代帝王之中实属罕见。当在他临终之前还应反复指出此点：功过是非任人评说，但他确实创造了中国历史上多个第一。而在即将告别人世前，他仍在为自己的失误力挽狂澜。

这一年，通常都要举行的元旦朝贺被取消了……

没有鞭炮齐鸣，也没有锣鼓喧天，大年初一这一天变得是如此反常的萧瑟和静穆。大都皇城绝无一丝声息，群臣百官再无一人敢轻举妄动。都在默默遥望着皇上寝居的宫帏，战战兢兢地只等着从那里发出的第一声号啕。

天色是阴晦的，致使宏伟的大都皇宫显得毫无生气……

但忽必烈的生命是如此顽强，仿佛在生死之间也可以来往得如此“游刃有余”。久卧于御榻之上，却显得仍是那样从容不迫。时而久久昏迷不醒，似正在和另一个世界里的亲人絮语。其中似有太子真金、次子芒哥喇，有三子那木罕，但更多的还好像是察必。呓语中似乎并非仅是儿女情长，尚有令人莫解的哈哈大笑。时而清醒如常，平静地面对着守护在一旁的南必皇后和不忽木。反倒抚慰二人曰：“勿悲、勿悲矣!长生天已对朕殊加眷顾矣!”

只准二人侍待身旁，他人不得擅自而入……

而至元三十一年(1294年)正月初一这一天，忽必烈却有些反常，竟曰：“爆竹当响，未响；锣鼓应鸣，未鸣!可传告天下，朕二十日后方去，尚不会影响黎庶过元宵佳节！一切如旧，钦此!”豁达大度，尽显无遗。然就在锣鼓喧天鞭炮齐鸣时，他却老泪纵横别有一番惊人的议述。他对不忽木曰：“这就是人生无常啊！本该是应由儿子去完成老子的心愿，现在却反倒让老子为完成儿子的心愿而活着……朕累了，活得太久了，或许该轮到孙儿来替朕了……”这超凡的大度令不忽木大惊失色，赶忙敬服地跪伏于地悲泣不已。这可能在中国历代帝王中也是唯一，足可见其草原般胸怀的博大与坦荡。而忽必烈却曰：

“当为朕之后事作准备矣!”(以上均见于野史)

随之，便有条不紊地下了一系列谕旨——

其一，任命“领枢密事”(军事总长)伯颜，“御史大夫”(总检察长)玉昔帖木儿，“平章政事”(中枢首脑)不忽木，三人同为“顾命大臣”。

其二，谕旨南必皇后从此不得“擅自干政”，尊太子妃阔阔真为太后，并听命于三位顾命大臣安排。

其三，钦命速将太子遗玺——“太子之宝”尽快交予皇孙铁穆耳(也有史称早已交予)。这显然是忽必烈临终前又一惊人之举!须知，皇长孙甘麻剌早以“忠恕仁厚”闻名，而铁穆耳在少年时却曾为不可救药的“酒鬼”。据拉施德在《史集》中记述，忽必烈曾千方百计规劝都无济于事，甚至为此亲自动手狠狠杖责了他三次。现虽统兵镇北战功卓绝，但谁能保证他当了皇上后能不又故态复萌?走下神坛仍不乏惊人之举，这或许正是这位雄才大略大皇帝临终之时的骇世绝唱!(见《元史》之《世祖纪十四》)

不忽木似乎也只能寄希望于尚且保留“忽里台”之重议……

随后，这位“一代天骄”迈向死亡的步伐似乎加快了。据史载，正月十二日，他已自知不行，将“知枢密院事”伯颜从大同紧急召回大都，当面密嘱“托孤”的诸多事宜。正月十九日，果不负所言，让庶民百姓好好过完年后，忽必烈渐陷入病危。在垂危之际，终于盼来了两位皇嫡孙的归来。正月二十二日夜，这位大元王朝的缔造者终于走到了人生的尽头。在众皇子皇孙之跪泣送别下，平静而又安详地告别了这个世界。据《南村辍耕录》说，临合上双眼前，唯听他隐隐约约喊了一声：“唯卿妻也!等着朕……”天哪!似大皇后察必亲自前来引领圣上。浩然之气死而犹在，忽必烈就这样从容地告别了人世。

生的磊落，死的坦荡……

《元史》卷十七《世祖纪十四》称：至元三十一年正月二十二日子夜，世祖于大都紫檀殿阖然长逝。在位三十五年，享年八十岁。其孙铁穆耳继位，是为成宗，并尊谥祖父为“圣德神功文武皇帝”，庙号“世祖”。蒙古族尊称

其为“薛禅皇帝”或“薛禅大汗”。死后葬于漠北草原母地之起辇谷。从蒙俗，至今不知坟冢何在。（见《元史》之《世祖纪十四》）

但历史是绝对无法掩埋的……

“蒙汉杂糅梦，功过纷纭说!”(当代元史学家李治安语)但随着忽必烈的灵车滚滚北返茫茫大草原时，无论是正方和反方均对他留下的重要历史业绩持肯定态度。如——

他是少数民族帝王入主华夏统一南北的第一人!

他是将云南和西藏纳入华夏大统版图的第一人!

他是对台湾、南沙、西沙、东沙实行有效治理的第一人!

他是推动多民族统一国家发展的第一人!

他是“内蒙外汉”探索实施“二元文化”统治的第一人!

他是“拓展海运”、“引进西技”、“注重市舶贸易”的第一人!

他是在国内同时海纳佛教、道教、基督教、伊斯兰教以至犹太教的第一人!

他是在历代少数民族帝王中既热心儒家教育又拒绝科举、既注重儒家学

元大都—团城

说又鄙夷儒士空言义理的第一人!

多矣!多矣!似比康熙、乾隆只有过之无不及……

而最为重要的还在于，在历代帝王中他也是敢于在临终前为力挽危局果断走下神坛的第一人!

豪迈的大皇帝、坦荡的蒙古人……

史书上还举例记述着许多有关他“轻刑惠政”、“知人善任”、“乐于纳谏”、“从善如流”等多种事例，颇为生动，但又与他反复任用阿合马、桑哥、卢世荣等权臣奸相害民有所相悖。但有三点却是可信无疑的：一，他没有无辜滥杀过一个创业功臣；二，他一生从未搞过文字狱；三，在历届大汗中他首倡在征伐中“不妄杀一人”，绝没出现过“嘉定三屠”、“扬州十日”那样恐怖血腥的历史场面。而在这方面，他确也又可算作少数民族帝王中的第一人!

但既是蒙汉杂糅的历史梦，那就必然有喜又有悲……

由于大元王朝的存在尚不到一百年，而后辈儿孙又均欠雄才大略。故当蒙汉杂糅的历史梦破灭后，他的历史形象竟渐渐变得模糊起来。有人指责他过于推崇儒学，简直成了个汉人皇帝；有人惋惜他过于推崇祖制，简直还是个蒙古大汗。加之，随后便是明代三百余年来以汉文化为本位的统治，他似乎也只剩下了“好大喜功，嗜利黩武”可言。倒是国外的史学家或亲历者首先为他“打抱不平”了，比如马可·波罗就首先说——

> 大可汗（指忽必烈），是一个最具智慧，在各方面看起来，都是一个有天才的人，他是各民族和全国最好的君主。他是一个贤明的人，鞑靼民族从来所未有的。

而波斯史学家瓦撒夫，就更对忽必烈推崇备至了。他在旭烈兀的伊利汗国生活过，故他在其所著的《瓦撒夫书》中，公然把忽必烈称之为世界性的“千古一帝”。他说——

> 其（指忽必烈）智慧深沉锐敏，其判断鲜明，其治绩之可惊羡……皆优于迄今所见的伟人之上……（随之列举了“若罗马之诸凯撒，支那之诸帝王”等等历史伟人后，总结曰）皆不足道也！

美国蒙古史学家罗沙比对忽必烈的评价似又更进了一步，与法国的格鲁塞相同，也指出了忽必烈二元文化的特征，似在揭示这位历史伟人的内心世界，他指出——

> 他（指忽必烈）在政治上的成就可能是令人印象深刻的：他希望使汉人相信他日益汉化的同时，本民族同胞仍对他信任。他设立了进行统治的行政机构，在中原建立了一座首都，支持中原宗教和文化，并且为朝廷设计出合适的经济和政治制度。然而，他并未抛弃蒙古传统，保持着大量的蒙古习俗。（详见《剑桥中国辽西夏金元史》）

罗沙比说得或许是准确的，但没有磨砺哪来融合？况且中国至今仍鼓励各民族保持自己的习俗，从而达到“你中有我，我中有你”之和谐共存。在二元文化的基础上，当代著名元史专家李治安似乎更有体会。他说——

> 因此，我们认为，忽必烈既是第一位征服和统一了中国南北的少数民族皇帝，也是第一位有效治理全中国的少数民族皇帝。少数民族皇帝统一和治理中国南北的第一人，统一和治理共辉煌，应是对忽必烈政治生涯恰当的概括总结。

千秋功过，任人评说！但无论如何评价，这位曾为中国历史书写辉煌的第一位少数民族帝王终于阖然而逝了。事后人们又为他的“料事如神”惊叹不已了，果然皇孙铁穆耳不仅彻底戒了酒，而且在他的母亲阔阔真皇太后辅佐下竟也干得颇为有声有色。总之，忽必烈上无愧于伟大的圣祖成吉思汗，下对得起马背民族对他的企盼。他为子孙们留下个辉煌的大元王朝，只希望他们能“继往开来”一代胜似一代。在他去世后历代继承皇位的计有——

元成宗铁穆耳在位十一年，其父真金被追谥为裕宗。

元武宗海山在位四年，其父甘麻剌被追谥为显宗。

元仁宗爱育黎拔力八达在位十年。

元英宗硕德八剌在位四年。

元泰定帝也孙铁木儿在位五年。

元明宗和世瑓在位半年。

元文宗图帖睦尔在位三年。

元宁宗懿璘质班在位两月。

元顺宗妥欢帖睦尔在位三十六年（包括北归后）。

据统计，如果按元太祖成吉思汗统一草原各部开国称汗算起，至元顺帝北归为止，其间共计一百六十三年。如果从元世祖忽必烈中统建元算起，到元王朝被明王朝取代，其间共计八十九年。

一个堪称伟大的君主，一个相对短暂的王朝……

若从根本去探究其历史原由，这或许是因为铺的摊子太大了，积攒的问题太多了，而思想准备又是这么匆忙而不足。即使如忽必烈这样杰出的“先知先觉”者，虽从青年起即接触到了“以仁治国”等当时尚属最先进的政治理念，但仍困囿于原始的草原文化难以自拔。他一生都在顽强地摸索，但“二元政策”之推行似只会给后代留下“积重难返”之沉重包袱。比如国族、四等人制、内蒙外汉等等，必定会形成两套班底，衙门重叠、官员臃肿、以族代政、腐败成风、民族对立、矛盾丛生……再加上此后再没出现过像忽必烈这样雄才大略的杰出帝王，故在他死后才五十多年，不可一世的大元帝国便彻底崩塌了。

除此之外，似乎还应提及一下蒙古民族的双图腾……

这也是从游牧汗国到大元王朝的一大特点：自成吉思汗伟大的母亲诃额仑以来，代代均有杰出的蒙古族女性支撑着汗国的半壁江山!从孛儿帖，到唆鲁禾帖尼，到察必，以至再到阔阔真。似乎一旦失去杰出蒙古族女性的智慧，江山也会随之黯然失色！（见《元史》之《后妃传》）大元王朝后期的混乱和衰败，仿佛就更印证了这一点。

但不必惋惜!他们均为中华民族建立过不朽功业……

更何况!这似也可算马背民族另一次更大的“游牧”，为华夏大地留下一笔丰厚的大礼，而又重新回到草原母地。正如圣僧八思巴所预示的那样：挥得战刀出，捧得藏经归!

绝不能以成败论英雄……

君不见!华夏历史上许多强悍的民族，如匈奴、突厥、鲜卑、契丹、女真、羯、狄、戎等均在历史中逐渐消融了，而蒙古民族却至今仍保有自己的独特的语言文字，独特的生产和生活方式，独特的民族习俗和民族性格。热爱着骏马，追逐着自由，眷恋着茫茫的大草原和蒙古包里的家。

或许对于这一切，他们也是早有思想准备的……

这就是从“草原汗国”到“大元王朝”所经历的风风雨雨，其中主要是讲成吉思汗之嫡孙忽必烈由“武功”到“文治”转型的复杂过程，以及在两种不同文化的大背景下，如何从磨砺最终达到交融。

《大话元王朝》绝不是说因“大话”就可信口开河，而是说这个由蒙古民族开创的中央王朝的确值得大书特书!

早在七百年前它就促成了各民族间的“你中有我，我中有你”！

并且曾为伟大的祖国有过卓越的建树!

是该历史地、真实地大话元王朝!

追溯民族团结的源与流……

2010年岁初余生日之际

恰好此书也就此“诞生”，望窗外曙光记于呼和浩特

跋 研究中国近代史之必要的历史回顾

◎ 赵文嫱

综观世界风云变幻，似乎总在牵扯到一个重要的话题：民族问题！从上世纪60年代的阿以战争，到90年代的波黑战争、科索沃战争、俄罗斯的车臣战争，以及时至今日的伊拉克战争和阿富汗战争，从本质上来说，莫不牵扯到这个重要的话题。这是西方大国惯用的历史手法：挑起民族矛盾，制造民族分裂，肢解一个国家（如南斯拉夫），以达到他们分而治之称霸世界之目的。

再看中国近代史，也绝不乏这种先例。在鸦片战争之后，西方列强便公然在西藏和新疆等少数民族地区“大作文章”。从明目张胆地派兵入侵西藏，到暗中扶持乌斯满匪帮欲分裂新疆，翻阅中国近代史，似页页均可见这样的史实。到日本帝国主义公然侵略我国的时候，借民族问题欲肢解我们伟大祖国的图谋就变得更加明显。竟扶植傀儡先后在我东北三省成立了伪满洲国，在我内蒙古地区成立了伪蒙疆自治政府，狼子野心昭然若揭。即便时至今日，为遏制我国的进一步崛起，西方某些大国也仍在重复着这种“贼喊捉贼”的卑劣伎俩。常常假人权和民主之名，行诋毁和干涉他国内政之实。豢养热比亚之流和接见达赖之举，莫不反映了他们用心之险要。

但也有一点必须指出，这就是西方大国这些历史性的图谋，在中国却往往难以得逞。重读中国近代史便可得知，即使在国力最衰败的历史时期，各民族维护祖国统一的意志也是不可动摇的。事例之多，举不胜举。比如说，在雪域高原藏族同胞曾两次奋起抗击英国人的入侵，在新疆地区各族人民也曾共同声讨乌斯满匪帮的叛乱。就连日寇侵华最为猖狂嚣张时，虽已在统治区以肢解为目的分别建立了伪满、伪蒙疆、伪汪逆政权，但我国各民族儿女共同抗击日伪的英勇斗争却从未停止过。白山黑水间就出没着无数的满族抗联战士，茫茫的大草原也驰骋着众多的蒙古族抗日健儿，江南的河湖港汉中也涌现着各民族的抗日英雄……“用我们的血肉筑成我们新的长城”，似早已成为我国各民族撼天动地共有的心声！而在研究近代史的过程中，这一切曾引起过我深深的思索。尤其是面对诸如当代的阿以战争、科索沃战争、波黑战争，以至伊拉克战争、阿富汗战争等，我曾久久地思索着一个问题：为什么西方在这些地区挑动民族矛盾至今仍屡屡得手，而即便在衰败的旧中国他们也往往徒劳无功呢？

答案似乎只有一个：用现代话来说，那就是我国的民族团结极具鲜明的“中国特色”。绝非一朝一夕所形成，而是历经近两千年的磨砺而达到了持久的融合。君不见！早在西方殖民主义者倚仗炮舰灭绝印第安人和玛雅文化的一千多年前，中国在汉代即实行了“和亲”政策。至今王昭君和匈奴单于的后代仍在漠北草原繁衍着，成为一曲民族交融的颂歌。即使进入盛唐，这种政策仍在延续着，文成公主和松赞干布的结合仍被藏族同胞视为千古佳话。况且随后还有唐朝公主出嫁到了西域，也为新疆各民族的交融起到过历史性的作用。而到了清代，虽回避与汉族结亲，但历代满族皇帝娶蒙古族贵胄之女为后却屡见不鲜。横向的民族交融，孝庄皇后就是最为著名的一例。这种血缘式的“你中有我，我中有你”，是在西方早期殖民主义中很难见到的。总之，和亲政策虽仍值得商榷，但却绝少西方早期白人至高无上的那种血腥的殖民主义之举。中国从未有过跨海而出去贩卖非洲黑奴的先例，也未曾有过越洋而去另一大洲消灭当地土著居民的劣行。民族间是曾有过磨擦甚至撞击，但那大多却是双向平行的。正如史学大师翦伯赞先生1957年视察呼伦贝尔大草原所说：“这里曾是北方少数民族的演兵场，一经演练成熟便冲向前台逐鹿中原，演出了一幕幕波澜壮阔的历史剧。北魏的鲜卑、辽之契丹、金之女真、元之蒙古、清之满族，莫不如此……”这是客观事实，均有大量史料为证。虽说这种撞击往往是极其惨烈的，但更多的却是经过日久天长的磨砺所达到的民族文化交融。故经过历朝历代的更迭，我国早形成了一个多民族和谐共处的大家庭。

作为一个中国近代史的研究者，面对当前全球性的民族问题，以及西方势力妄图对我国也欲借此推波助澜时，我也曾向学生们多次提到过研究我国近代的民族问题，全面地回顾历史是完全必要的。比如研究元王朝，就很可能是破解当前西藏和新疆问题的一把钥匙。史称“若元（到了元朝），则起朔漠，并西域，平西夏，灭女真，臣高丽，定南诏，遂下江南，而天下为一。”似在七百多年前我国的民族疆域问题早已得到解决。但七百多年后某些西方大国却仍在借此寻衅滋事，显然是值得我们高度关注和警惕的。必须重新回顾这段历史，以铁的史实给予他们有力的回击。但由于相关古今中外的史料浩繁，加之民族文化的独特性，一般人似很难在短时期内理清头绪。比如似急需一部简明的蒙元史，乃供近代史学者得以“一目了然”。

2008年，我从天津文学老前辈刘品青先生处得知，内蒙古正有一位退休老作家在从事这项研究。好像只是为以此安度晚年，唯求无愧于在茫茫草原生活了大半辈子。刘品青先生还告诉我说，这位老作家正应远方出版社之约，欲将其诸多读史随笔和札记汇总，写成一部《大话元王朝》，并打算请一位具有现代意识和全球视野的年轻史学家为顾问，刘品青先生遂推荐了我。我既为这种“不谋而合”而深感欣喜，又为这种专找年轻人当顾问而感到错愕。品青老师继续向我介绍说，这是一位从不趋时、不媚俗的老作家。作品虽曾获国家和省市奖，但为人行事却特别恬淡低调。从不知政府大门在哪儿，更对名人和权贵敬而远之。退休退得很彻底，甚至就连作协也退了。唯对年轻一代“敬畏有加”。他欲找一个青年人作史学顾问是诚心诚意的，目的是在于扩大视野，让他的这部作品更具现代意识。后来我们在天津相识了，我这才知道他是我国的著名作家冯苓植先生。

或许是出于对品青老师的敬重，或许是出于研究近代史需要急于了解我国民族团结的源与流。我冒昧地答应了下来，并且和这位满头银发的谦谦长者开始有了交往。通过电话和见面，除了蒙元历史外，他大多向我咨询的是当代全球性民族问题的走向，以及古罗马与古日尔曼民族的变迁史，甚至还有苏丹达尔富尔地区的问题及土耳其政府和库尔德人的矛盾等等，绝没有代沟，似只有一老一少间传统思维和现代意识的和谐交融。现在，这部《大话元王朝》的书稿终于完成了，在我看来起码有以下特点——

首先，这部作品虽名为《大话元王朝》，但却是以极其严谨的治学精神而完成的。其间涉及中外古今史料之浩繁，涉及蒙汉以及其他各民族历史人物之众多，涉及军事、财经、宗教、地理、建制以及蒙古族民俗民风等诸多门类学科之庞杂，非潜心研读诸史是难以下笔自如的。但总观全书却可发现，这部著作中的每个历史人物，每个历史事件，甚至引用的每句话，均有史可考，有史可查。严格地尊重历史，绝不因“大话”而有任何的“信口开河”。依我的理解，其所以起名为《大话元王朝》，乃在于这是第一个由少数民族“入继华夏”一统南北所建立的封建王朝，并对我们祖国这个多民族大家庭的发展有着历史性的贡献。当应纠正以汉文化为本位的思想，是该对蒙元王朝予以大书特书的。

再者，《大话元王朝》之定性，也反映了作者的用心良苦。不仅反映了作者一贯的谦谨和低调，也反映了作者那“回报草原”的独特追求。按说，这部作品所涉史料之广泛，研究古代蒙古民俗之详实，不时展现的独到见解，诠释历史的现代意识，本可以成为一部极具学术价值的史学著作。但作者却没有这样做，而仅仅把它定位为一部“通俗史话”。事实上也确如此，似乎作者一直在追求着四个字：通俗易懂！比如说，他一开始便引用了《蒙古秘史》的一段神话似的传说作为开篇，着力烘托出大元王朝的缔造者、成吉思汗之嫡孙忽必烈的出生和如何深受祖父喜爱。随后便暂留悬念转而先交给读者两把解密民族文化的“钥匙”，目的似在于让读者了解古代游牧民族独特的生存环境、独特的生产分工，以及独特的生活习惯和民俗民风，从一个民族的文化入手解决读者翻阅这部“史话”的重重障碍。而且作者还在写史中动用了多种文学手法，也引用了大量时人的野史笔记以及中外史籍中的相关传说，去伪存真，捋顺弄通，也似在为“通俗易懂”煞费苦心。舍“阳春白雪”而着力追求“下里巴人”，这反映了作者对当代民族问题的更深思索。让中国人一看就懂，让外国人一看也明白，让世人都能知道中国民族团结的源与流。

最后，当应提到的是这部“史话”的严肃性。全书读来是让人感到那么兴趣盎然，却又从始至终凸显了作者那“不趋时，不媚俗”的一贯风格。绝少见为迎合时尚去拔高某个历史人物，而是严格地忠实于历史，客观依据史实进行着叙述。比如对大元王朝的缔造者忽必烈，就绝没有一开始便简单地把他归结为一个先知先觉的“多民族统一国家的推进者”，而是严格地尊重历史，将他放置于激烈的二元文化矛盾冲突之中加以展现。元代学者孔齐在其所著《至正直记》中就曾说：“世祖（即忽必烈）能大一统天下者，用真儒也。用真儒以得天下，而不用真儒以治天下。”正反映了他这种复杂的心路历程。而作者为更全面地再现这位“华夏少数民族第一帝”的历史风貌，随之便既写了他对中华民族所做出的诸多卓越贡献，又写了他对“以仁治国”的疑虑、反复，甚至倒退的全过程，以及由于他的失误所造成的民族矛盾，从而还导致了他晚年的家庭悲剧……但更难能可贵的是，作者还依据详实的历史写出了忽必烈那特有的坦荡胸怀和民族气质，以及晚年是如何自觉地走下神坛：息战、养民，回归仁政，重塑了民族的辉煌。

总之，作为一个中国近代史的研究者，为研究当代西方大国累累挑衅的西藏或新疆问题，熟知元王朝似成了必要的历史回顾。因为正是由于这是我国第一个由少数民族缔造的南北一统的新王朝，不仅在七百年前就确立了西藏为祖国不可分割的一部分，而且也正是由忽必烈的敕令才初步奠定了政教合一的体制。完全可以这样说，没有元世祖和雪域圣僧八思巴的历史功业，甚至连达赖这个封号也很难有的。同时新疆也是如此，在七百多年前就顺应西域各民族的心愿融入祖国这个大家庭了。史称畏兀儿名臣廉希宪为大元王朝的“开国元勋”就是一例，这种历经七个世纪的民族团结史是很难被别有用心者加以篡改的。

遥在天津，我祝贺《大话元王朝》的完成。虽作者一再声称这只不过是一部“通俗史话”，但我却认为对研究中国的近代史来说，仍极具学术价值。

难能可贵的发挥余热，极为必要的历史回顾。

2010年3月于天津工大近代史教研室

（本文作者系天津工业大学近代史教研室主任，史学界后起之秀，史学论文曾获多种奖项）